Simon Peng-Keller

Klinikseelsorge als spezialisierte Spiritual Care

Der christliche Heilungsauftrag im Horizont globaler Gesundheit

Mit 11 Abbildungen

Vandenhoeck & Ruprecht

Bibliografische Information der Deutschen Nationalbibliothek:
Die Deutsche Nationalbibliothek verzeichnet diese Publikation in der Deutschen Nationalbibliografie; detaillierte bibliografische Daten sind im Internet über https://dnb.de abrufbar.

Umschlagabbildung: © Natali Glado/Shutterstock

Satz: SchwabScantechnik, Göttingen
Druck und Bindung: CPI books GmbH, Leck
Printed in the EU

Vandenhoeck & Ruprecht Verlage | www.vandenhoeck-ruprecht-verlage.com
E-Mail: info@v-r.de

ISBN 978-3-525-62451-7

Inhalt

Vorwort

*»Gott wendet sich gerade dahin,
wo die Menschen sich abwenden.
Dieser Bewegung hat das Christentum
als Religion der Heilung zu folgen.«*[1]

Ist die Klinikseelsorge[2] ein Heilberuf? Dieses Buch bejaht diese Frage, indem es eine Unterscheidung einführt: ein Heilberuf ja, doch kein Gesundheitsberuf im herkömmlichen Sinne. Sie ist ein Heilberuf, weil sie teilhat am christlichen Heilungsauftrag, der wesentlich zur kirchlichen Sendung gehört. Nur wenn die Kirche innerhalb des Gesundheitswesens präsent bleibt und darin Verantwortung übernimmt, kann sie es auch mitgestalten. Wenn gilt, dass die Kirche ihren Auftrag im Bereich des Heilens nicht anderen Akteuren überlassen kann[3] und in einer von vielfältigen Nöten geprägten Welt ein Feldlazarett darstellt,[4] dann ist die Klinikseelsorge in diesem Gesamtauftrag verortet. Was auch immer es bedeutet, den christlichen Heilungsauftrag in einem komplexen und hochspezialisierten Gesundheitswesen wahrzunehmen, kaum zu bestreiten ist, dass der Klinikseelsorge dabei eine Schlüsselstellung zukommt.

Sie soll im vorliegenden Buch mit Blick auf Innovationsprozesse im Bereich interprofessioneller Spiritual Care näher konturiert und ausgezeichnet werden. So sehr es dabei um Anstöße für die weitere Entwicklung im deutschsprachigen Raum gehen soll, so unumgänglich ist es, den Horizont weiter zu fassen. Nicht nur, weil die Seelsorgediskussion und -forschung sich längst internationalisiert hat, sondern weil sich in den letzten Jahrzehnten das gesundheitspolitische Feld erheblich geweitet hat: Aufgrund hoher globaler Interdependenz und den immer stärker spürbar werdenden ökologischen Veränderungen erscheint Gesundheit immer mehr als ein gemein-

---

1 Weissenrieder/Etzelmüller, Christentum und Medizin, 32.

2 Ich gebrauche »Klinikseelsorge« und gelegentlich auch »Krankenhausseelsorge« als Kurzform für »Seelsorge im Gesundheitswesen«.

3 World Council of Churches, Witnessing to Christ today, 14.

4 Papst Franziskus, Der Name Gottes ist Barmherzigkeit, 74; Guile, McManus, Healing wounds in the field hospital of The Church.

schaftliches Gut. Selbst wenn der Fokus der Klinikseelsorge auf der je einzigartigen Not von kranken, sterbenden und trauernden Menschen liegt, so steht doch auch ihre Aufgabe im Horizont globaler Gesundheit. Folgt man dem Impuls systemischer Seelsorge, den Blick zu weiten auf die Beziehungsnetze, in die Menschen eingebunden sind und die ihr Leben und Handeln prägen,[5] so stößt man heute zunehmend auf globale Verflechtungen und Interdependenzen. Die systemische Einsicht, dass alles mit allem zusammenhängt, gilt, wenn es um Gesundheit und Krankheit geht, in besonderer Weise. Nach Peter J. Brown ist das Praxis- und Studienfeld *Globale Gesundheit* die größte soziale Bewegung des frühen 21. Jahrhunderts.[6] Die globale Interdependenz in Sachen Gesundheit, auf die das Stichwort »Weltgesundheit« aufmerksam macht, wirft nicht allein Fragen der Verteilungsgerechtigkeit und der Solidarität auf, sondern sie führt gegenwärtig auch dazu, dass die Rolle von religiös-spirituellen Akteuren und Angeboten im Feld der Gesundheitsversorgung neu ausgelotet wird. Parallel zur wachsenden Globalisierung der Gesundheitsversorgung führen nicht zuletzt auch die anhaltenden Migrationsbewegungen dazu, dass die säkular geprägten Welten hiesiger Kliniken sich in religiös-spiritueller Hinsicht weiter ausfächern werden.

Wie bedeutsam es ist, das Nachdenken über die Zukunft klinischer Seelsorge in den Horizont globaler Gesundheit zu stellen, wurde während des Schreibens an diesem Buch in nicht vorauszusehender Weise deutlich. Ich hatte mir das Frühjahressemester 2020 für den Schreibprozess freigehalten. Kurz nach Semesterbeginn erreichte Anfang März die Corona-Pandemie Europa. Während sich die Seiten dieses Buchs füllten, bevölkerten sich in Mailand und Bergamo die Intensivstationen mit an COVID-19 erkrankten und sterbenden Menschen. Der Zugang zu ihnen wurde selbst Angehörigen verwehrt. Hunderte von Menschen starben in großer Isolation, ohne seelsorgliche Begleitung, ohne Segen. Die Leichen wurden in großer Eile in Plastiksäcke verpackt und mit Militärlastwagen in ferne Krematorien überführt. Auch in der Schweiz, Deutschland und Österreich kam

5 Morgenthaler, Systemische Seelsorge, 11 spricht von einer »ökosystemisch ausgeweiteten Seelsorge«.

6 Brown, Religion and Global Health.

es in Spitälern und Pflegeeinrichtungen vielerorts zu einem bislang nicht vorstellbaren systematischen Ausschluss von Angehörigen und teilweise auch der Seelsorge. Doch gingen in derselben Zeit auch ganz andere Bilder um die Welt: von betenden Pflegefachpersonen und Seelsorgenden in Schutzanzügen. Neue Seelsorgenetzwerke entstanden, Webinars zu Tele-Chaplaincy wurden angeboten und unzählige seelsorgliche Handreichungen veröffentlicht.

Es ist zu früh, um die Auswirkungen all dieser Entwicklungen zu bilanzieren. Doch ist absehbar, dass die Corona-Pandemie den Transformationsprozess, in dem sich die Klinikseelsorge seit der Jahrtausendwende befindet, beschleunigt und möglicherweise auch in neue Richtungen lenkt. Was Jan Assmann einmal zu einem Beitrag zur Erinnerungskultur geschrieben hat, gilt auch für die folgenden Seiten: »[D]ie Dinge sind im Fluß, und dieses Buch hat auf seine Weise an diesem Fluß Anteil.«[7]

Das vorliegende Buch ist nicht in einsamer Arbeit entstanden. Es ist die Frucht vieler Gespräche und mehrerer Forschungsprojekte. Ich bin allen großen Dank schuldig, mit denen ich an der Professur für Spiritual Care der Universität Zürich in den vergangenen Jahren das Feld klinischer Seelsorge und interprofessioneller Spiritual Care beforschen und diskutieren durfte. Besonders danken möchte ich lic. phil. Silvia Köster und PD Dr. David Neuhold, die das ganze Manuskript gelesen, kommentiert und in vielfacher Weise zu seiner Lesbarkeit beigetragen haben. Der Katholischen Kirche im Kanton Zürich und der Reformierten Kirche Zürich danke ich dafür, dass sie durch ihre großzügige Unterstützung die Professur für Spiritual Care an der Universität Zürich und damit dieses Buch ermöglicht haben. Ein Dank gebührt schließlich auch allen Seelsorger*innen, deren Erfahrungen den vorliegenden Band bereichern. Er wäre nicht entstanden ohne die vielfältige Unterstützung und Ermutigung durch meine Frau Dr. phil. Ingeborg Peng-Keller, die seine Entstehung lesend und fragend begleitete – ein herzliches Dankeschön für das geduldige Mitgehen!

Zürich, 12.01.2021

7 Assmann, Das kulturelle Gedächtnis, 11.

Einleitung

> *»Der christliche Heilungsauftrag ist in erster Linie Aufgabe der ganzen kirchlichen Gemeinschaft, und nur in diesem Kontext auch jener, die speziell dazu ausgebildet sind.«*[8]

Im Horizont des christlichen Heilungsauftrags und globaler Gesundheit entwirft das vorliegende Buch christliche Klinikseelsorge als spezialisierte Spiritual Care. Nur in Zusammenarbeit mit Gesundheitsfachpersonen, die eine interprofessionelle Spiritual Care mitverantworten, kann die Seelsorge ihren Auftrag in einem zunehmend komplexer werdenden Gesundheitswesen wahrnehmen. Krankenhausseelsorgende erfahren die Veränderungen im Gesundheitswesen nicht nur am eigenen Leibe, sondern können diese auch am direktesten mitgestalten – *insofern* sie sich in überzeugender Weise interprofessionell einbringen und institutionelle Veränderungsprozesse mitgestalten. Die Klinikseelsorge innerhalb des christlichen Heilungsauftrags zu verorten, trägt in zweifacher Hinsicht zu dieser Aufgabe bei:

Zum einen lässt sich die Klinikseelsorge dadurch als Heilberuf verstehen, der auf seine Weise zu therapeutischen Prozessen beiträgt und Formen der Heilung unterstützt, die nicht auf das Wirkfeld der Medizin beschränkt sind. Leiden zu mindern und Heilungsprozesse zu unterstützen, war und ist nie eine ausschließlich medizinische Aufgabe. Es ist jedenfalls keine Aufgabe, die die Medizin alleine wahrnehmen konnte und kann. Sie war und ist dafür auf andere Professionen angewiesen – auch auf jene der Seelsorge. Versteht sich die Seelsorge im Horizont des christlichen Heilungsauftrags als Heilberuf, vermag sie deutlicher artikulieren, was sie zur Gesundheitsversorgung beitragen kann, ohne sich dabei von medizinischen Zielsetzungen abhängig zu machen.

Zum andern wird die Seelsorge im Gesundheitswesen durch eine solche Verortung heilsam relativiert und gemeinschaftlich eingebettet. Klinikseelsorgliches Handeln bewegt sich innerhalb eines umfassenderen kirchlichen Auftrags, den sie nicht alleine zu bewältigen hat. Es ist Teil eines breiten christlichen Engagements für eine humane, professionelle und gerechte Gesundheitsversorgung weltweit. Was die Klinikseelsorge von den anderen Weisen, den christlichen Heilungsauftrag wahrzunehmen, unterscheidet, ist ihr spezifisches professionelles Profil. Als spezialisierte Berufsgruppe im Gesundheitswesen bewegt sie sich in klinischen Zusammenhängen, die von einem hohen Maß an Professionalität und einer starken Orientierung an wissenschaftlicher Evidenz geprägt sind.

Dieser Gedanke soll in drei Hauptschritten entfaltet und begründet werden. Der erste Teil des Buches bietet eine Analyse der aktuellen Entwicklungen, die das Arbeitsfeld klinischer Seelsorge gegenwärtig tiefgreifend verändern. Rekonstruiert werden insbesondere die Entstehungsgeschichte spätmoderner Spiritual Care und die Transformation der klinikseelsorglichen Rahmenbedingungen in den letzten drei Jahrzehnten. Der zweite Teil wendet sich dem christlichen Heilungsauftrag zu und erkundet die theologischen Grundlagen für eine »heilsame Seelsorge«. Der dritte Teil schließlich entwirft Klinikseelsorge als spezialisierte Spiritual Care und diskutiert die damit verbundenen berufspolitischen und konzeptionellen Fragen. Während der letzte Teil für Personen geschrieben wurde, die für die Seelsorge im Gesundheitswesen direkt oder indirekt verantwortlich sind, richten sich die ersten beiden Teile an einen größeren Kreis: an alle, die zum christlichen Heilungsauftrag im Horizont globaler Gesundheit beitragen möchten.

Um die Architektur dieses Buchs im Prozess des Lesens erfahrbar zu machen, wird jeder seiner drei Teile mit einem Blick auf die transluziden Achatfenster eröffnet, die der deutsche Künstler und Glasmaler Sigmar Polke 2009, kurz vor seinem Tod, im Zürcher Grossmünster fertigstellte (siehe Buchcover). Damit wird zugleich eine Brücke geschlagen zum Ort, an dem dieser Text entstanden ist.

Wie jedes Buch, das um grundlegende Lebensfragen kreist, ist auch das vorliegende geprägt von persönlichen Hintergründen. Sie an dieser Stelle zumindest skizzenhaft anzudeuten, dürfte manches verständlicher machen. Vieles, was in dieses Buch eingefloßen ist, wurde inspiriert durch die Aufgabe, an der Universität Zürich eine neue Professur für Spiritual Care aufzubauen. Ebenso wichtig waren die eigene seelsorgliche Tätigkeit am Kompetenzzentrum für Palliative Care am Universitätsspital Zürich und die Mitarbeit in verschiedenen Arbeitsgruppen. Hinter diesen unmittelbaren professionellen Kontexten, deren Spuren sich auf den folgenden Seiten unschwer finden lassen, stehen persönliche Erfahrungen, die mich dazu bewegten, mich intensiver mit der therapeutischen Dimension christlicher Spiritualität zu beschäftigen. Zum einen ist es die Erfahrung heilsamer Stille und Präsenz im Rahmen kontemplativer Exerzitien; zum anderen ist es die Gegebenheit, dass es während der Suche nach meiner Berufung mehrere Momente gab, in denen ich früh schon auf die Zusammenhänge gestoßen bin, die in diesem Buch näher bedacht und analysiert werden.

Zu ihnen gehörte die Begegnung mit dem kolumbianischen Befreiungstheologen Carlos Alberto Calderón, dessen Segen mich noch heute trägt und dessen Abschiedsworte sich mir eingeschrieben haben. Morddrohungen hatten ihn 1988 gezwungen, seine Heimatstadt Medellín, wo heute eine Schule seinen Namen trägt, zu verlassen. Monate später begegnete ich ihm in einer kleinen Wohnung eines Zürcher Außenquartiers, in die sich die Kleinen Schwestern Jesu eingemietet hatten. Nach einer schlichten Eucharistiefeier erzählte Carlos Alberto von seiner Flucht und seinen Plänen. Eingeprägt haben sich mir, dem damals 19-Jährigen, die Freude, die er trotz seiner belastenden Lebenssituation ausstrahlte, und der Abschied auf dem Gleis des Zürcher Hauptbahnhofs. Er umarmte mich und sprach mir zu: »Mach etwas Gutes aus Deinem Leben!«

Der Wunsch, den Armen und Rechtlosen zu dienen und mit ihnen zu leben, führten ihn weiter nach Kenia. Im Dezember 1995 beschrieb er in einem Rundbrief sein neues Wirkungsfeld:

> »Von Nairobi, der Hauptstadt Kenias, sind wir 550 km entfernt. [...] [D]urch eine offene Straße in schlechtem Zustand [...]. Fünfundachtzig Kilometer entfernt liegt Wamba, ein kleines Dorf in Samburu, wo eine italienische Solidaritätsgruppe in Zusammenarbeit mit der Diözese Marsabit vor mehr als 20 Jahren ein großes Krankenhaus gebaut hat [...]. Dieses Krankenhaus ist ein wahres Wunder der Solidarität, das, was einige lateinamerikanische Schriftsteller ›Die Zärtlichkeit des Volkes‹ genannt haben. Ohne dieses Krankenhaus wären viele Menschen gestorben und die Samburu-Bevölkerung dezimiert worden, denn dies ist ein Gebiet

mit einem hohen Risiko für Krankheiten wie Malaria, Polio, Tuberkulose, zerebrale Malaria usw., und die Gesundheitsversorgung durch die Regierung ist miserabel […]. Genau in dieses Krankenhaus in Wamba verlegen wir die Schwerkranken im Missionswagen, der fast das einzige Fahrzeug ist, das in dieser Gegend verkehrt. Alle Priester, Ordensleute und Laien, die in der Diözese Marsabit arbeiten, haben freien Zugang zu diesem Krankenhaus. Wir sagen Euch dies, um Euch zu beruhigen, denn im Falle eines Gesundheitsproblems können wir in dieses Krankenhaus kommen.«

Wenige Monate später erkrankte Carlos Alberto Calderón selbst an Malaria. Eine Autopanne verhinderte, dass er dieses Spital rechtzeitig erreichte. Am Karfreitag 1996 starb er im Alter von 46 Jahren. Kurz bevor er ins Koma fiel, fasste er in einem Abschiedsbrief zusammen, was sein Leben prägte und wofür er zu sterben bereit war. Wenn ich heute über den christlichen Heilungsauftrag in einem globalisierten Gesundheitswesen und die Zukunft christlicher Klinikseelsorge nachdenke, stehen mir diese Worte vor Augen:

Barsaloi/Kenia, 28.02.1996

Vollmondnacht in der Wüste Samburu!

Die ILAKIR DE ENKAI (die Sterne, die die Augen Gottes sind) haben sich versteckt. Willkommen Schwester Tod! Das Fieber steigt intensiv; es gibt keine Möglichkeit ins Spital von Wamba zu gehen … Wie gewöhnlich ist unser Toyota kaputt. Ich fühle eine grosse, frohe Intensität angesichts des Todes. Leidenschaftlich lebte ich die Liebe für die Menschheit und für das Projekt Jesu … Ich sterbe völlig glücklich … Ich habe Fehler gemacht, ich machte Menschen leiden … Ich hoffe auf ihre Vergebung!

Wie gut ist es, wie die Ärmsten und Marginalisiertesten zu sterben … Ohne die Möglichkeit ins Spital zu kommen … Wie gut, wenn niemand mehr so sterben muss. Hoffentlich setzt ihr euch dafür ein!

Eine intensive Umarmung der Liebe für alle!

I Wandlungsprozesse und neue Rahmenbedingungen

Wie angekündigt, soll dieser erste Teil mit einem Blick auf Sigmar Polkes Achatfenster eröffnet werden. In ihnen kommen Prozesse ans Licht, in denen sich im Laufe vieler Jahrhunderte im Dunkeln der Erde, in Gesteinshohlräumen aller Art, buntfarbige und streifenförmige mikrokristalline Strukturen ausbildeten, die bei allen geometrischen Anklängen eher ins pflanzliche und biologische Formenspektrum zu gehören scheinen: Jahresringe, Eizellen, Urtierchen. Was Künstler und Kunsthandwerker in sorgsamer Feinarbeit zusammengeführt haben und nun als eine bewegte Ansammlung von aneinander geschmiegten Mikroorganismen erscheint, stammt aus vielen Ländern dieser Welt. Historisch und räumlich weit auseinanderliegende Wandlungsprozesse erscheinen so, im Auge der Schauenden, momenthaft synchronisiert. Bei längerem Betrachten werden Ordnungen sichtbar, formale und farbliche Entsprechungen, umfassende Gestalten.

Die auf den folgenden Seiten näher beleuchteten Entwicklungen gleichen in ihrer Vielfalt und Heterogenität diesen kristallinen Organismen, die sich erst mit der Zeit in ein Gesamtbild einfügen. Vergegenwärtigt und analysiert werden im Folgenden Transformationsprozesse, die nicht nur den Ort der Klinikseelsorge verschieben, sondern sie, so ist zu vermuten, selbst tiefgreifend wandeln werden. Um diesen Wandel als Wachstumschance zu nutzen, bedarf es einer genauen Analyse der zentralen Faktoren. Genauer zu verstehen sind insbesondere drei voneinander zu unterscheidende Prozesse:

Der erste, der sich um das Stichwort »Spiritual Care« kristallisiert, ist im Gesundheitswesen angesiedelt, und besteht, vereinfacht gesagt, in der Erweiterung des biopsychosozialen Gesundheitsmodells durch eine spirituelle Dimension. Die Seelsorge steht in diesem Zusammenhang vor der Herausforderung, ihren Beitrag zur Gesundheitsversorgung zu klären und sich stärker interprofessionell zu verorten.

Konzeptionelle Weichenstellung:
»Gesundheitswesen« statt »Medizin«

Gesundheitswesen wird in diesem Buch verstanden als die »Gesamtheit der Einrichtungen und Maßnahmen zur Gesundheitsförderung bzw. zur Krankheitsverhütung, Diagnostik und Behandlung von Gesundheitsstörungen, Krankheit und Unfall sowie zur nachfolgenden Rehabilitation«.[9] Auf das Gesundheitswesen zu fokussieren, bedeutet eine bedeutsame Erweiterung des Bezugsrahmens seelsorglicher Tätigkeit. Die in der Seelsorgeliteratur und im Seelsorgeverständnis oft anzutreffende Begrenzung auf das Krankenhaus (oder einzelne Versorgungsbereiche) neigt dazu, dem umfassenden Kontext, in dem sich Gesundheitsinstitutionen entwickeln, zuwenig Aufmerksamkeit zu schenken. Zudem vermeidet eine Weitung des Blicks auf das Gesundheitswesen überscharfe und dualisierende Abgrenzungen. Das »Gesundheitswesen«, das aus vielen Subsystemen besteht, bildet einen Raum, in dem gesellschaftliche, politische und religiöse Sphären spannungsreich interferieren.

Der zweite Wandlungsprozess betrifft eine Entwicklung in westlichen Gesellschaften, die sich annäherungsweise durch das Stichwort »Postsäkularität« fassen lässt. Für die Klinikseelsorge stellt sich die Frage, wie sie der wachsenden religiösen und weltanschaulichen Pluralisierung entsprechen und sich in einen veränderten politischen Rahmen einfügen bzw. diesen selbst prägen kann.

Der dritte Transformationsprozess betrifft die Kirchen. Angesichts rückläufiger personeller und finanzieller Ressourcen stellt sich die Frage, in welcher Weise und Intensität sie künftig seelsorglich im Gesundheitswesen präsent sein können und wollen. Global betrachtet sind zugleich beachtliche kirchliche Aufbrüche zu beobachten, in denen spirituelle Heilungspraktiken eine entscheidende Rolle spielen.

Selbst wenn sich die drei genannten Transformationsprozesse gegenseitig beeinflussen und mitunter verstärken, müssen sie in der folgenden Analyse deutlich voneinander unterscheiden werden. So sind beispielsweise die aktuellen Entwicklungen im Bereich interprofessioneller Spiritual Care nicht notwendigerweise mit einem säkularen Kontext oder einer religiösen Pluralisierung verbunden. Denn

9 Gutzwiller/Paccaud, Das Schweizerische Gesundheitswesen, 235.

auch in nicht säkular geprägten Ländern wie dem Iran und Indien[10] lässt sich eine zunehmende Implementierung einer sich interprofessionell verstehenden Spiritual Care beobachten.

Um den eingangs eingeführten Faden wieder aufzunehmen, wende ich mich zunächst den Entwicklungen innerhalb des globalisierten Gesundheitswesens zu, die in den letzten Jahrzehnten zu einer stärkeren Beachtung der spirituellen Dimension geführt haben. Im zweiten Kapitel soll dann der Blick auf die gesellschaftlichen und politischen Rahmenbedingungen gerichtet werden, die sich seit der Jahrtausendwende markant verändert haben.

10 Zwei exemplarische Beispiele dafür sind: Tigari et al., Meaning of Spiritual Care; Gielen, Prevalence and Nature of Spiritual Distress.

1 Spiritual Care im Horizont globaler Gesundheit

Die Entwicklung moderner Medizin und Pflege stand im Zeichen einer ausgeprägten Orientierung an einem naturwissenschaftlichen Wissenschaftsparadigma und der Ausdifferenzierung in Subsysteme und Subdisziplinen mit eigenen Methoden und Technologien. Historisch betrachtet erfüllte sich im 20. Jahrhundert, was die hippokratischen Ärzte des vierten vorchristlichen Jahrhunderts auf den Weg gebracht hatten: eine nach rationalen Prinzipien entwickelte und empirisch fundierte medizinische Therapeutik. Während die hippokratische Medizin noch religiöse Praktiken integrierte, gehört es zum Selbstverständnis moderner Medizin, diese weitgehend auszuklammern.

Doch ist dies nur die eine Seite der Geschichte. Um die Genese spätmoderner Spiritual Care zu verstehen, ist nicht nur die eben genannte Ausdifferenzierung und Ausgliederung näher ins Auge zu fassen, sondern auch die vielgestaltigen holistischen Gegenbewegungen, die die moderne Medizin von Anfang an begleiteten. Ausdifferenzierung und Reintegration stehen in einem oft übersehenen Wechselverhältnis. Gerade weil die für die Moderne so charakteristischen Ausdifferenzierungs- und Säkularisierungsprozesse auch mit Ausgrenzung und Verdrängung verbunden sind, werfen sie die Frage auf, wie die getrennten und weitgehend autonom funktionierenden Sphären zusammenwirken. Wie ist darauf zu antworten, wenn sich ausgelagerte Dimensionen im säkularen Gesundheitswesen zurückmelden?

Versteht man Spiritual Care als Bemühen, die spirituelle Dimension unter gegenwärtigen Bedingungen in reflektierter Weise in die Gesundheitsversorgung einzubeziehen, so ist damit eine Entwicklung bezeichnet, die nicht erst in jüngerer Zeit einsetzt. Sie ist nicht auf die Geschichte der modernen Hospizbewegung und der Palliative Care engzuführen, sondern hat mehrere Wurzeln und setzt bereits im frühen 20. Jahrhundert ein. Die Entwicklung, so wird zu zeigen sein, wurde durch Initiativen aus sehr unterschiedlichen Bereichen vorangetrieben: ärztlichen, pflegerischen, religionspsychologischen, seelsorglichen u. a. m. Der Eindruck, Spiritual Care sei ein Produkt des späten 20. oder frühen 21. Jahrhunderts, dürfte damit zusammenhängen, dass sich in dieser Zeit ein disparates Feld sehr unterschiedlicher Bewegungen wissenschaftlich zu etablieren und im Gesundheitsbereich stärker zu strukturieren begann. Selbst wenn es angesichts der fortschreitenden Ökonomisierung[11] und Technisierung des Gesundheitswesens unangemessen ist, von einem »spiritual turn« zu sprechen, setzte sich in den letzten zwei Jahrzehnten des 20. Jahrhunderts zunehmend die Erkenntnis durch, dass ein exklusiv kurativ-biomedizinischer Ansatz die Ziele heutiger Gesundheitsversorgung nicht zu erreichen vermag. Daniel Callahan, der im Auftrag des Hastings Center in New York eine internationale Kommission zu dieser Thematik präsidierte, bringt es auf den Punkt:

> »Mitte der 90er-Jahre war die Medizin eine kostspielige, komplexe und schwierige Unternehmung geworden, die den Optimismus Lügen strafte, welcher die Zeitspanne zwischen dem Zweiten Weltkrieg und den 80er-Jahren beherrscht hatte.«[12]

Im Laufe des 20. Jahrhunderts entwickelten sich sehr unterschiedliche Ansätze, die spirituelle Dimension unter den Bedingungen der modernen Medizin zur Geltung zu bringen. Die historische Vergegenwärtigung dieser unterschiedlichen Ansätze, auf die ich im Laufe dieses Buches wiederholt zurückkommen werde, dient dazu, auf den Variantenreichtum christlich inspirierter Spiritual Care aufmerksam zu machen. Der christliche Heilungsauftrag und das Verhältnis zwischen Seelsorge und Gesundheitsberufen kann, so wird sich zeigen, in sehr unterschiedliche Richtung entfaltet werden.

11 Vgl. Haart, Seelsorge im Wirtschaftsunternehmen Krankenhaus.

12 Callahan, Ziele der Medizin, 16.

Christlich inspirierte Spiritual Care im 20. Jahrhundert[13]

Die aktuellen Entwicklungen im hier untersuchten Bereich sind ohne Erinnerungsarbeit nur ungenügend zu verstehen und mitzugestalten.[14] Wenn auf den folgenden Seiten die Entwicklungslinien nachgezeichnet werden, die hinter heutigen Suchprozessen liegen, so gleicht dies einer Baustellenbesichtigung. Auf welchen Fundamenten kann und soll weitergebaut werden? Freigelegt und vom Staub der Geschichte befreit werden sollen dabei die Grundlagen gegenwärtiger Versuche, Gesundheitsversorgung und Spiritualität in ein Verhältnis zu setzen. Einige der vorgestellten Modelle und Initiativen haben nichts an Aktualität verloren und enthalten Impulse, die längst noch nicht eingelöst worden sind. Schließlich geht es im Folgenden auch darum, wenig wahrgenommene Zusammenhänge freizulegen und dabei auch irreführende Vorstellungen zu korrigieren. So ist beispielsweise die Geschichte moderner Spiritual Care nicht auf jene der Palliative Care beschränkt und nicht mit einer Säkularisierung christlicher Spiritualität gleichzusetzen.[15] Zur Geschichte heutiger Spiritual Care gehört auch die Seelsorgebewegung des 20. Jahrhunderts, die selbst in einem breiteren Kontext zu verstehen ist. Diese wurde nicht allein durch den reformierten Theologen Antoin T. Boisen, sondern ebenso durch den Hämatologen und Medizinreformer Richard C. Cabot ins Leben gerufen. Und es waren nicht allein diese zwei ungleichen Männer, die die *Clinical Pastoral Education* institutionalisiert haben, sondern auch

13 Ich greife im Folgenden zurück auf die Ergebnisse eines SNF-Forschungsprojekts, das die Integration der spirituellen Dimension in die WHO untersuchte. Eine ausführlichere Darstellung mit Quellenangaben findet sich in: Peng-Keller/Neuhold, Spiritual Care im globalisierten Gesundheitswesen; Peng-Keller/Winiger/Rauch, The ›spiritual dimension‹ of health and the World Health Organisation.

14 So auch Swift, Hospital Chaplaincy in the Twenty-first Century, 9: »An absent history may be a contributory factor in the crisis of contemporary chaplaincy, emphasizing the lack of a clear sense of identity and forward momentum.«

15 Zur komplizierten Geschichte des Terminus ›Spiritualität‹: Peng-Keller, Zur Herkunft des Spiritualitätsbegriffs; Peng-Keller, Genealogies of ›spirituality‹.

eine äußerst profilierte Frau: Helen Flanders Dunbar. Auch war es nicht erst die Bangkok-Erklärung von 2005, die den Einbezug der spirituellen Dimension erstmals im Kontext internationaler Gesundheitspolitik legitimierte, sondern bereits sehr viel früher eine Resolution der Weltgesundheitsversammlung im Jahre 1984.

Das christlich inspirierte Engagement im Gesundheitswesen nahm im vergangenen Jahrhundert sehr unterschiedliche Gestalten an, die stärker miteinander verflochten sind, als es auf den ersten Blick erscheint. Christliche Akteure waren, wie im Folgenden exemplarisch gezeigt werden soll, in unterschiedlichen Kontexten zu finden: an der Seite derer, die sich für die weltweite Verbreitung moderner Medizin einsetzten, doch ebenso in medizinkritischen Reformbewegungen aller Art.

Clinical Pastoral Education: Professionalisierung klinischer Seelsorge

Dass sich holistisches Denken und moderne Medizin vielfach verbinden konnten, zeigt sich in besonders einflussreicher Weise in jenem innovativen Experiment, das der reformierte Theologe Elwood Worcester (1862–1940) in den ersten Jahren des 20. Jahrhunderts ins Leben rief und das als Schmelztiegel der *Clinical Pastoral Education* betrachtet werden kann: die Emmanuel-Bewegung. Ihren Namen verdankt diese Bewegung jener Kirchgemeinde in Boston, in der sie verortet war.[16] Auf Anfrage eines befreundeten Arztes entwickelte Worcester 1905 ein gemeindliches Unterstützungsangebot für armutsbetroffene und an Tuberkulose erkrankte Menschen. Dazu richtete er ein ambulantes Versorgungszentrum ein, das sowohl seelsorgliche Beratung als auch medizinische Behandlungen und gruppentherapeutische Angebote umfasste. Bald schon wurde das Therapieprogramm auf Menschen mit psychischen Belastungen und Suchterkrankungen ausgerichtet und das Spektrum der verwendeten Therapieansätze erweitert. In wöchentlichen Zusammenkünften bot ein interprofessionelles Versorgungsteam Betroffenen

16 Zum Folgenden: Powell, Worcester; Stollberg, Therapeutische Seelsorge; Myers-Shirk, Helping the Good Shepherd.

psychologische und spirituelle Unterstützung an. Diese wöchentlichen Treffen, die bald schon Aufsehen erregten, begannen mit spirituellen, medizinischen und psychoedukativen Vorträgen, an die sich eine Einladung zu therapeutischer Behandlung, Beichte, Gebet und spirituellem Austausch anschloss.

Religion and Medicine (1908): Grundlagen interprofessioneller Spiritual Care

Seinen neuartigen Versuch, psychotherapeutische Unterstützung mit spirituellen Praktiken zu verknüpfen, legitimierte Worcester im wegweisenden Buch mit dem programmatischen Titel *Religion and Medicine.* Es wurde 1908 in Zusammenarbeit mit dem anglikanischen Theologen Samuel McComb und dem jüdischen Psychiater Isador Coriat veröffentlicht.[17] Die Autoren sehen sich in einer neuen Epoche spiritueller Aufbrüche verortet: »Wenn das Neunzehnte Jahrhundert materialistisch und kritisch war, so verspricht die erste Hälfte des Zwanzigsten Jahrhunderts zu einem mystischen und spirituellen zu werden.« (8) In einer Zeit, in der die gesundheitsfördernde Wirkung von »religiösen und spirituellen Zuständen« erkannt worden sei, versuchen die Autoren, spirituelle Heilungspraxis und moderne Wissenschaft in reflektierter Weise aufeinander zu beziehen. Die Emmanuel-Bewegung, deren Praxis das Buch reflektiert und legitimiert, nimmt Einsichten und Verfahren der späteren kognitiven Verhaltenstherapie ebenso vorweg wie die seelsorgliche Dokumentation zu interprofessionellen Zwecken.

Die therapeutische Methodik, die das Buch mit Blick auf unterschiedliche Erkrankungen und auf die Unterversorgung von finanzschwachen Bevölkerungsgruppen entfaltet, setzt auf der mentalen Ebene an. Sorgenvolle Gedanken sollen – in Ausrichtung auf Gottes Gegenwart – durch solche ersetzt werden, die Hoffnung und Zuversicht vermitteln. Für psychische Störungen wie Neurasthenie und Hysterie sowie für Alkoholismus gebe es bislang keine wirksameren

17 Worcester/McComb/Coriat, Religion and medicine. Die Mitarbeit des jüdischen Psychiaters Coriat belegt die transreligiöse Offenheit der Emmanuel-Bewegung. Die Seitenzahlen im Text beziehen sich auf diese Publikation.

Therapien als jene, die die Macht der Gedanken positiv zu nutzen verstehen. Die vom *New Thought* inspirierten (auto-)suggestiven Verfahren werden von Worcester und seinen Mitautoren doppelt kontextualisiert: Sie werden zum einen in den Zusammenhang moderner psychologischer Wissenschaft gestellt, zum anderen in einen religiösen Deutungs- und Praxiszusammenhang. Theologisch berufen sich die Autoren auf den christlichen Heilungsauftrag. Er dürfe umso weniger vernachlässigt werden, als es eine wachsende Zahl an spirituellen Heilungsbewegungen gebe, die der Kirche ebenso kritisch gegenüberstehen wie der modernen Medizin. Demgegenüber vertritt das Buch einen therapeutischen Pluralismus, in dessen Horizont auch die moderne Medizin eine theologische Dignität erhält: »Gott heilt durch verschiedene Mittel« (3) – auch durch jene einer naturwisschaftlich orientierten Medizin.

Zu den Ärzten, die die Emmanuel-Bewegung unterstützten, gehörte der bereits genannte Hämatologe *Richard Cabot* (1868–1939), der am Massachusetts General Hospital für die ambulante Versorgung zuständig war. Cabot ist auch das Bindeglied zwischen der Emmanuel-Bewegung und der *Clinical Pastoral Education,* die er mitbegründete. Der Anstoß zur Professionalisierung klinischer Seelsorge antwortet auf die medizinische Kritik an der Emmanuel-Bewegung und auf die wachsende Ausdifferenzierung des klinischen Arbeitsfelds. So rief Cabot bereits im Jahre 1905 die klinische Sozialarbeit ins Leben und richtete am Massachusetts General Hospital aus eigenen Mitteln die erste solche Stelle ein. Cabots Vision einer neuen Form seelsorglicher Tätigkeit, die er selbst als »klinisch« benannte, gründete in der Erfahrung interprofessioneller Zusammenarbeit mit Seelsorgern und der Einsicht, dass Ärzte in einer sich zunehmend spezialisierenden Medizin auf spezialisierte Fachpersonen aus anderen Disziplinen angewiesen sind.

Als Vertreter der sozialen Medizin forderte Cabot, dass eine gute medizinische Versorgung auch den sozialen Kontext berücksichtigen müsse. In ähnlicher Weise sollte auch die spirituelle Dimension in die interprofessionelle Versorgung einbezogen werden: durch klinisch ausgebildete Seelsorger, die Teil des Behandlungsteams sind und ihre Erfahrungen in Seelsorgeprotokollen dokumentieren. Dem Seelsorger kam nach Cabot in diesem Zusammenhang primär eine begleitende und beratende Aufgabe zu, deren Ziel es sein sollte, leidende Menschen dabei zu unterstützen, menschlich zu reifen und zu einem tieferen Glauben zu finden.[18]

Auch *Anton T. Boisen* (1876–1965), der 1925 zusammen mit Cabot die *Clinical Pastoral Education* auf den Weg brachte, ließ sich von der Emmanuel-Bewegung inspirieren, wenn auch in deutlich anderer Weise. In Worcesters christlich-therapeutischem Holismus fand Boisen ein Leitbild für sein eigenes Bemühen, dem christlichen Heilungsauftrag innerhalb der Großkirchen neues Leben einzuhauchen. Zeitlebens selbst an psychischen Belastungen leidend, vertrat Boisen einen eher medizinkritischen Heilungsansatz und deutete Krankheits- und Heilungserfahrungen im Horizont des christlichen Glaubens. Während Cabot die Bedeutung einer soliden schulmedizinischen Grundlage und die leitende Rolle des Arztes betonte, sympathisierte Boisen im Namen einer umfassenden Heilung mit eher unorthodoxen Sichtweisen und Ansätzen.

Nochmals eine andere, stärker psychoanalytisch geprägte Sicht vertrat *Helen Flanders Dunbar* (1902–1959), die als theologisch und philosophisch ausgebildete Ärztin den 1930 gegründeten *Council of the Clinical Training of Theological Students* (CCTTS) in seinen ersten Jahren leitete und damit die Geschicke der Seelsorgebewegung inhaltlich und politisch mitbestimmte. Dunbar, die als Begründerin der US-amerikanischen Psychosomatik gilt,[19] studierte zunächst Philosophie und Theologie und promovierte 1929 an der Columbia University in New York mit einer vielbeachteten Arbeit über Dantes *Divina Commedia.* Gleichzeitig studierte sie Medizin und absolvierte, während eines Studienaufenthalts in Europa, Praktika am Wiener Universitätsspital beim Psychoanalytiker Felix Deutsch und am Zürcher Burghölzli bei Carl Gustav Jung. Dunbar betonte die entspannende und heilende Kraft religiöser Erfahrungen und die Verwobenheit der körperlichen, psychischen und geistigen Dimensionen. In ihrer Überzeugung, dass »nur wenige Patienten noch eines

18 Cabot/Dicks, The Art of Ministering to the Sick.

19 Vgl. Peetz, Helen Flanders Dunbar – Die Mutter der Psychosomatik.

Rats bedürfen, was sie tun sollen, sobald sie emotional frei sind, um über ihre Probleme nachzudenken«,[20] nahm sie eine zentrale Einsicht Carl Rogers' vorweg.

Abb. 1: Dunbar und Boisen (rechts neben ihr) während eines Treffens des CCTTS im Jahre 1932. Die 30-jährige Dunbar leitete dieses Gremium während mehreren Jahren und prägte dadurch die erste Phase der klinischen Seelsorgeausbildung.[21]

Mit der Emmanuel-Bewegung und den Gründerpersönlichkeiten der CPE ist jedoch erst eines der formativen Felder beschrieben, deren Fernwirkung für heutige Spiritual Care kaum zu unterschätzen ist. So sehr das Wirken der bisher genannten Personen sich auf die USA konzentrierte, stand es von Beginn an in einem internationalen Zusammenhang, hatte Worcester doch in Leipzig bei Gustav Theodor Fechner, Wilhelm Wundt und Franz Delitzsch studiert und von ihnen wesentliche Impulse erhalten, während Dunbar, wie bereits erwähnt, sich von Felix Deutsch und C. G. Jung inspirieren ließ. Noch deutlicher zeigt sich die globale Verflechtung allerdings in

20 Powell, Helen Flanders Dunbar, 154.

21 https://acpe.edu/docs/default-source/acpe-history/the-biography-of-anton-theophilus-boisen.pdf?sfvrsn=f542507_2 (22.10.2020).

einer anderen christlichen Bewegung, die bereits früher eine enge Allianz mit der modernen Medizin eingegangen war: die ärztliche Mission. In ihr bahnt sich ein neues Verständnis des christlichen Heilungsauftrags an. Dass die ärztliche Mission, ähnlich wie die Emmanuel-Bewegung, zu den bislang weitgehend verkannten Wurzeln heutiger Spiritual Care gehört, macht es dringlich, ihre Anliegen hier in Erinnerung zu rufen. Doch zuvor soll ein Sprung nach vorne ins bewegte Jahr 1969 gemacht werden, wo es an vielen Universitäten rumorte und die CPE die Schweiz erreichte.

Intermezzo: Die CPE erreicht die Schweiz (1969)

Christoph Morgenthaler, der zu dieser Zeit Theologiestudent war und später an der Theologischen Fakultät der Universität Bern den Lehrstuhl für Seelsorgelehre und Pastoralpsychologie übernahm, erinnert sich: »Die 1968-Bewegung kam 1969 auch in Bern an. Die theologische Fachschaft war gespalten, die einen hielten es mit Marx, die anderen mit Freud. Studienreform lag in der Luft. Erste Bücher zu einer erneuerten Seelsorge erschienen. Heje Fabers und Ebel van der Schoots *Praktikum des seelsorgerlichen Gesprächs* war eines der Bücher, die uns damals elektrisierten. Es enthielt Fallbeispiele aus der Seelsorge, ausführlich aus der Perspektive von Psychologie und Psychotherapie kommentiert. Es wurde eine Veranstaltung organisiert, die Verfahren und Nutzen der neuen Ausbildungsformen demonstrieren sollte, reserviert war dafür ein Hörsaal im Anatomischen Institut. Dort, wo sonst der Seziertisch stand, hatte sich eine Gruppe von Pfarrern versammelt, die mit Heje Faber, der aus den Niederlanden eingeflogen worden war, ein Gesprächsprotokoll analysierte. Auf den Rängen sassen Studierende, Pfarrer und wenige Pfarrerinnen sowie Abgesandte des Synodalrats, der Kirchenleitung, die sich ein Bild machen sollten, ob da nicht etwas Gefährliches auf die Kirche zurollte, gefährlicher noch als das, was von links kam. Am Tisch unten in der Arena konzentrierte, unspektakuläre Arbeit an einem Gesprächsprotokoll, hingebungsvolle Exegese eines ›human documents‹, Handwerk, bescheiden, low key, und gerade deshalb spektakulär. Eine neue Zeit bricht an. Seelsorge lässt sich lernen! Seelsorge ist spannend! […]

Das Selbstbewusstsein einer therapeutisch reflektierten Seelsorge erstarkte trotz kirchlicher Auseinandersetzungen – man begann sich als ›Seelsorgebewegung‹ zu verstehen. Das zeigte sich 1972 auch in der Gründung der Deutschen Gesellschaft für Pastoralpsychologie, dem ökumenischen Fachverband für Seelsorge, Beratung und Supervision. Standards für die Aus- und Weiterbildung und Qualitätssicherung in Seelsorge wurden entwickelt und durchgesetzt, Abschlüsse in fünf unterschiedlichen Sektionen formalisiert und standespolitische Richtlinien und Initiativen entwickelt. Mehr oder weniger deutlich orientierten sich die Sektionen dabei an bestimmten Psychotherapieschulen – Tiefenpsychologie, Gesprächstherapie, Gruppentherapie –, wobei die schulenübergreifende Debatte zu den konzeptionellen Grundlagen der Seelsorge ebenfalls kontrovers und lebendig geführt wurde. Die Seelsorgebewegung fand zu ihrer institutionellen Form.«[22] Die Form, die sie bei Christoph Morgenthaler selbst fand, wird weiter unten zur Sprache kommen.

Von der ärztlichen Mission zur Hospizbewegung

Im historischen Rückblick besonders bemerkenswert ist, wie sich in der ärztlichen Mission verfestigte professions- und genderspezifischen Zuordnungen verflüssigen. Während Diakonissinnen und katholische Ordensfrauen in Europa zur selben Zeit begründen mussten, weshalb sie die seelsorgliche Unterstützung als Teil ihrer pflegerischen Aufgaben verstanden, sahen sich manche ärztliche Missionare mit dem Vorwurf konfrontiert, sich allzu intensiv auf die schulmedizinische Versorgung zu konzentrieren und ihren Verkündigungsauftrag zu vernachlässigen. Die übliche geschlechtsspezifische Rollenverteilung wurde gleich doppelt durchbrochen: zum einen durch die vielen Krankenbrüder, die teilweise eigene Gemeinschaften bildeten, zum anderen durch eine beachtliche Zahl von Ärztinnen. Dass in einer Zeit, in der Frauen in Europa nur sehr beschränkt zum Medizinstudium zugelassen waren, ärztliche Mis-

22 Morgenthaler, Wie hat Psychotherapie die Seelsorgelehre und -praxis verändert, 32 f.

sionarinnen ausgebildet und in ferne Länder ausgesandt wurden, war pragmatisch begründet: Für die Mission in Ländern, in denen für eine ärztliche Versorgung der weiblichen Bevölkerung nur Frauen in Frage kamen, waren sie unersetzbare Vertrauensintermediäre.

Die medizinische Mission war in ihrer Entwicklung und Legitimation in hohem Maße von medizinischen und chirurgischen Fortschritten mitbestimmt. Die eigentümliche Synthese von Schulmedizin, Mission und Kolonialismus verwickelte ihre Vertreter in vielfältige Zielkonflikte. Während die meisten Missionsgesellschaften den Vorrang der Seelsorge vor der Sorge ums leibliche Wohl betonten und die medizinische Versorgung als Vorstufe für die eigentliche Mission betrachteten, tendierten die ausgesandten Ärztinnen und Ärzte eher zu einem medizinischen Pragmatismus, der sich mit ähnlichen experimentellen theologischen Ideen verbinden konnte, wie sie bei Worcester und Boisen zu finden sind. Ein Beispiel dafür ist die kanadische Ärztin *Belle Oliver* (1875–1947), die in Indien wirkte. Mit den Jahren verabschiedete sich Oliver zunehmend von einer missionsstrategischen Instrumentalisierung medizinischer Versorgung. In den Büchern und Artikeln, in denen sie ihre missionsärztlichen Erfahrungen reflektierte und weiterzugeben suchte, vertrat sie ein holistisches Heilungsverständnis, das medizinische und seelsorgliche Anliegen eng miteinander verwob. So wird zum Beispiel mit Verweis auf die solidarische und heilsame Zuwendung Jesu betont: »Gott sorgt sich für den Menschen in seiner Ganzheit – Körper, Seele und Geist [spirit] […]. Seine Botschaft vermittelt sich durch Dienste, die auf diese Kanäle abgestimmt sind«.[23]

In ihren Ideen ließ sich Oliver durch William Ernest Hocking beeinflussen, der in Harvard Religionsphilosophie lehrte und seinerseits Schüler von William James war. Hocking war es, der 1932 einen vielbeachteten und kontrovers diskutierten Bericht veröffentlichte, der den programmatischen Titel trug *Re-Thinking Missions: A Laymen's Inquiry after One Hundred Years.* Auf der Grundlage von Feldforschungen in asiatischen Ländern evaluiert dieser Bericht die bisherigen missionarischen Strategien und plädiert für einen missionstheologischen Paradigmenwechsel. So wird empfohlen, die lo-

23 Nach Klassen, Spirits of Protestantism, 113 (meine Übersetzung).

kale Bevölkerung künftig stärker in Projekte einzubeziehen und indigenen Religionen und Traditionen mit größerer Wertschätzung zu begegnen. Ein Schlüsselsatz, der auch von Oliver zitiert wurde, lautet: »Den Dienst an den weltlichen Bedürfnissen von Menschen im Geist Christi [...] bedeutet Evangelisierung im wahrsten Sinne des Wortes.«[24]

Das Anliegen, die spirituelle Dimension im Rahmen einer kurativen, rehabilitativen, palliativen oder präventiven Gesundheitsversorgung einzubeziehen, verbindet alle bisher genannten Bewegungen und Akteure. Dass sich für dieses Anliegen seit Mitte des 20. Jahrhunderts der Begriff »Spiritual Care« durchzusetzen begann, ist jedoch in besonderer Weise christlich inspirierten Pflegeinstitutionen zu verdanken. Das lässt sich am Beispiel des US-amerikanischen *Nurses Christian Fellowship* aufzeigen. Diese US-amerikanische Organisation, die Mitte der 1930er-Jahre gegründet wurde und die 1948 zu einer nationalen Organisation mutierte, führte in den 1960er-Jahren nicht nur in verschiedenen Bundesstaaten Workshops zu spirituellen Bedürfnissen von Patient*innen durch, sondern initiierte auch erste Forschungsprojekte in diesem Bereich. Die reife Frucht dieser Bestrebungen findet sich in dem 1978 erstmals erschienenen und danach mehrfach aufgelegten Buch von Sharon Fish und Judith A. Shelly mit dem Titel *Spiritual Care: The nurse's role.*[25]

In den Traditionszusammenhang der christlichen Pflege gehört schließlich auch *Cicely Saunders* (1908–2005), die ihren Weg als Krankenschwester in christlichen Hospizen begann. Saunders' Weise, das karitativ bestimmte christliche Hospizwesen mit moderner Medizin zu verknüpfen, transformierte schließlich beides: das Hospiz und die Medizin. Das *St Christophers Hospice,* das Saunders nach langer Vorbereitung 1967 in London eröffnete, war zunächst – nicht weniger als seine christlichen Vorläufer – ein Lebensraum, in dem gemeinsam gebetet und spirituelle Gemeinschaft gepflegt wurde. Doch wurde es auch zu einem Ort, an dem medizinisch geforscht und neue Therapien ausprobiert wurden. Dabei brachte Saunders ein vergessenes Ziel der Medizin neu zur Geltung: das Lindern von

24 Klassen, Spirits of Protestantism (meine Übersetzung).
25 Shelly/Fish, Spiritual Care.

Leiden. In den letzten Jahrzehnten des vergangenen Jahrhunderts setzte sich zunehmend die Einsicht durch, dass die »Linderung von krankheitsbedingten Schmerzen und Leiden«[26] nach wie vor zu den Zielen der Medizin zu zählen ist und dass dieses Ziel nicht ohne spezialisierte Forschung und Ausbildung zu erreichen ist. Indem Cicely Saunders die Entwicklung einer evidenzbasierten Palliative Care fest mit einer interprofessionell verantworteten Spiritual Care verknüpfte, entwarf sie nicht nur ein wegweisendes Modell interprofessioneller Zusammenarbeit, sondern stellte auch die Weichen dafür, dass sich Spiritual Care in den darauffolgenden Jahrzehnten als wesentliches Element von Palliative Care im Gesundheitswesen etablieren konnte.

Fallbeispiel: Spirituelles Assessment und digitale Dokumentation in Nairobi

Die Zeit der medizinischen Mission scheint vorbei zu sein – und doch ist sie, wie die Arbeit des *Deutschen Instituts für Ärztliche Mission in Tübingen* (Difäm) und des *Missionsärztlichen Instituts Würzburg* zeigt, in veränderten, postkolonialistischen Gestalten lebendiger denn je. In vielen Ländern der südlichen Hemisphäre gehören christliche Gesundheitsinstitutionen, die finanziell und personell von nordamerikanischen und europäischen Kirchen unterstützt werden, nach wie vor zu den tragenden Säulen des Gesundheitssystems. Die Seelsorge wird in diesen Institutionen häufig von pflegerisch, medizinisch oder sozialarbeiterisch tätigen Ordensleuten wahrgenommen. Ein Beispiel dafür ist der Maryknoll-Missionar Richard Bauer, der seit 1982 in verschiedenen afrikanischen Ländern in Institutionen tätig ist, die HIV/AIDS-Betroffene unterstützen. Nach einer 18-monatigen Ausbildung zum CPE-zertifizierten Krankenhausseelsorger am Mount Sinai Hospital in New York[27] kehrte der katholische Priester 2018 nach Kenya zurück, um dort im Rahmen des *Eastern Deanery AIDS Relief Program (EDARP)* in einem Slum Nairobis, das von einer vorwiegend muslimischen Bevölkerung bewohnt wird, Strukturen zur ambulanten präventiven und palliativen Versorgung

26 Allert, Ziele der Medizin, 48.
27 Vgl. seinen Erfahrungsbericht: https://youtu.be/X2 t5nPv4vZk (31.07.2020).

zu stärken. Um dabei auch die spirituellen Bedürfnisse zu berücksichtigen, führte Bauer ein spirituelles Assessment ein, das von sog. *community healthcare workers* durchgeführt und in digitalen Krankenakten dokumentiert wird.[28]

Gesundheitspolitische Anerkennung der »spirituellen Dimension«

Ein Jahr nachdem Cicely Saunders in London ihr Hospiz eröffnet hatte, setzte der Weltkirchenrat die *Christian Medical Commission* (CMC) ein. Dahinter stand ein intensiver Reflexionsprozess über die Zukunft des weltweiten christlichen Engagements im globalen Gesundheitswesen. Die Entkolonialisierung hatte die ärztliche Mission in ihrer bisherigen Gestalt fraglich werden lassen. Die Grundlagen für ein erneuertes Verständnis des christlichen Heilungsauftrags wurden mit einer Konsultation gelegt, die 1964 vom *Deutschen Institut für ärztliche Mission* zusammen mit dem Weltkirchenrat in Tübingen durchgeführt wurde. Gerungen wurde um eine Antwort auf die kritische Anfrage, ob es für die Kirchen nicht an der Zeit sei, sich aus dem Bereich der Gesundheitsversorgung zurückzuziehen und die Aufgabe säkularen Institutionen zu überlassen. Hatte die Kirche ihre Mission in diesem Bereich nicht längst erfüllt? Eine Programmschrift, die als Ergebnis dieser Konsultation veröffentlicht wurde, sprach sich in großer Deutlichkeit gegen einen solchen Rückzug aus und berief sich dafür auf den christlichen Heilungsauftrag. Die Kernaussage wurde bereits einleitend zitiert: »Die Kirche kann ihre Verantwortung im Bereich des Heilens nicht anderen Akteuren überlassen.«

In kritischer Auseinandersetzung mit der kolonialen Vergangenheit und im wachsenden Bewusstsein globaler Interdependenz setzte sich im Weltkirchenrat ein neues Verständnis des christlichen Heilungsauftrags durch. Dabei wurde die christliche Mitverantwortung für die Ausgestaltung eines solidarischen Gesundheits-

28 Für weitere Informationen vgl. Peng-Keller/Neuhold, Dokumentation klinischer Seelsorge.

wesens neu akzentuiert. Angestrebt wurden innovative Formen der Kooperation und Koordination mit wichtigen säkularen Akteuren im Gesundheitswesen. Die Zusammenarbeit zwischen der CMC und der WHO, die sich nach 1974 in einem gemischten Komitee der beiden Organisationen vollzog und das Modell einer neuartigen Kooperation darstellte, stand im Zeichen einer Rückbesinnung auf die Einsichten und Ideale der sozialen Medizin, die die WHO in ihrer Gründungsphase geprägt hatten. Die CMC verschrieb sich der sozialmedizinisch inspirierten *Primären Gesundheitsversorgung*, die sich in den 1970er Jahren auch innerhalb der WHO durchsetzte. Das Anliegen einer gerechten Gesundheitsversorgung verknüpfte sich in diesem Modell mit einem integrativen, kultursensitiven und partizipativen Ansatz, der sich an sozialen Netzwerken orientierte und erstmals auch traditionelle Heiler und Gemeindearbeiter gesundheitspolitisch berücksichtigte.

Dieses Gesundheitsprogramm bildete der Rahmen, in dem 1983 erstmals in der Geschichte der WHO ausdrücklich und ausführlich über die Frage diskutiert wurde, in welcher Weise die WHO die spirituelle Dimension einbeziehen sollte. Die Initiative dazu ergriff *Samuel Hynd* (1924–2016), der Gesundheitsminister von Swaziland. Er verkörperte in Person den Übergang, für den die CMC stand. Hynds Vater war als ärztlicher Missionar aus Schottland nach Swaziland eingewandert und hatte in jahrzehntelanger Arbeit das dortige Gesundheitssystem nach europäischem Modell aufgebaut. Samuel Hynd, der in die Fussstapfen seines Vaters trat und dessen christliche Inspiration teilte, forderte, dass in künftigen WHO Programmen auch die spirituelle Dimension einbezogen werden müsse. Die Gesundheitsdefinition der WHO sei unvollständig, weil sie es versäume, den »spirit« zu nennen, der als motivationale Kraft für das Engagement im Gesundheitswesen entscheidend sei.

In der Diskussion, die durch dieses Votum ausgelöst wurde, widerspiegelt sich die Macht- und Interessenskonstellation, die trotz markanten Verschiebungen bis heute die Weltgesundheitspolitik bestimmt. Während sich die Vertreter der westlichen Staaten gegenüber Hynds Vorstoß mehrheitlich kritisch verhielten und er von den Repräsentaten der kommunistisch regierten Ländern bekämpft wurde, erhielt er die Unterstützung der arabischen Staaten. Dass die von Hynd geforderte Resolution schließlich ausgearbeitet und angenommen wurde, ist dem Engagement der Golfstaaten und des damaligen Generaldirektors Halfdan Mahlers zu verdanken.

Fallbeispiel: Holistische Gesundheitsmodelle im Weltkirchenrat und im Vatikan

Die von Hynd ausformulierte Idee, dass das biopsychosoziale Verständnis von Gesundheit um eine spirituelle Dimension zu erweitern sei, wurde sowohl vom Weltkirchenrat als auch von katholischer Seite aufgenommen. Die CMC hatte nach einer breiten Konsultation bereits 1982 die Studie *The Search of a Christian Understanding of Health, Healing and Wholeness* veröffentlicht. In deren Schlussteil findet sich eine Gesundheitsdefinition, die in späteren Dokumenten des ÖRK mehrfach wieder aufgenommen wird und die ausdrücklich an jene der WHO anknüpft. Demnach sei Gesundheit ein »dynamischer Zustand des physischen, mentalen, spirituellen, ökonomischen, politischen und sozialen Wohlbefindens eines Individuums oder der Gesellschaft – eines Einklangs [*harmony*] miteinander, mit der materiellen Umgebung und mit Gott.«[29] Zu einer ähnlichen Formulierung fand auch Javier Lozano Barragán, der über mehrere Jahre den Päpstlichen Rat für Gesundheitsberufe leitete: »Gesundheit ist die dynamische Spannung in Richtung physischer, mentaler, sozialer und spiritueller Harmonie, und nicht nur die Abwesenheit von Krankheit, was Menschen die Fähigkeit gibt, die ihnen anvertraute Aufgabe zu erfüllen gemäß dem Lebensstand, in dem sie sich befinden.«[30] Auf diese beachtenswerten Versuche, sich in die Diskussion um ein heutiges Verständnis von Gesundheit und Gesundheitsförderung einzubringen, werde ich im Kapitel 4 weiter eingehen.

29 WCC, The Search of a Christian Understanding of Health, Healing and Wholeness, 17.

30 http://www.vatican.va/roman_curia/pontifical_councils/hlthwork/documents/rc_pc_hlthwork_doc_20040211_barragan-lourdes_en.html (28.07.2020; eigene Übersetzung).

Institutionalisierung interprofessioneller Spiritual Care

Das Anliegen, die spirituelle Dimension in die Gesundheitsversorung einzubeziehen, war zunächst weder in der WHO noch in der CMC oder im Päpstlichen Rat für Gesundheitsberufe mit der Palliativversorgung verknüpft. Erst im Laufe der 1980er Jahre drangen die Anliegen der Palliative Care allmählich in die WHO ein, die sich in den ersten Jahrzehnten ihres Bestehens auf Gesundheitsprävention und Epidemiologie konzentriert hatte. Auch wenn die Palliative Care weder die erste noch die einzige Quelle darstellte, so trug sie doch wesentlich dazu bei, in den darauffolgenden Jahrzehnten eine interprofessionelle Spiritual Care im Gesundheitswesen vieler Länder zu etablieren.

Neben den bereits erwähnten Bewegungen und Akteuren und in enger Verbundenheit mit ihnen tritt in den späten 1980er Jahren noch ein weiterer Faktor hinzu: der starke Zuwachs an empirischer Forschung zu Gesundheit und Spiritualität. Die Erforschung gesundheitsbezogener Aspekte von Religiosität und Spiritualität, die im späten 19. Jahrhundert mit William James und Edwin Starbuck einsetzte, intensivierte sich gegen Ende des 20. Jahrhunderts und umspannt inzwischen nahezu alle Bereiche der Gesundheitsversorgung. Damit verband sich eine akademische Institutionalisierung interdisziplinärer Spiritual Care. So errichtete beispielsweise die *Duke University* auf Initiative des christlich geprägten Psychiaters Harold Koenig und mit Unterstützung der Templeton Foundation bereits 1998 ein *Center for Spirituality, Theology and Health.* Dass es an diesem Institut auch um theologische Fragestellungen geht, ist umso bemerkenswerter, als es an der Medizinischen Fakultät angesiedelt und auf mentale Gesundheit fokussiert ist.

Rückblick

Blickt man auf die Geschichte christlich inspirierter Spiritual Care im 20. Jahrhundert zurück, so zeigen sich vielfältige Formen, sich in ein sich stark wandelndes Gesundheitswesen einzubringen. Wo die Geschichte moderner Medizin als Erfolgsgeschichte westlicher Wissenschaft und Technik erzählt wird, geht leicht vergessen, dass wichtige Entwicklungen sich christlich inspirierten Initiativen und

Bewegungen verdankten und noch heute ein bedeutender Teil der globalen Gesundheitsversorgung von religiösen Akteuren verantwortet wird. So sehr das christliche Gesundheitsengagement bis weit ins 20. Jahrhundert kolonialistisch geprägt war, prägte sich zunehmend ein universalistischer Zug aus, der nicht zuletzt auch zu neuen und keineswegs homogenen Formen von Spiritual Care führte. Die Seelsorgebewegung, die in den späten 1960er-Jahren den deutschsprachigen Raum erreichte und zur Etablierung neuer klinikseelsorglicher Ausbildungswege und Praxisformen führte, war Teil dieser Entwicklung und ist in diesem größeren Kontext zu verstehen.

Formen und Modelle heutiger Spiritual Care

Die unterschiedlichen Formen und Modelle christlich inspirierter Spiritual Care, die sich im Laufe des letzten Jahrhunderts herausgebildet haben, finden sich gegenwärtig in unterschiedlichen Varianten und Verbindungen. Sucht man nach einem gemeinsamen Merkmal, so ist es – neben der Berufung auf die christliche Tradition – am ehesten in einem holistischen oder zumindest antireduktionistischen Zug zu finden. Der Einbezug der spirituellen Dimension in die Unterstützung von kranken, behinderten und sterbenden Menschen soll dazu beitragen, ihre Bedürfnisse und Nöte umfassender wahrzunehmen. Die Vorstellungen darüber, wer welche Verantwortung für einen solchen Einbezug trägt, ist ebenso uneinheitlich wie die leitenden Konzeptionen von »Gesundheit«, »Heilung« und »Spiritualität«. Das gilt auch für Krankenhausseelsorgende und kirchliche Entscheidungsträger.

Anekdote aus der Seelsorgepraxis:
Wer macht »Spiritual Care«?

Bei einem informellen Gespräch in einem Schweizer Spital fragt eine junge Pflegefachfrau in Ausbildung einen erfahrenen Krankenhausseelsorger: »Macht ihr auch Spiritual Care?«

Ein offener Diskurs über unterschiedliche Optionen, Spiritual Care zu verstehen und auszugestalten, ist dringlich. Um die Gemengelage aktueller Spiritual-Care-Modelle zu beschreiben und die Vorstellung zu verabschieden, dass »Spiritual Care« mit einem bestimmten Konzept zu identifizieren sei, greife ich auf eine Typologie des australischen Soziologen und Pastoraltheologen Bruce Rumbold zurück, wobei ich mich auf die christlichen Varianten dieser Modelle beschränke und sie weiter spezifiziere. Wie bei jeder Typologie handelt es sich um eine Vereinfachung der Vielfalt an tatsächlich vertretenen Positionen. Viele Seelsorgende dürften sich in mehr als nur einem Modell zuhause fühlen, je nach Situation eher in dem einen oder dem anderen.

Rumbold differenziert zwischen drei Grundmodellen: dem klinischen, dem gemeinschaftsorientierten und dem holistischen Modell. Aufgrund verschiedener Vorannahmen bestimmen diese drei Modelle die Aufgaben der Spiritual Care in unterschiedlicher und teilweise gegenläufiger Weise.[31] Das erste Grundmodell, das eine klinische Spezialisierung und eine interprofessionelle Aufgabenteilung im Blick hat, lässt sich als Erweiterung des biopsychosozialen Gesundheitsmodells verstehen. Das zweite Grundmodell, das stärker auf ehrenamtliches Engagement setzt, fokussiert auf »Sorgende Gemeinschaften«. Leitend für das dritte Grundmodell ist die Unterscheidung zwischen körperlicher und spiritueller Heilung. Alle drei Modelle umfassen eine Pluralität von Ansätzen.

Grundmodell 1: Klinisch orientierte Spiritual Care

Die jüngere Spiritual-Care-Diskussion und -Forschung ist bislang weitgehend auf klinische Modelle fokussiert. Bei allen Unterschieden im Einzelnen verstehen sie Spiritual Care als Ergänzung des biopsychosozialen Gesundheitsmodells um eine vierte Dimension. Diese zusätzliche Dimension kann als Erweiterung oder als Vertiefung verstanden werden. Sieht man die spirituelle Dimension als

31 Rumbold, Models of spiritual care. Ich knüpfe an folgende Vorarbeiten an: Peng-Keller, »Spiritual Care« im Werden; Peng-Keller, Professionelle Klinikseelsorge im Horizont interprofessioneller Spiritual Care.

Erweiterung, geht es um den Einbezug *zusätzlicher* Gesundheitsdeterminanten: um die klinische Berücksichtigung der inzwischen auch empirisch breit belegten Erkenntnis, dass spirituelle Überzeugungen, Haltungen, Erfahrungen und Praktiken den Umgang mit schwerer Erkrankung und Heilungsprozesse beeinflussen. Versteht man den Einbezug der spirituellen Dimension als eine Vertiefung, geht es um die Erschließung einer bislang nicht wahrgenommenen Tiefendimension des biopsychosozialen Modells. Nach diesem Verständnis zeigt sich die spirituelle Dimension nicht *neben* den drei anderen Dimensionen, sondern *in* ihnen. Spirituelle Ressourcen oder Nöte vermitteln sich durch leibliche, psychische und soziale Lebenswirklichkeiten. Dies lässt sich durch eine gleichflächige Pyramide veranschaulichen, deren drei sichtbare Flächen für die physische, psychische und soziale Dimension der Gesundheit(sversorgung) stehen, während die Basis oder der unsichtbare Innenraum die spirituelle Dimension symbolisiert:

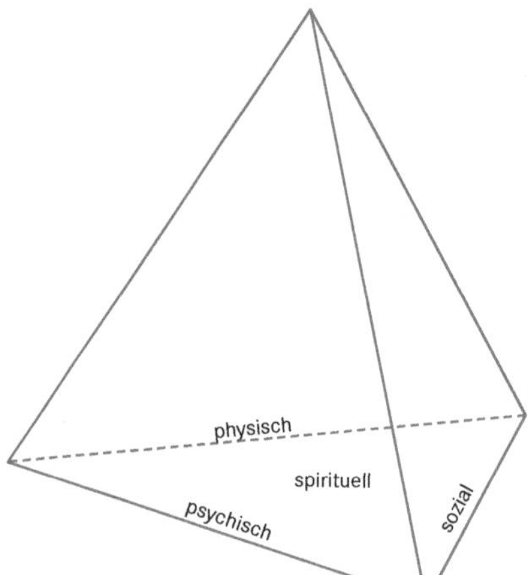

Abb. 2: Gesundheitsrelevante Lebensdimensionen. Die spirituelle Dimension ist nach dieser Darstellung basal, doch auch verborgener als die anderen Dimensionen.[32]

32 In Anlehung an: palliative ch, Empfehlungen zu Palliative Care und Spiritualität, 2.

Klinische Spiritual-Care-Modelle treten gegenwärtig hauptsächlich in drei Varianten auf. Die erste Variante profiliert Spiritual Care als gesundheitsberufliches Konzept, das von einer kirchlich beauftragten Seelsorge zu unterscheiden ist und in Spannung zu ihr steht.[33] In der zweiten Variante bezeichnet Spiritual Care ein multiprofessionelles Feld, zu dem unterschiedliche Berufsgruppen beitragen können,[34] während in der dritten der Akzent auf unterschiedlichen Formen und Zuständigkeiten liegt und die Unterscheidung zwischen generalisierter (gesundheitsberuflicher) und spezialisierter (seelsorglicher) Spiritual Care leitend ist.[35]

In klinischen Spiritual-Care-Modellen stehen das Tätigkeitsfeld der Gesundheitsberufe und die spirituellen Bedürfnisse und Nöte einzelner Patient*innen und ihrer Angehörigen im Fokus der Aufmerksamkeit. Spiritualität und Religiosität werden als Ressourcen für Heilungs- und Copingprozesse betrachtet, die soweit wie möglich in die therapeutische und palliative Planung einbezogen werden sollen. Insofern die Seelsorge beiträgt zu diesen palliativen, kurativen, rehabilitativen und präventiven Aufgaben, erhält sie einen neuen Stellenwert für die Gesundheitsversorgung.

In der jüngeren Seelsorgediskussion werden die sich damit eröffnenden Möglichkeiten bekanntlich nicht nur begrüßt, sondern auch mit Sorge wahrgenommen. Im Zentrum stehen die Spannung zwischen klinischer Funktionalität und dem Eigensinn religiöser und spiritueller Praktiken, die Begrenzung interprofessioneller Kommunikation durch das Seelsorgegeheimnis und der kirchliche Auftrag der klinischen Seelsorge. Zudem wird darauf hingewiesen, dass die stärkere Integration klinischer Seelsorger*innen zur Exklusion der Gemeindeseelsorge aus dem klinischen Kontext beitragen könnte.

Ihre Plausibilität verdanken klinische Spiritual-Care-Ansätze nicht allein dem Umstand, dass sie sich mit den Zielen des Gesundheitswesens verbinden, sondern ebenso aus dem gesellschaftlichen Wandel, der noch genauer in den Blick zu nehmen ist. In der Ausrichtung auf die Bedürfnisse, Nöte und Ressourcen Einzelner ent-

33 Vgl. Nauer, Spiritual Care statt Seelsorge?

34 Frick, Wie arbeitet Spiritual Care?

35 Diese Position wird u. a. vertreten in EKD, Spiritual Care durch Seelsorge.

spricht dies jenen Suchbewegungen, die eine individualisierte und sich situativ wandelnde Spiritualität des/der Einzelnen betonen.[36] An dieser Stelle setzt die Kritik jener an, die ein gemeinschaftsorientiertes Modell von Spiritual Care vertreten.

Grundmodell 2: Gemeinschaftsorientierte Spiritual Care

Besonders von soziologischer Seite wird auf die möglichen Engführungen klinisch orientierter Spiritual Care aufmerksam gemacht. So wird auf die Tendenz hingewiesen, die gemeinschaftlichen und gesellschaftlichen Kontexte von spirituellen Praktiken und Überzeugungen auszublenden.[37] Gemeinschaftsorientierte Spiritual-Care-Modelle rücken vulnerable Menschen *in ihrer gemeinschaftlichen (Nicht-)Einbettung* ins Zentrum der Aufmerksamkeit. Dabei können sie sich auf Cicely Saunders berufen. Der Gedanke der Gastlichkeit, der die moderne Hospizbewegung leitet, ist von einem Ethos der Solidarität, der umfassenden Gemeinschaft durchtränkt. Sterbende Menschen sollen sich als Teil einer »Gemeinschaft der Ungleichen« erleben, zu der die professionellen Helfer ebenso gehören wie ehrenamtliche Mitarbeiter. In eine ähnliche Richtung verweist auch die bereits skizzierte Gesundheitspolitik des ÖRK.

Innerhalb der akademischen Diskussion vertritt beispielsweise Allan Kellehear einen gemeinschaftsorientierten Spiritual-Care-Ansatz.[38] Gegen den Trend, Spiritual Care als neue *(inter-)professionelle* Aufgabe zu konzipieren und sie klinischen Fachleuten anzuvertrauen, betont Kellehear die gesellschaftliche Verantwortung für eine solche Praxis. Während Vertreter klinisch-therapeutischer Ansätze für eine Professionalisierung von Spiritual Care plädieren, wird im Horizont des gemeinschaftsorientierten Modells die Bedeutung der ehrenamtlichen Mitarbeiter*innen betont.[39] Die christliche Praxis des Handauflegens kann in diesem Horizont als symbolischer Voll-

36 Heelas, Spiritualities of Life.

37 Walter, The ideology and organization of spiritual care.

38 Kellehear, Compassionate Cities.

39 Vgl. z. B. das in Jakob/Weyel, Spirituality, Mental Health, and Social Support beschriebene gemeindebasierte Pionierprojekt.

zug verstanden werden, durch den kranken Menschen in erlebbarer Weise die palliative Kraft der Gemeinschaft vermittelt wird. Gegenwärtig ist das Handauflegen allerdings stärker mit jenen Spiritual Care-Modellen verknüpft, die als »energetisch« zu beschreiben sind.[40]

Grundmodell 3: Energetisch-holistisch orientierte Spiritual Care

Die dritte Gruppe ist die heterogenste von allen. In ihr finden sich charismatische und pfingstkirchliche Ansätze ebenso wie solche mit einer Affinität für alternativ- oder komplementärmedizinische Verfahren.[41] Zu nennen sind auch Formen der Seelsorge, die das Handauflegen neu erschließen[42] oder mit imaginativen Verfahren experimentieren. Das energetische Moment, das in diesem Zusammenhang betont wird, wird entweder pneumatologisch verstanden oder vitalistisch gedeutet.

Energetische Ansätze beanspruchen, medizinische und psychotherapeutische Heilverfahren in doppelter Weise zu ergänzen: zum einen durch spirituelle Heilungspraktiken wie dem Gebet um Heilung oder dem Handauflegen, zum anderen durch eine besondere Aufmerksamkeit für Krankheiten, die nicht den Körper, sondern den »Geist« betreffen. Leitfigur ist die Heilerin oder der Heiler als Medium, das sich in den Dienst einer geistig-geistlichen Wirklichkeit stellt und diese repräsentiert. In energetischen Modellen vollzieht sich Spiritual Care weniger im Gespräch als in Gestalt von prä- oder transverbalen Praktiken. In der deutschsprachigen Seelsorgetheorie war es Manfred Josuttis, der sich für eine »energetische Seelsorge« stark machte. Er situiert sie im Kontext aktueller alternativ- oder komplementärmedizinischen Bewegungen und beruft sich auf die »Krafttaten« Jesu.[43]

40 Rumbold spricht von »holistic models«, doch haben auch das erste und zweite Modell auf ihre Weise einen holistischen Anspruch bzw. kann die Kritik eines fehlenden Holismus gerade auch an die energetischen Modelle gerichtet werden.

41 Brown, Healing Gods.

42 Eglin, Handauflegen mit Herz und Verstand.

43 Josuttis, Religion als Handwerk, 181.

**Aus der Praxis:
Modelldiskussion während einer Seelsorgeversammlung**

Während einer Versammlung von Krankenhausseelsorger*innen wurden die eben vorgestellten Spiritual-Care-Modelle diskutiert. Die Seelsorgenden hatten die Aufgabe zu bestimmen, welches der Modelle ihrem Verständnis von Gesundheit, Heilung und Seelsorge am nächsten kam. Jedes der drei Modelle fand seine Sympathisant*innen, wobei sich die meisten schwer damit taten, sich auf ein einziges Modell zu beschränken. Fragen warf auch die Krankensalbung auf: Lässt sie sich einem der Modelle zuordnen? Oder enthält sie, je nach Ausgestaltung, Elemente von allen dreien?

Die drei Grundmodelle haben unterschiedliche theologische Hintergründe. Während das erste Modell tendenziell in einer liberal-theologischen Tradition steht[44] und das zweite über Jahrzehnte das Leitmodell der Hospizbewergung und des ÖRK darstellte, kann sich das dritte auf charismatische Ansätze berufen. Oder pneumatologisch formuliert: Wirkt nach dem ersten Modell der Geist motivational und sinnstiftend, erscheint er nach dem zweiten als Kraft, die die Wunde der Ausgrenzung heilt und eine neue Gemeinschaft stiftet. Das dritte Modell wiederum rückt das charismatisch-energetische Moment in den Vordergrund und macht in ihm den christlichen Heilungsauftrag fest.

Zusammenfassung und Überleitung

Auf den vorangegangenen Seiten wurde Spiritual Care – als Einbezug der spirituellen Dimension in die Gesundheitsversorgung – in zweifacher Weise vergegenwärtigt: In einem ersten Schritt wurden im Rückblick auf das vergangene Jahrhundert die Wurzeln heutiger Spiritual Care freigelegt (die wichtigsten Daten sind im Anhang aufgeführt). Dabei kam ein komplexes Geflecht von eigen-

44 Vgl. Klassen, Spirits of Protestantism.

ständigen und zugleich interagierenden christlichen Initiativen und Bewegungen zum Vorschein, die in der zweiten Hälfte des 20. Jahrhunderts schrittweise zu einer offiziellen gesundheitspolitischen Anerkennung der spirituellen Dimension und einer wachsenden Institutionalisierung interprofessioneller Spiritual Care führte. Die Seelsorgebewegung, die 1925 in Boston ihren Ausgang nahm und in den späten 1960er-Jahren den deutschsprachigen Raum erreichte, ist Teil dieses Geflechts. Was klinische Spiritual-Care-Ansätze heute kennzeichnet, findet sich bereits in den Anfängen der CPE: die interprofessionelle Ausrichtung, die Forderung nach empirischer Forschung und Qualitätssicherung. Zugleich waren die Gründergestalten der CPE – Cabot, Boisen, Dunbar – von unterschiedlichen Gesundheitsmodellen geleitet. Spiritual Care war von Beginn an, auch innerhalb der Seelsorgebewegung, plural.

Die im zweiten Schritt eingeführte Unterscheidung zwischen klinischen, gemeinschaftsorientierten und energetischen Modellen und deren Subtypen diente dazu, einen ersten Überblick über die Vielfalt an heute – auch in kirchlichen Kreisen – vertretenen Positionen zu vermitteln. Eine systematische Auseinandersetzung mit diesen unterschiedlichen Sichtweisen bezüglich des christlichen Heilungsengagements ist im vierten Kapitel zu finden.

Das nächste Kapitel weitet nun den Blick auf zwei Facetten eines gesellschaftlichen Wandels, der nicht primär mit dem Gesundheitswesen zu tun hat, jedoch die eben skizzierten Entwicklungen im Bereich Spiritual Care intensiv beeinflusst: die religiös-spirituelle Pluralisierung und die Verschiebung des Verhältnisses zwischen Staat und religiösen Gemeinschaften.

2 Fluide Spiritualitäten und gesellschaftlicher Wandel

»Wie die sozialen Fragen im 19. Jahrhundert und sexuelle im 20. und 21. Jahrhundert ist die spirituelle Frage im Gefolge einer sozialen und kulturellen Bewegung aufgekommen.«[45]

Die Neuentdeckung der spirituellen Dimension im Gesundheitswesen wird begünstigt durch gesellschaftliche und politische Entwicklungen, die in diesem Kapitel näher beleuchtet werden. Kennzeichnend dafür ist die Pluralisierung des religiös-spirituellen Felds, die Entprivatisierung des Religiösen und das Aufkommen eines Verständnisses von »spirituell«, das die Unterscheidung zwischen religiöser und säkularer Sphäre unterläuft. Jürgen Habermas schlug vor, die neue gesellschaftspolitische Konstellation als postsäkular zu beschreiben. Was traditionell Religion heißt, tritt in pluraleren Gestalten auf und wird in säkularen Institutionen neu verortet. Das betrifft die Klinikseelsorge in hohem Maße.

Die Pluralisierung des religiös-spirituellen Feldes

Das Bedeutungsspektrum der Rede von Spiritualität hat sich in den letzten Jahrzehnten stark erweitert. Damit haben sich auch die Möglichkeiten vervielfacht, sich selbst als spirituell zu verstehen. Zu den Kennzeichen heutiger Selbst- oder Fremdbeschreibung als spirituell gehört es, dass damit der Kontrast zwischen religiösen und nicht-religiösen Lebenseinstellungen relativiert wird. Wer sich heute als spirituell beschreibt, sagt damit noch nichts über sein/ihr Verhältnis zu religiösen Institutionen und Traditionen. So wie die Idee einer strikten Trennung religiöser und säkularer Sphären ein Produkt der Moderne ist, so taucht die Möglichkeit einer säkularen Spiritualität bereits zu Beginn dieser Epoche auf. Ein für den vorliegenden Zusammenhang bedeutsames Beispiel dafür ist der Mesmerismus,

45 Jobin, Spirituality in the Biomedical World, 2 (meine Übers.).

der im Übergang zum 19. Jahrhundert eine medizinische und therapeutische Reformbewegung darstellte, die eine durch und durch säkulare Spiritualität vertrat. Es ist kein Zufall, dass das deutsche Wort »Spiritualität« in diesem Kontext erstmals auftritt. Der Mediziner *Johann Heinrich Rahn* (1749–1812), der in Zürich am Carolinum, der Vorgängerinstitution der späteren Universität, tätig war, gebraucht dieses Wort in seiner dem Messmerismus gewidmeten Schrift, die er 1789 unter dem Titel »Sympathie und Magnetismus« veröffentlichte. Nach Rahns Verständnis besteht der Mensch aus einer je individuellen Mischung von »Spiritualität und Animalität«, wobei ersteres das bezeichnet, was den Menschen vom Tier unterscheidet.

Was gegenwärtig als religiöse Pluralisierung, spirituelle Hybridisierung oder schlicht als »fluide Religion«[46] beschrieben wird, ist historisch gesehen alles andere als neu. Neu ist lediglich, dass diese Entwicklung inzwischen sehr unterschiedliche gesellschaftliche Schichten erreicht hat und die Selbstbeschreibung als (nicht-)spirituell sich zunehmend etabliert. Das zeigt sich beispielhaft an der Entscheidung des Bundesamts für Statistik, in Volksbefragungen nicht nur die Religionszugehörigkeit zu erfragen, sondern auch die Frage zu stellen, in welchem Maße sich die Befragten selbst als religiös und/oder spirituell beschreiben würden.[47] Die Befragung ergab, dass sich die Selbstbeschreibung als »spirituell« inzwischen auch in freikirchlichen Milieus etabliert hat und dass Konfessionslose sich in etwa demselben Maße als spirituell beschreiben wie Protestant*innen (Abb. 3).

46 Lüddeckens/Waltert, Fluide Religion.

47 Bundesamt für Statistik, Religiöse und spirituelle Praktiken und Glaubensformen in der Schweiz.

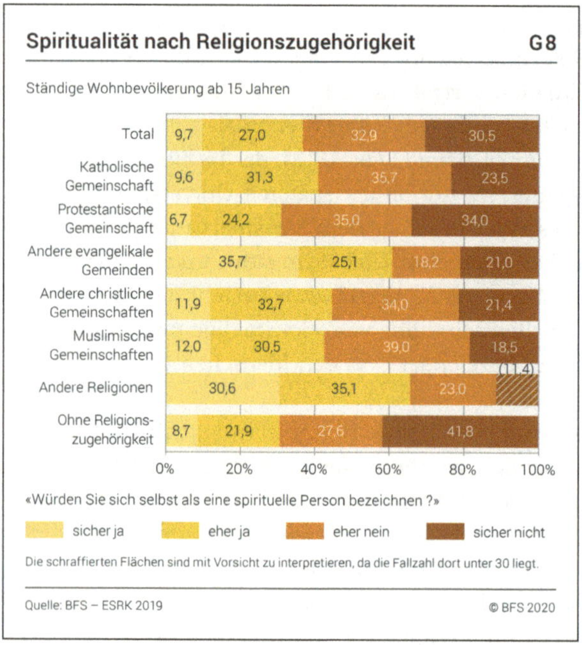

*Abb. 3: Selbstbeschreibung als »spirituell« nach Konfessionszugehörigkeit. Konfessionslose bezeichnen sich fast in demselben Maße als »spirituell« wie Protestant*innen; bei Katholik*innen, Muslim*innen und Angehörigen von Freikirchen sind es deutlich mehr* (Bundesamt für Statistik, Religiöse und spirituelle Praktiken und Glaubensformen in der Schweiz).

Die von offizieller Seite[48] 2014 erstmals vorgenommene Neuvermessung des demographischen Feldes belegt ebenso, dass religiöse Überzeugungen und Praktiken auch in säkular geprägten Gesellschaften nach wie vor bedeutsam sind, insbesondere in schwierigen Lebenssituationen (Abb. 4 und 5).

48 Sie wurde vorbereitet durch mehrere religionssoziologische Studien: Dubach/Campiche, Jeder ein Sonderfall?; Dubach/Fuchs, Ein neues Modell von Religion; Stolz et al., Religion und Spiritualität in der Ich-Gesellschaft.

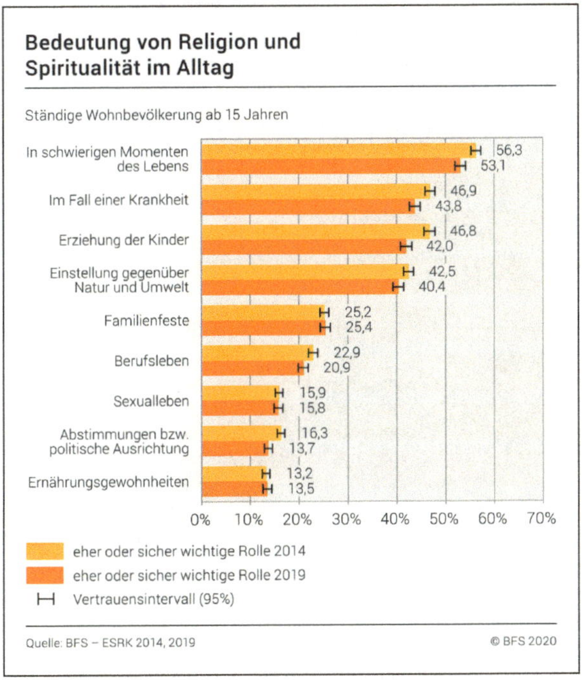

Abb. 4: Wichtigkeit von R/S in unterschiedlichen Lebenskontexten. In Krankheitssituationen und in schwierigen Lebensmomenten spielt R/S für etwa die Hälfte der Bevölkerung eine wichtige Rolle (Bundesamt für Statistik, Religiöse und spirituelle Praktiken und Glaubensformen in der Schweiz).

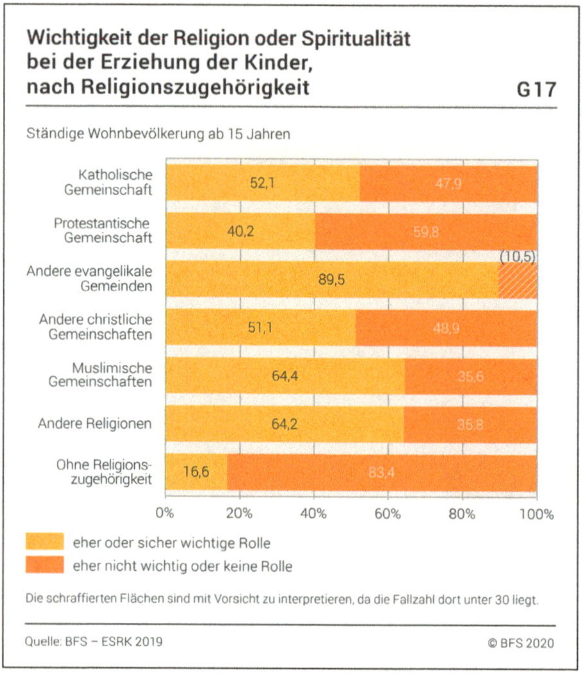

Abb. 5: Wichtigkeit von R/S in Krankheitsituationen. Konfessionslose unterscheiden sich hier deutlicher von den konfessionell Gebundenen als in Abb. 3 (Bundesamt für Statistik, Religiöse und spirituelle Praktiken und Glaubensformen in der Schweiz).

Dieser Befund entspricht einer Entwicklung, die weltweit zu beobachten ist. Sie ist selbst Teil einer Globalisierung, die durch eine weltweite Zirkulation spirituell-religiöser Vorstellungen und Praktiken gekennzeichnet ist.[49] Wenn es ein Kennzeichen der Moderne ist, zwischen einem religiösen und einem säkularen Lebensentwurf entscheiden zu müssen, so öffnet sich gegenwärtig im Raum (post-) säkularer Lebensentwürfe ein breites Spektrum spiritueller Selbstdeutungen. Diese wandern wiederum in die Sphäre traditioneller Religiosität ein, so dass sich die Grenzen zwischen »religiös« und »säkular« auch an dieser Stelle verwischen.

49 Borup, Pizza, Curry, Skyr and Whirlpool Effects.

Bei aller Individualisierung und Hybridisierung verläuft die Pluralisierung keineswegs beliebig. Vielmehr kristallisiert sich eine überschaubare Zahl an Grundtypen heutiger Spiritualität heraus. Nancy Ammerman unterscheidet deren drei.[50] Dem ersten Typus ordnet sie all jene Formen zu, die durch einen ausdrücklichen Gottesbezug bestimmt sind. Die zweite Gruppe bilden jene Formen, die einen Gottesbezug verneinen, doch den Glauben an etwas »Höheres« bejahen. Der dritte Typus ist durch den Glauben an eine »horizontale Transzendenz« gekennzeichnet, wobei diese humanistisch oder kosmologisch gefärbt sein mag. Als Beispiel für letzteres kann die folgende Aussage einer an Krebs erkrankten Frau zitiert werden. Sie bezeichnet sich selbst als Atheistin:

> »Vor allem wenn ich draußen in der Natur war, fühlte ich mich ganz bei mir; das gab mir Zeit zum Nachdenken, es war friedlich, alles andere verschwand. Was immer auch mir oder anderen Menschen passiert, die Natur bleibt da, sie geht voran. Das ist ein Gefühl von Sicherheit, wenn alles andere Chaos ist. Blätter fallen ab und neue erscheinen, irgendwo ist da ein Puls, der weiterschlägt. Die Stille wird so spürbar, wenn man dem Lärm entflieht. Es ist ein spirituelles Gefühl, falls man dieses Wort benutzen kann, ohne es mit Gott in Verbindung zu bringen. Das fühle ich in der Natur, und es gleicht einer besonders wirksamen Therapie.«[51]

Ammermans Typologie lässt sich weiter ausdifferenzieren. Heinz Streib, Barbara Keller und Constantin Klein[52] unterscheiden, auf der Basis umfangreicher empirischer Daten, die Grundformen heutiger Spiritualität hinsichtlich ihrer Transzendenzvorstellungen (theistisch vs. nicht theistisch), ihres Verhältnisses zu institutionalisierten Formen von Religion (religionsnah vs. religionsfern) und ihrer primären Gestalt von Selbsttranszendenz (mystisch vs. humanistisch). Wendet man diese Unterscheidungen auf die eben zitierte Aussage an,

50 Ammerman, Spiritual But Not Religious.

51 Ahmadi, Culture, religion, and spirituality in coping, 73.

52 Streib/Keller, Was bedeutet Spiritualität?; Klein et al., Is »Spirituality« nothing but »Religion«?.

so steht sie für eine nicht theistische und religionsferne Spiritualität, die eine deutlich mystische Ausprägung aufweist. Trägt man die von Ammerman beschriebenen drei Typen in das Koordinatennetz von Streib/Keller/Klein ein, so ergibt sich das folgende Bild:

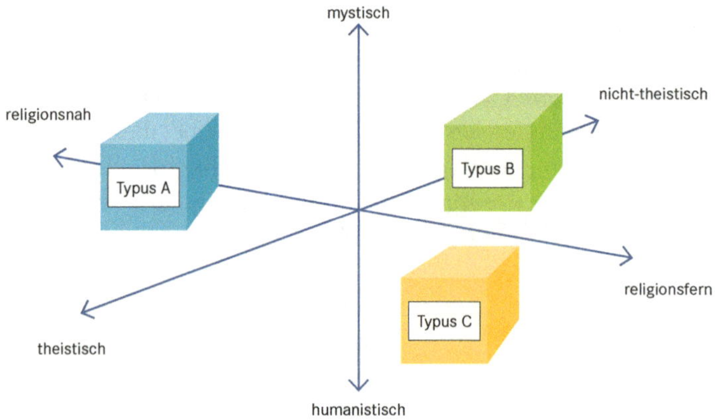

Abb. 6: Typen heutiger Spiritualität. Nach H. Streib, B. Keller und C. Klein kann diese in mehr oder weniger religionsnahen, theistischen und nichttheistischen Formen auftreten und eher mystisch oder humanistisch geprägt sein.

So hilfreich solche Typisierungen sein mögen, um auf dem unübersichtlichen Feld religiös-spiritueller Überzeugungen eine erste Orientierung zu gewinnen, so sind sie dennoch mit Vorsicht zu behandeln, tendieren sie doch dazu, Ambivalenzen zu reduzieren und Suchbewegungen zu festen Positionen einzufrieren. Weder die Entwicklungsdynamik noch die inneren Spannungen konkreter spiritueller Profile werden in solchen Typologien angemessen abgebildet. Spirituelle Suchbewegungen, die sich über vorgegebene Vorstellungen und Praktiken hinausbewegen, finden sich heute sowohl in religiösen als auch in säkularen Varianten. Tomas Halík, der diese mit besonderer Sorgfalt studiert hat, hält fest:

> »›Suchende‹ gibt es sowohl unter den Gläubigen (das sind diejenigen, für die der Glaube nicht ein ›ererbtes Eigentum‹ ist, sondern eher ›ein Weg‹), als auch unter den ›Ungläubigen‹, die religiöse Vorstellungen ablehnen, die ihnen ihre Umgebung vorlegt,

> die jedoch trotzdem die Sehnsucht nach einer Quelle spüren, die ihren Durst nach dem Sinn stillen könnte.«[53]

Der Rückgriff auf das Vokabular des Spirituellen dient oft gerade dazu, »Erfahrungen zu beschreiben und Ansichten und Bestrebungen zu benennen, die ›mehr als‹ Säkularität oder Religion sind oder über beides hinausgehen«.[54] In diesem Sinne deutet »spirituell« auf eine Sphäre, die den Dual religiös/säkular ebenso voraussetzt wie überschreitet.[55]

An heutigen »spiritualities of life«[56] erscheint manches paradox, etwa die gleichzeitige Betonung von leibsinnlichem Weltbezug und transsinnlicher Innenorientierung:

> »Spiritualität scheint heute nicht mehr rein individualistischer oder rein ›innerlicher‹ Natur zu sein, sondern ein Ensemble von (oft disparaten) Techniken – sprachlichen, rituellen, praxologischen, assoziativen usw. – zu bezeichnen, durch die innere und äußere Welten miteinander verbunden sind.«[57]

Auf die hier anklingenden therapeutischen Bezüge wird zurückzukommen sein.

Die religiös-spirituelle Pluralisierung macht den Status kirchlich beauftragter Seelsorge in öffentlichen Institutionen neu begründungsbedürftig. Nicht die grundrechtlich verbürgte Aufgabe, Gemeindemitglieder seelsorglich zu begleiten, steht zur Diskussion. Klärungsbedürftig ist vielmehr ihr Auftrag für Gesundheitsinstitutionen insgesamt, also genau das, was vor Jahrzehnten zur Umstel-

53 Vgl. Halík, Christentum in Zeiten der Krankheit, 4.

54 Taves/Bender, Introduction, 6 (meine Übersetzung).

55 Will man dies auf den Begriff bringen, so bieten sich sowohl das Konzept der »Transdifferenz« als auch der »Heterotopie« an. Vgl. Roser, Spiritual Care, 482 ff.; Lösch, Multikulturalität, Transkulturalität, Transdifferenz, 252 f.: »Der Transdifferenzbegriff zielt auf die Untersuchung von Momenten der Ungewissheit, der Unentscheidbarkeit und des Widerspruchs, die in Differenzkonstruktionen auf der Basis binärer Ordnungslogik ausgeblendet werden«.

56 Heelas, Spiritualities of Life.

57 Bender, McRoberts, Mapping a Field, 10 (meine Übersetzung).

lung von der *Kranken*seelsorge zur *Krankenhaus*seelsorge führte.[58] Mit der organisationalen Ausweitung ihres Auftrags eröffneten sich der Seelsorge nicht allein neue Aufgabenbereiche, sondern das religiös-spirituelle Feld in seiner ganzen Bandbreite.

Es gehört zu den Paradoxen der eben resümierten klinikseelsorglichen Entwicklung, dass sie auf die spirituell-religiöse Pluralisierung in doppelter Weise antwortet: einerseits durch eine eher konfessionell orientierte Pluralisierung ihrer Angebote, etwa durch die Integration von muslimischen Seelsorgerinnen, und andererseits durch deren Entkonfessionalisierung. Da angesichts der Vielfalt von religiösen und nichtreligiösen »Glaubensgemeinschaften« eine Rekonfessionalisierung rasch an ihre Grenzen kommt, wird vielerorts versucht, beides miteinander zu verbinden, und zwar sowohl auf institutioneller wie auf individueller Ebene. Klinikseelsorgende, so beobachteten Wendy Cadge und Emily Sigalow, navigieren sich in den pluraler gewordenen klinischen Welten mithilfe zweier unterschiedlicher Kommunikationsstrategien: einerseits durch eine Neutralisierung religiöser Sprache, andererseits durch einen Wechsel zwischen verschiedenen Sprachformen, einem Code-Switching.[59] Aus systemtheoretischer Sicht sind diese kommunikativen Strategien mehr als ein Notbehelf. In ihnen spiegelt sich vielmehr die spezifische Aufgabe seelsorglicher Begleitung in Gesundheitskontexten:

> »Ein seelsorgliches Gespräch kann ein hohes Maß an Unbestimmtheit aushalten, weil es ganz auf Erleben setzt und geradezu von der Unbestimmtheit des Gegenübers zehrt. Auf diese Weise kann mit Bestimmtheit auf Unbestimmtheit verwiesen werden.«[60]

Die religiös-spirituelle Pluralisierung ist jedoch nur ein Aspekt des gesellschaftlichen Wandels, der die Seelsorge im Gesundheitswesen neu verortet. Davon zu unterscheiden ist die von Jürgen Habermas angezeigte Neubestimmung des Verhältnisses zwischen Staat und

58 Klessmann, Von der Krankenseelsorge zur Krankenhausseelsorge.

59 Cadge/Sigalow, Negotiating Religious Differences.

60 Nassehi/Saake/Mayr, Mit Sterbenden sprechen, 91. Vgl. dazu auch Karle, Chancen und Risiken differenter Systemlogiken im Krankenhaus.

Glaubensgemeinschaften, deren Auswirkung auf die Klinikseelsorge in einem nächsten Abschnitt analysiert werden soll. Dass die Veränderungsfaktoren, die die Seelsorge im Gesundheitswesen neu formieren, nicht nur externer Art sind, sondern auch mit kirchlichen Transformationsprozessen zu tun haben, die auf gesellschaftliche Veränderungen antworten, lässt sich am Beispiel des Kantonsspitals Luzern und des Universitätsspitals Lausanne aufzeigen.

Praxisbeispiele: Seelsorge am Kantonsspital Luzern und am Universitätsspital Lausanne

An den beiden Spitälern, die hier im Rückblick zweier Seelsorgerinnen vergegenwärtigt werden, lässt sich sowohl der Wandel der Spitalseelsorge selbst als auch die Veränderung des institutionellen Rahmens exemplarisch nachzeichnen. Bis weit ins 20. Jahrhundert war die Spitalseelsorge in der Schweiz - ähnlich wie in Deutschland und Österreich - von drei maßgeblichen Faktoren bestimmt: einem seelsorglichen Rollenverständnis, das sich weitgehend mit jenem des Gemeindepfarrers deckte, den konfessionell bestimmten Rahmenbedingungen des jeweiligen Kantons sowie dem Sachverhalt, dass nicht wenige Gesundheitsinstitutionen noch in der Verantwortung religiöser Gemeinschaften lagen. Brigitte Amrein, die die Spitalseelsorge am Kantonsspital Luzern zwischen 1989 und 2019 leitete,[61] erinnert sich an die Anfänge ihrer beruflichen Laufbahn: »Als ich 1986 meine Tätigkeit als Seelsorgerin am Kantonsspital Luzern aufnahm, prägte die Gemeinschaft der Spitalschwestern die religiöse Atmosphäre in der Klinik wesentlich. Die Schwestern waren auf vielen Stationen und an den Schulen präsent und nahmen ihre Verantwortung auch in den verschiedenen Kaderpositionen wahr. Als die Spitalschwestern vom Spital und vom Areal wegzogen […], ging ein Stück dieser Atmosphäre, dieser Selbst-

61 Zumindest am Rande erwähnt werden muss, dass sich das vorliegende Buch nicht zuletzt dem Umstand verdankt, dass Brigitte Amrein den Verfasser dieser Zeilen während eines siebenmonatigen Seelsorgepraktikums im Jahre 1993 mit viel Weitsicht und Wohlwollen in die Welt der Spitalseelsorge einführte.

verständlichkeit, dass Seelsorge dazu gehörte, verloren.«[62] Das selbstverständliche Ineinander von katholisch geprägtem Spital und katholisch orientiertem Kanton zeigte sich auch im sensiblen Bereich des Datenzugangs. Vor dem Inkrafttreten eines neuen Datenschutzsystems im Jahre 1993 war es Aufgabe der Spitalschwestern, Eintritte von Kirchenmitgliedern täglich an die Pfarreien zu melden. Als Brigitte Amrein 1989 die Leitung der Spitalseelsorge übernahm, bedeutete das eine kleine Revolution. Bis in die 1970er Jahre waren alle katholischen Spitalseelsorger Priester. Der Wechsel von einem sakramental bestimmten Rollenverständnis zu einer stärker gesprächsorientierten Form der Spitalseelsorge vollzog sich maßgeblich durch die Einführung des *Clinical Pastoral Training* (CPT). In der Deutschschweiz war es der holländische Theologe Hans van der Geest, der ab 1973 am Diakoniewerk Neumünster in Zürich und später in Boldern/Männedorf ein CPT-Kursprogramm entwickelte. Für Brigitte Amrein bedeutete dieser Ansatz einen Paradigmenwechsel. Nicht nur die Art der Kommunikation am Krankenbett veränderte sich, auch die Zusammenarbeit mit Pflegenden und Ärzten gewann an Gewicht. Beides veränderte das Verständnis des spitalseelsorglichen Auftrags: »Die Seelsorger und Seelsorgerinnen sind zwar von der Kirche beauftragt, doch ihre Aufgabe ist Teil des ›Heilungsauftrags‹ des Spitals.«[63]

Auch für Cosette Odier, die die Spitalseelsorge am Universitätsspital Lausanne zwischen 2000 und 2016 leitete, bedeutete die Begegnung mit der *Clinical Pastoral Education* einen berufsbiografischen Wendepunkt. Dass dies während eines längeren Aufenthaltes in Québec geschah, ist nicht zufällig. Es markiert den Anfang eines engen internationalen Austausches, der bis heute andauert und die Seelsorge am Universitätsspital Lausanne in den letzten zwei Jahrzehnten stark geprägt hat. Die Zentrierung auf die spirituellen Bedürfnisse der Patient*innen veränderte Odiers Verständnis des spitalseelsorglichen Auftrags grundlegend: »Ich besuchte zum Beispiel eine Frau am Vorabend einer Operation, die sie beunruhigte. Sie bat mich, zur heiligen Rita zu beten, der Patronin für hoff-

62 Amrein, Entwicklung der Spitalseelsorge seit 1960, 23.
63 Amrein, Entwicklung der Spitalseelsorge seit 1960, 24.

nungslose Fälle. Mein protestantisch-calvinistisches Herz begann zu pochen: Zu einer Heiligen zu beten, das kann doch nicht helfen! Man sollte ihr erklären, dass es besser sei, zu Gott oder Jesus zu beten … Doch die Ausbildung übte ihre Wirkung aus. Wenn ich diese Frau respektieren wollte, war es notwendig, ihre Weise des Lebens und Betens zu respektieren. Durch diesen Zugang, der auf sie zentriert war und nicht auf mich oder auf das, was ich als die ›richtige‹ Weise des Betens erachtete, war es notwendig, dass ich ihrer Bitte entsprach. Es war ein sehr bewegender Moment für mich, als ich mit ihr das Gebet zur heiligen Rita las, das sie glücklicherweise auf eine kleine Karte geschrieben hatte, die auf dem Nachttisch lag. Ich habe diese Frau nicht vergessen, die mich die innere Bewegung begreifen ließ, zu der jegliche Beziehung nötig ist, die den anderen wirklich ernst nimmt.«[64]

Im Jahr 2000 wurde Cosette Odier damit beauftragt, am Universitätsspital Lausanne die seit den 1990er Jahren bestehende klinische Seelsorgeausbildung weiterzuentwickeln. Sie orientierte sich u. a. an Hans van der Geests Werk *Unter vier Augen,* das bereits 1989 in Genf auf Französisch erschienen war. Zu Beginn des neuen Jahrhunderts wurde die Spitalseelsorge am Universitätsspital Lausanne neu als interner Dienst strukturiert und der Pflegedirektion unterstellt. Dieser Zuordnung entspricht, dass die Seelsorgenden am Universitätsspital Lausanne, anders als sonst in der Schweiz, schon längst vor der Corona-Pandemie, weiße Spitalkleidung tragen. 2004 wurde eine Arbeitsgruppe ins Leben gerufen, um die interprofessionelle Zusammenarbeit im Hinblick auf die spirituelle Begleitung von Patient*innen zu fördern. Daraus ist schließlich ein Instrument für ein spirituelles Assessment durch Seelsorgende entstanden, durch das die seelsorgliche Arbeit noch stärker in die interprofessionelle Kommunikation und Dokumentation einfließen kann.[65] Die wachsende interprofessionelle Integration und das Zurücktreten der konfessionellen Profile spiegelt sich schließlich

64 Odier, L'accompagnement spirituel en mouvement, 33.

65 Monod et al., Validation of the Spiritual Distress Assessment Tool. Zur deutschsprachigen Rezeption: Aebi, Mösli, Roser, Indikationen-Set für Spiritual Care und Seelsorge.

auch in einem Wechsel der Berufsbezeichnung. Auf dem Badge steht nicht mehr »aumônier« (Seelsorger*in), sondern neu »accompagnant*e spirituel*le«. Die von Odier beschriebene Entwicklung, die zu einer stärkeren Einbindung der Seelsorge in die interprofessionelle Zusammenarbeit führte, wurde nicht zuletzt durch eine Verfassungsänderung begünstigt. In der 2003 verabschiedeten neuen Verfassung des Kantons Waadt wird festgehalten, dass »der spirituellen Dimension der Person« Rechnung zu tragen sei (Art. 169). Damit zählt die staatlich finanzierte Klinikseelsorge fortan nicht mehr zu den konfessionsspezifischen, sondern den »gemeinsam ausgeführten Aufgaben«.[66] Das führt zum Thema des nächsten Abschnitts.

Seelsorge unter postsäkularen Rahmenbedingungen

Seelsorge in öffentlichen Institutionen ist gegenwärtig nicht nur mit einer wachsenden Pluralisierung des religiös-spirituellen Feldes konfrontiert, sondern sie hat sich auch mit sich verändernden gesellschaftspolitischen Rahmenbedingungen auseinanderzusetzen. Diese lassen sich annäherungsweise als Trend zu einer postsäkularen Ordnung beschreiben. In seiner vielbeachteten Friedenspreisrede brachte Jürgen Habermas 2001 auf diese Weise die Beobachtung auf den Begriff, dass sich die säkular geprägten Gesellschaften Europas in neuer Weise auf das Fortbestehen religiöser Institutionen und Selbstdeutungen einstellen müssen.[67] In einer postsäkularen Gesellschaft wird die Trennung von Staat und Religion nicht in Frage gestellt, doch die Beziehung zwischen beiden neu ausgehandelt. Die neue Kantonsverfassung des Kantons Waadt ist ein bemerkenswertes Beispiel dafür. Die traditionell enge Verbindung zwischen Staat und Reformierter Kirche wurde hier transformiert in ein neu geregeltes und positiv

66 Odier, Die französischsprachige Welt, 195.

67 Habermas, Glaube und Wissen. Zur gesamten Diskussion vgl. Schmid, Postsäkularität als Leitperspektive theologischer Sozialethik. Dass dies auch für ein Land wie Spanien zutrifft zeigen Griera/Martínez-Ariño/García-Romeral, Beyond the separation of church and state.

bestimmtes Verhältnis zu jenen Gemeinschaften, die sich in gemeinwohlorientierter Weise um die »spirituelle Dimension« kümmern. Als Profession, die sowohl im religiösen wie im säkularen Feld verortet ist, kommt der Klinikseelsorge in einer sich postsäkular verstehenden Gesellschaft eine Scharnierfunktion zu. Dass in den letzten zwei Jahrzehnten trotz fortschreitender Ökonomisierung des Gesundheitswesens die Zahl der Klinikseelsorgenden mancherorts deutlich gestiegen ist,[68] kann ebenso als Indiz für diesen Bedeutungszuwachs gesehen werden wie die auf internationaler Ebene zu beobachtenden Bestrebungen, in Antwort auf die neue gesellschaftspolitische Konstellation die Klinikseelsorge verstärkt als eigenständige Profession im Gesundheitswesen zu etablieren.[69]

Im Horizont einer postsäkularen Gesellschaft ist die Frage, welche Form von Seelsorge in öffentlichen Kliniken staatliche Unterstützung verdient, Teil eines umfassenderen Problemfeldes, in dem auch geklärt werden muss, ob pflegerisches oder ärztliches Personal religiöse Kleidung und Symbole tragen darf und wie Gebetsräume in klinischen Kontexten ausgestaltet werden sollen.

USA: Staatlich geförderte Klinikseelsorge?

Die bislang genaueste Untersuchung zur Neuverortung der Seelsorge in öffentlichen Institutionen stammt von der US-amerikanischen Rechtswissenschaftlerin und Theologin Winnifred F. Sullivan. Was sie am Beispiel wegweisender Urteile US-amerikanischer Gerichte herausarbeitet, gilt, so wird sich zeigen, in ähnlicher Weise auch für Kanada, Australien und Westeuropa. Unter Sullivans Fallstudien ist im vorliegenden Zusammenhang jene über das *US Department of Veterans Affairs* (VA) besonders aufschlussreich.[70] Mit über 5 Millionen Patient*innen und dem größten nationalen Ausbildungsprogramm für Gesundheitsberufe gehört die VA zu den wichtigsten US-amerikanischen Gesundheitsinstitutionen und genießt durch ihre Verbindung mit der US-Armee eine Sonderstellung. Der von

68 Cage/Skaggs, Chaplaincy, 11.
69 Schützeichel, Seelsorge im Wohlfahrtsstaat.
70 Sullivan, A Ministry of Presence.

Sullivan untersuchte Gerichtsfall hat mit diesem Sonderstatus zu tun. Eine Freidenkervereinigung hatte argumentiert, es verstoße gegen die in der Grundverfassung festgeschriebene Neutralität in religiösen Angelegenheiten, wenn die Seelsorge innerhalb der VA mit staatlichen Geldern finanziert werde. Das für diesen Fall verantwortliche Gericht wies die Klage mit der Begründung ab, dass es bei den betreffenden Angeboten nicht um eine religiöse Unterstützung im engeren Sinne gehe, sondern um eine umfassende Gesundheitsversorgung, zu der auch eine patientenzentrierte Integration der spirituellen Dimension gehöre. Spiritualität sei nicht notwendigerweise an ein religiöses Bekenntnis gebunden, sondern umfasse auch Fragen des Lebenssinns. Diese seien auch für religiös nicht gebundene Patient*innen bedeutsam. In ihrer Analyse arbeitet Sullivan heraus, dass Kläger und Gericht von einem unterschiedlichen Seelsorgeverständnis ausgehen. Während die Freidenkervereinigung an eine konfessionell orientierte Seelsorge denkt, versteht das Gericht die Seelsorge als spezialisierte Profession im Gesundheitswesen. In dem publizierten Urteil wird genau umrissen, was eine solche Seelsorge umfasst: eine gründliche Erfassung und Evaluation der spirituellen Bedürfnisse von Patient*innen, die hochgradige Integration in eine ganzheitliche Gesundheitsversorgung sowie eine enge Zusammenarbeit mit Gesundheitsfachpersonen.[71] Was die staatliche Unterstützung klinikseelsorglichen Handelns aus der Perspektive des Gerichts grundrechtskonform macht, ist dessen Übereinstimmung mit medizinischen Zielsetzungen: die kurative, rehabilitative und palliative Unterstützung von Patient*innen.

Fallbeispiel: Das Karlsruher Urteil zur palliativen Komplexbehandlung

Ähnlich argumentierte 2019 das Sozialgericht Karlsruhe in seinem Urteil zur Finanzierung der Seelsorge im Rahmen der Palliative Care. Die St. Vincentius-Kliniken hatten gegen eine Krankenversicherung geklagt, die sich weigerte, seelsorgliche Gespräche als Teil der palliativen Komplexbehandlung anzuerkennen. Der Prozess

71 Sullivan, A Ministry of Presence, 39.

dauerte insgesamt acht Jahre. Eine katholische Seelsorgerin, die zum interprofessionellen Team gehörte, hatte einen an chronisch-lymphatischer Leukämie erkrankten Patienten über drei Wochen begleitet und dafür 90 Minuten Gesprächszeit dokumentiert. Die Versicherung weigerte sich, die Kosten dafür zu übernehmen, indem sie argumentierte, die »seelsorgerische Tätigkeit könne nur als Betreuung im geistlich/religiösen Sinne eingeordnet werden. Ein Seelsorger unterliege der Schweigepflicht und sei daher kein Behandler«.[72]

In der Begründung des Urteils, das zugunsten der St. Vincentius-Kliniken ausfiel, wies das Gericht darauf hin, dass nach der Definition der Weltgesundheitsorganisation die Berücksichtigung spiritueller Belange zur Palliative Care gehöre. Deshalb sei die Seelsorge integraler Bestandteil des palliativen Behandlungskonzepts. Das Sozialgericht Karlsruhe weist auf ein gewandeltes Seelsorgeverständnis hin: »Im Unterschied zum herkömmlichen Verständnis der Krankenhausseelsorge als von der Behandlung unabhängiges, ergänzendes Angebot übernimmt die Seelsorge im Palliativkontext anteilige Verantwortung am Therapieplan.«[73] Dabei wird herausgestrichen, dass »die Seelsorge als eine eigenständige Tätigkeit spiritueller Art« im Vergleich zur Psychotherapie »einen selbständigen Charakter besitzt«.[74] Worin dieser besteht, wird detailliert erläutert: »Dies [= die Verantwortung der Seelsorge am Therapieplan] geschieht durch eine gezielte Identifikation von spirituellen Belastungsfaktoren und Ressourcen. Ziel ist die Einbeziehung der spirituellen und existenziellen Dimension von Leid und Lebensqualität in die multimodale Therapieplanung. Adressaten sind dabei Patienten und Angehörige sowie das gesamte Team. Die Selbstverständlichkeit der Einbindung der Seelsorge zeigt sich in der Teilnahme an multiprofessionellen Fall- und multidisziplinären Teambesprechungen und Teamsupervisionen. Die Dokumentation von Leistungen erfolgt

72 Sozialgericht Karlsruhe, Urteil S 9 KR 1621/17, 48 f. Vgl. auch die Kommentare von Roser, Ein Durchbruch für das Recht auf spirituelle Begleitung, und Tomein, Sozialgerichte, Spiritualität und Seelsorge.

73 Sozialgericht Karlsruhe, Urteil S 9 KR 1621/17, 47.

74 Sozialgericht Karlsruhe, Urteil S 9 KR 1621/17, 47.

dabei selbstverständlich unter Wahrung des Seelsorgegeheimnisses in der Patientendokumentation […].«[75] Indem es auf die WHO und die Deutsche Gesellschaft für Palliativmedizin verweist, buchstabiert das Sozialgericht Karlsruhe die rechtlichen Konsequenzen dessen aus, was weiter oben als die Reintegration der spirituellen Dimension ins Gesundheitswesen beschrieben wurde.

Parallel zur rechtlichen Neuformatierung staatlich unterstützter Seelsorge entwickelt sich gemäß Sullivan eine *new governance in religious affairs.* Die Entscheidung, ob jemand die Voraussetzungen erfüllt, als Seelsorger in einer öffentlichen Institution eingestellt zu werden, liegt zunehmend bei säkularen Institutionen. Dies bekommen in den USA besonders pflingstkirchliche Seelsorger zu spüren, die sich tendenziell schwer tun mit dem neuen seelsorglichen Aufgabenfeld. Dass die von Sullivan nachgezeichnete Entwicklung auf einen langsamen gesellschaftlichen Wandel zurückgeht, der nicht auf die USA beschränkt ist, sondern international zu beobachten ist, lässt sich an weiteren Länderbeispielen belegen.

Québec: Krankenhausseelsorge im Kontext »offener Laizität«

In der kanadischen Provinz Québec, deren Gesundheitswesen bis weit in die 1960er Jahre katholisch geprägt war, führte die gesellschaftliche Neubestimmung des Religiösen zu einer mehrfachen Umbenennung der Berufsbezeichnung. Die Eckpunkte sind uns bereits in der Darstellung von Cosette Odier begegnet: Im Gesundheitswesen Québecs wurde der Begriff »aumônier«, der in Frankreich und der französischsprachigen Schweiz bis heute auch für die Spitalseelsorge gebraucht wird, bereits in den 1970er Jahren abgelöst durch die Bezeichnung »agents de pastoral«. In dieser ersten Umbenennung spiegelte sich, dass die kanadische Klinikseelsorge in diesen Jahren zunehmend von nicht ordinierten katholischen Seelsorgerinnen, meist Ordensfrauen, wahrgenommen wurde. In den 1990er Jahren kam schließlich die stärker gesundheitsberuflich orientierte

75 Sozialgericht Karlsruhe, Urteil S 9 KR 1621/17, 47.

Bezeichnung »intervenant(e)s en soins spirituels« auf, die bis heute gängig ist, jedoch in den letzten Jahren durch »accompagnant*e spirituel*le« ergänzt wurde.[76]

Der sich in diesen Berufsbezeichnungen manifestierende Wandel war eingebettet in einer religionspolitischen Neuorientierung, in der Wende zur »offenen Laizität«, einem politischen Konzept, das als Inbegriff einer postsäkularen Gesellschaft betrachtet werden kann. In einem 2007 veröffentlichten Regierungsbericht, der von dem Soziologen Gérard Bouchard und dem Philosophen Charles Taylor verfasst wurde, wird dieses Konzept folgendermaßen erläutert:

> »Eine offene Laizität anerkennt die Notwendigkeit eines neutralen Staats – die Gesetzgebung und die öffentlichen Institutionen dürfen weder eine religiöse noch eine säkulare Sichtweise begünstigen. Doch anerkennt sie gleichzeitig die Bedeutung, die die spirituelle Dimension des Lebens für viele Menschen hat«.[77]

Im Hinblick auf das Gesundheitswesen fordert der Bouchard-Taylor-Bericht einen ganzheitlichen Ansatz, der auch die spirituelle Dimension berücksichtigt.[78] In diesem Sinne übertrug das Gesundheitsministerium[79] 2010 die Verantwortung für die Klinikseelsorge den Gesundheitsinstitutionen, die nun von Rechts wegen dazu verpflichtet sind, auch auf die spirituellen Bedürfnisse ihrer Patient*innen zu achten.[80] Anders als in vielen US-amerikanischen Institutionen bedarf es in Québec seither keines Mandats einer Glaubensgemeinschaft mehr, um im klinikseelsorglichen Bereich tätig zu sein. In welche Richtung genau sich die Krankenhausseelsorge unter diesen

76 Cherblanc/Jobin, L'intervention spirituelle dans les institutions sanitaires au Québec. Zur Entwicklung in British Columbia vgl. Reimer-Kirkham/Cochrane, Resistant, reluctant or responsible.

77 Bouchard/Taylor, Fonder l'avenir, 140 f. (meine Übersetzung).

78 Bouchard/Taylor, Fonder l'avenir, 169.

79 Ministère de la santé et des services sociaux du Québec, Orientations ministérielles pour l'organisation du service d'animation spirituelle en établissements de santé et de services sociaux 2010.

80 Gouvernement du Québec, Loi sur les services de santé et les services sociaux, 2005, Art. 100.

neuen Rahmenbedingungen entwickeln wird, ist derzeit unklar. In einem 2013 veröffentlichten Artikel weisen Jacques Cherblanc und Guy Jobin auf die Tendenz hin, die spirituelle Dimension mit der psychosozialen zu vermengen und die seelsorglichen Aufgaben zu psychologisieren.[81] Gleichzeitig ist von seelsorglicher Seite ein Bemühen erkennbar, sich als eigenständige Profession zu profilieren und das Verhältnis zur Sozialarbeit und Psychologie zu klären.[82]

Vereinigtes Königreich: Spiritual Care als Auftrag des öffentlichen Gesundheitssystems (NHS)

Nicht überall bedeutet die politische Umgestaltung des klinikseelsorglichen Feldes einen Abschied von einer religiös beauftragten Seelsorge. Im australischen Bundesstaat Victoria wurde beispielsweise zur Verwaltung der staatlichen Mittel für die Klinikseelsorge die Dachorganisation *Spiritual Health Victoria* eingerichtet, die intensiv mit den Glaubensgemeinschaften zusammenarbeitet.[83] Auch im Vereinigten Königreich führte die stärkere Einbindung der Seelsorge ins staatliche Gesundheitssystem (NHS) nicht zu deren Entkonfessionalisierung, sondern eher zu einem »›re-housing‹ of religion«.[84] Die New Labour-Regierung, die zwischen 1997 und 2010 an der Macht war, betrachtete Religionsgemeinschaften als soziale Ressource, die im Hinblick auf das Gemeinwohl gefördert und genutzt werden sollte. Nach Vorarbeiten einer *Multi-Faith Group for Healthcare Chaplaincy* veröffentlichte das Gesundheitsministerium 2003 Leitlinien für Verantwortliche im Bereich »chaplaincy-spiritual care« unter dem programmatischen Titel: *Meeting the religious and spiri-*

81 Cherblanc/Jobin, L'intervention spirituelle dans les institutions sanitaires au Québec.

82 Vgl. Bélanger et al., The Quebec model of recording Spiritual Care.

83 Vgl. http://www.spiritualhealthvictoria.org.au/board (29.03.2019).

84 Swift, Hospital Chaplaincy in the Twenty-first Century, 5. Nach Fraser, Charting the Journey towards Healthcare Professionalisation in the UK, 119, waren es externe Faktoren (u.a. auch die Teilprivatisierung des Gesundheitssystems), die zu dieser Entwicklung führten: »It is interesting to note that the people, pressures and circumstances which have catalysed such profound and positive change in the recent history and develoment of chaplaincy have largely been external (and unexpected and/or uninvited) ones.«

tual needs of patients and staff. Im Vorwort erläutert die Gesundheitsministerin Sarah Mullally die Zielsetzung dieser Leitlinien: Sie sollen »die Seelsorgedienste dazu befähigen, den Bedürfnissen einer heutigen multikulturellen und spirituell vielfältigen Gesellschaft zu entsprechen«.[85] Dazu wird die Unterscheidung zwischen spirituellen und religiösen Bedürfnissen eingeführt:

> »Spirituelle Bedürfnisse werden nicht immer in einem religiösen Rahmen zum Ausdruck gebracht. Es ist wichtig, darauf zu achten, dass alle Menschen spirituelle Wesen sind, die zu unterschiedlichen Zeiten ihres Lebens spirituelle Bedürfnisse haben. Selbst wenn Spiritual Care nicht notwendigerweise religiöse Seelsorge [religious care] darstellt, sollte letztere bestenfalls immer spirituell sein.«[86]

Die spirituelle Dimension als anthropologische Gegebenheit zu betrachten, bedeutete für die Vertreter dieser Religions- und Gesundheitspolitik allerdings nicht, eine Seelsorge zu favorisieren, die losgelöst von Glaubensgemeinschaften tätig ist. Die Leitlinien betonen vielmehr:

> »Um auf die unterschiedlichen religiösen Bedürfnisse von Patienten und Mitarbeitern möglichst angemessen antworten zu können, behält jedes Mitglied des Seelsorge-/Spiritual-Care-Teams seine Verantwortung gegenüber seiner/ihrer Glaubensgemeinschaft.«[87]

Gleichzeitig zu den Leitlinien veröffentlichte der NHS einen 10-Jahres-Entwicklungsplan mit zahlreichen Vorschlägen, etwa dem

85 NHS Chaplaincy, Meeting the religious and spiritual needs of patients and staff, 3.

86 NHS Chaplaincy, Meeting the religious and spiritual needs of patients and staff, 5.

87 NHS Chaplaincy, Meeting the religious and spiritual needs of patients and staff, 8. Zum schottischen Gesundheitssystem, in dem die hier skizzierte Entwicklung besonders konsequent umgesetzt wurde, vgl. Vlasblom et al., Developments in Healthcare Chaplaincy in the Netherlands and Scotland.

einer fünffachen Stufung der klinikseelsorglichen Berufsrolle nach Ausbildungsgraden.[88] Die Umsetzung dieser Dokumente wurde dadurch erschwert, dass die Seelsorgevereinigungen kaum in den Vorbereitungsprozess einbezogen worden waren und zudem in einem Konkurrenzverhältnis zueinander standen. Die Auseinandersetzungen um diese Dokumente führte schließlich dazu, dass der NHS England mit Christopher Swift einen erfahrenen und breit anerkannten Krankenhausseelsorger mit der Revision dieser Leitlinien betraute, die schließlich im 2015 unter dem Titel *Promoting Excellence in Pastoral, Spiritual & Religious Care* erschienen. Nicht weniger bermerkenswert sind im vorliegenden Zusammenhang die illustrierten Leitlinien, die der NHS Scotland 2009 unter dem programmatischen Titel *Spiritual Care Matters* veröffentlichte. Im Unterschied zu den NHS-Leitlinien von 2015 sind sie, wie die folgende Darstellung veranschaulicht, interprofessionell ausgerichtet (Abb. 8).

Neue Religionspolitik im Kanton Zürich

Kehren wir nach diesem Blick auf die internationale Entwicklung wieder an den Entstehungsort dieses Buchs zurück. Es wäre gewiss eine Überinterpretation, in Sigmar Polkes Glasfenster das Abbild eines neuen Verhältnisses zwischen Staat und Religion zu sehen. Doch ist die künstlerische Neugestaltung der Lichtverhältnisse im Großmünster, in der dezenten Resakralisierung der Raumatmosphäre, zumindest ein Hinweis darauf, dass auch in der Limmatstadt die religionspolitischen Verhältnisse im Wandel sind. So veröffentlicht der Zürcher Regierungsrat im November 2017 ein Memorandum, das an die Religionspolitik von New-Labour erinnert. Als Motiv für das staatliche Engagement in diesem Bereich wird genannt: »Stets stellte die Religion auch eine Ressource dar, die den gesellschaftlichen Zusammenhalt stärkte. Das Religiöse ist daher aus staatlicher Sicht von grossem Interesse.«[89] Religion sei deshalb keine Privatsache, sondern eine öffentliche Angelegenheit. Mit Verweis auf

88 NHS, Caring for the Spirit, Nr. 82.

89 Kanton Zürich, Staat und Religion im Kanton Zürich, 3.

Abb. 7: Offizielle schottische Leitlinien zu Spiritual Care (NHS Education for Scotland 2009). Bemerkenswert ist nicht nur der programmatische Titel, sondern ebenso das gewählte Bildmotiv.

Abb. 8: Illustration aus »Spiritual Care Matters« (NHS Education for Scotland 2009, S. 9). Die Leitlinie exponiert Spiritual Care als interprofessionelle Aufgabe: »Let's work together!«

den deutschen Verfassungsrichter Ernst-Wolfgang Böckenförde wird unterstrichen: »Der Staat lebt von geistigen und ethischen Voraussetzungen, die er selbst weder schaffen noch garantieren kann.«[90] Vor diesem Hintergrund verpflichtet sich die Zürcher Regierung auf eine aktive Religionspolitik: »Das Gemeinwesen hat dafür zu sorgen, dass die positiven Potenziale des religiösen Glaubens zur Entfaltung kommen, gleichzeitig aber die negativen Möglichkeiten in ihren extremen Formen unterbunden werden.«[91]

Dass der Zürcher Regierungsrat auf eigene Initiative ein programmatisches Memorandum zu Religionsfragen veröffentlichte, weist auf jenen gesellschaftlichen Mentalitätswandel hin, den Habermas mit seiner Rede von Postsäkularität zu fassen suchte. Dieses Memorandum lieferte nicht zuletzt eine Begründung für den Aufbau einer muslimischen Spitalseelsorge im Kanton Zürich. Ähnlich wie in den USA und Großbritannien provozierte die staatliche Unterstützung religiös begründeter Seelsorge auch hier kritische Rückfragen. In einer parlamentarischen Anfrage wurde etwa argumentiert, dass es dann auch die Förderung einer säkularen »Wohlsorge« für nicht-religiöse Patient*innen brauche.[92] In seiner Antwort verwies der Zürcher Regierungsrat darauf hin, dass Seelsorge ein »im Kern […] religiöses Konzept« sei und der Bedarf einer säkularen »Wohlsorge« im Unterschied zu einer muslimischen Seelsorge erst nachzuweisen sei.

90 Kanton Zürich, Staat und Religion im Kanton Zürich, 12.
91 Kanton Zürich, Staat und Religion im Kanton Zürich, 14
92 Vgl. Stellungnahme des Zürcher Regierungsrats zur Anfrage »Wohlsorge für alle Patienten«.

Zusammenfassung und Überleitung

Im ersten Teil dieses Buchs wurde herausgearbeitet, wie sich die Rahmenbedingungen der klinikseelsorglichen Arbeit in den letzten Jahren in dreifacher Hinsicht verändert haben:

- *erstens* durch die ansatzweise vollzogene Reintegration der spirituellen Dimension in die Gesundheitsversorgung;
- *zweitens* durch die religiös-spirituelle Pluralisierung der Gesellschaft;
- *drittens* durch politische Verschiebungen, die am besten unter den Begriff der Postsäkularität zu fassen sind.

Während der erstgenannte Wandel die Klinikseelsorge in spezifischer Weise betrifft, verändern die beiden anderen Transformationsprozesse die Rahmenbedingungen für die Seelsorge in öffentlichen Institutionen insgesamt. Sie betreffen damit in derselben Weise die Gefängnis-, die Asyl- und die Militärseelsorge. In der Summe führen die genannten Transformationen dazu, dass die Klinikseelsorge zunehmend in das Organisationsfeld der öffentlichen Gesundheitsversorgung eintritt und im Horizont eines erweiterten Gesundheitsverständnisses verstanden wird.

II Theologische Grundlagen: Der christliche Heilungsauftrag

Mit Sigmar Polkes Fenster im Zürcher Grossmünster wurde die Lichtregie des Kirchraums umgekehrt, sakralisiert.[93] Sie sind lichtdurchlässig, ohne jedoch einen Blick nach außen zu gewähren. Wer sie betrachtet und auf sich wirken lässt, steht in einem abgedunkelten Raum und schaut durch die transluziden Glasfenster in Richtung einer Lichtsphäre, die den wie mit einer durchlässigen Membran umgebenen Innenraum umgibt: die klar umgrenzte Welt umhüllt von einem unendlichen Raum des Lichts, das durch einzelne Öffnungen in die Dunkelheit dringt, einen Raum schafft, der von Hoffnung schwanger ist. Der Weg, der sich den Betrachtenden auftut, führt aus der Dämmerung ins Licht, von drinnen nach draußen. Der nach oben gerichtete Blick auf die Fenster sammelt und lässt zur Ruhe kommen, auch wenn sie Beunruhigendes andeuten, Leidens- und Opfergeschichten. Selbst in den Achatfenstern sind solche zu finden, erinnern doch manche der vom Künstler ausgewählten Steinschnitte an gescannte Querschnitte menschlicher Gehirne oder mikroskopisch vergrößerte Bakterienkulturen.

Der christliche Heilungsauftrag, um den es in diesem zweiten Teil geht, ist in diesem Spannungsfeld lokalisiert: zwischen vielfältiger Leidenserfahrung und dem Berührtwerden durch eine heilende Kraft. Wie und wo wird dieser Heilungsauftrag heute wahrgenommen? Und in welcher Weise steht klinikseelsorgliches Handeln im Wirkfeld dieses Auftrags, der biblisch gesehen mit einer Bevollmächtigung verbunden ist?

Der im ersten Teil dieses Buchs beleuchtete Wandel in Gesundheitswesen und Gesellschaft macht es unumgänglich, den klinikseelsorglichen Auftrag neu zu bedenken. Dazu gehört auch die Frage nach der theologischen Begründung seelsorglicher Tätigkeit im heutigen Gesundheitswesen. An welcher Leitvorstellung kann sich eine kirchlich beauftragte Klinikseelsorge in Gesundheitsinstitutionen orientieren, die in religiös-weltanschaulicher Hinsicht immer pluraler und in denen die interprofessionelle Zusammenarbeit immer wichtiger wird?

Der zweite Teil dieses Buchs beantwortet diese Frage dadurch, dass er an den christlichen Heilungsauftrag erinnert. Christliche

93 Vgl. La Roche, Sehen und Hören, 76 f.

Seelsorge im Gesundheitswesen, so lässt sich der leitende Gedanke zusammenfassen, ist in *diesem* Horizont zu verstehen. Sie stellt eine von vielen institutionellen Möglichkeiten dar, diesen Auftrag im heutigen Kontext wahrzunehmen. So ungewohnt es sein mag, in diesem Zusammenhang den christlichen Heilungsauftrag ins Spiel zu bringen – in ökumenischer Hinsicht wird damit ein tragfähiges Terrain betreten: »Unsere Berufung zu Gesundheit und Heilung ist so stark wie seit eh und je,« versicherte der Generalsekretär des Ökumenischen Rats der Kirchen Olav Fykse Tveit mit Blick auf die *Global Ecumenical Health Strategy 2018*.[94]

Es sei nochmals daran erinnert, was im ersten Kapitel breiter ausgeführt wurde: Seit der ersten Tübinger Konsultation zu diesem Thema (1964) und der Gründung der *Christian Medical Commission* (1968) steht das gesundheitspolitische Engagement des Weltkirchenrats im Zeichen eines theologischen Suchprozesses in einer postkolonialistischen Ära. Bereits 1964 hieß es: »Die Kirche kann ihre Verantwortung im Bereich des Heilens nicht anderen Akteuren überlassen.«[95] Doch worin besteht der christliche Heilungsauftrag im heutigen Gesundheitswesen? Und wie konkretisiert sich der christliche Heilungsauftrag im seelsorglichen Tun?

Mit diesen Fragen beschäftigen sich die folgenden Kapitel in mehreren Schritten. In einem ersten Schritt wird im dritten Kapitel das Bild dessen, was den christlichen Heilungsauftrag ausmacht und umfasst, in Rekonstruktion der biblischen Grundlagen konkretisiert und angereichert. Das vierte Kapitel diskutiert divergierende Optionen, diesen Heilungsauftrag unter gegenwärtigen Bedingungen wahrzunehmen, und fragt mit Blick auf aktuelle Gesundheitsmodelle nach den Möglichkeiten eines christlichen Verständnisses von Heilung. Ich greife dazu unter anderem auf Dietrich Stollbergs Entwurf einer therapeutischen Seelsorge zurück. Im fünften Kapitel wird dann schließlich die eben gestellte

94 https://www.oikoumene.org/en/press-centre/news/201cour-calling-to-health-and-healing-is-as-strong-as-ever201d (18.11.2017).

95 World Council of Churches, Witnessing to Christ today, 14 (»The church cannot surrender its responsibility in the field of healing to other agencies.«).

Frage aufgenommen, was es bedeutet, Seelsorge im Gesundheitswesen im Horizont des christlichen Heilungsauftrags zu verstehen.

Festzuhalten ist vorab: Im Hinblick auf ein theologisch informiertes Heilungsverständnis ist die bis in die Gegenwart wirksame Trennung zwischen Leib- und Seelsorge zu überwinden. Dass eine gute Klinikseelsorge auch die leibsinnliche Dimension einbezieht und auch eine »frohe Botschaft für den Leib« zu vermitteln hat,[96] ist zwar keine neue Erkenntnis. Die theologischen Konsequenzen für das Selbstverständnis klinischer Seelsorge müssen jedoch noch genauer ausbuchstabiert werden.

96 Vgl. Henriksen/Sandnes, Jesus as Healer.

1 Heilungen und Heilungsauftrag Jesu[97]

Folgt man den neutestamentlichen Erzählungen, umfasst der Auftrag, den Jesus seinen Jüngern gibt, nicht allein die Verkündigung des Evangeliums, sondern ebenso das Heilen von Krankheiten aller Art. Dass dieser Auftrag historisch und theologisch im Wirken Jesu selbst begründet ist, bringt das Lukasevangelium durch den Erzählkontext zum Ausdruck. Unmittelbar voraus geht die Heilung der blutflüssigen Frau und der Tochter des Jaïrus. Lukas erzählt die Beauftragung in diesen Worten:

> »Dann rief er die Zwölf zu sich und gab ihnen die Kraft und die Vollmacht, alle Dämonen auszutreiben und die Kranken gesund zu machen. Und er sandte sie aus mit dem Auftrag, das Reich Gottes zu verkünden und zu heilen.« (Lk 9,1–2)[98]

Das vorliegende Buch ist von der Idee geleitet, die Klinikseelsorge im Horizont dieses Heilungsauftrags zu verankern und dadurch in einen Gesamtzusammenhang des christlichen Engagements im Gesundheitswesen zu stellen. Diese Leitidee soll in diesem Kapitel biblisch konturiert und begründet werden. In einem ersten Schritt skizziere ich in aller Kürze die Anfänge der bis heute nachwirkenden Marginalisierung dieses Auftrags. Danach werfe ich einen Blick auf die Erzählungen vom vielseitigen Heilungswirken Jesu und möchte dabei zeigen, dass sie die historische und hermeneutische Matrix für den christlichen Heilungsauftrag darstellen. Im dritten Schritt

97 Ich danke meinem Kollegen Prof. Dr. Jörg Frey für vielfältige Rückmeldungen und Anregungen zu einer ersten Fassung des vorliegenden Kapitels.

98 Wenig später wird der Heilungsauftrag auch der erweiterten Gruppe aufgetragen, die Jesus nachfolgt und von ihm ausgesandt wird (Lk 10,9).

schließlich resümiere ich den exegetischen Diskussionsstand zum Heilungsauftrag Jesu.

Vorab geklärt werden muss, was es in der Welt des Neuen Testaments heißt, krank zu sein oder gesund zu werden. Gesundheits- und Krankheitsverständnis sind auch hier eng miteinander verknüpft. Krankheit bedeutet im neutestamentlichen Verständnis ein verminderter Seins-Zustand.[99] Kranksein heißt geschwächt sein *(asthenes).*

> »Krankheit wird [...] als Schwächung eines ursprünglich guten Zustandes beschrieben. Diese Schwäche kann auf unterschiedliche Ursachen zurückgeführt werden, z. B. im engeren Sinne auf eine Krankheit [...], im weiteren Sinne aber auch auf Verletzungen und körperliche oder geistige Behinderungen.«[100]

Entsprechend dazu ist Gesundung ein energetischer Vorgang: Menschen finden neu zur Lebenskraft, zu einer Stärke, die ebenso körperlich wie seelisch verstanden werden kann.

Marginalisierung und Spiritualisierung des christlichen Heilungsauftrags

In seiner charismatischen Gestalt sperrte sich der Heilungsauftrag Jesu gegen eine Institutionalisierung innerhalb der sich langsam ausbildenden Gemeindepraxis. Schon in frühchristlicher Zeit zeichnet sich seine Marginalisierung ab.[101] Im Matthäusevangelium macht sich die Tendenz bemerkbar, diesen spezifischen Auftrag im weiteren Horizont christlicher Caritas aufgehen zu lassen. Der vor-

99 Vgl. Pilch, Healing in the New Testament, 13, der mit Blick auf die Heilung des Gelähmten schreibt (Mk 2,1–11): »What a Western reader might interpret as a loss of function, namely lameness, an ancient reader would see as disvalued state of function.«

100 Popkes, Der Krankenheilungsauftrag Jesu, 23.

101 Popkes, Der Krankenheilungsauftrag Jesu, 125 f. (ähnlich Luz, Matthäus II, 94). Verwiesen wird dabei insbesondere darauf, dass selbst in der Didache, die in vielerlei Hinsicht an die Aussendungsrede Jesu anknüpft, eine Erwähnung des Heilungsauftrags fehlt.

österliche Heilungsauftrag geht in die nachösterliche Krankenfürsorge über, die als eines von mehreren Werken der Barmherzigkeit bestimmt wird (Mt 25,36). Im Sendungsauftrag, den dieses Evangelium beschließt (Mt 28,19–20), ist vom Heilungsauftrag keine Rede mehr. Im Johannesevangelium fehlt er gänzlich. Damit sind die Weichen für die weitere Entwicklung gestellt. Enno Popkes resümiert: »Diese Entwicklungen präfigurieren [...] jene [...] karitativen Deutungen des Heilungsauftrags Jesu, die sich bis hinein in gegenwärtige Diskurse beobachten lassen.«[102]

Bis in die Gegenwart belasten zwei weitere Engführungen das Verständnis des christlichen Heilungsauftrags: seine Spiritualisierung sowie die Fixierung auf Wunderheilungen. Die Tendenz, die neutestamentlichen Heilungserzählungen allegorisch zu verstehen und den Heilungsauftrag zu spiritualisieren, setzt schon früh ein[103] – und sie verfestigt sich durch die christliche Rezeption der griechischen Vorstellung einer Dualität von Leib und Seele. Durch die strikte Aufteilung der Arbeitsgebiete der ärztlichen Leibsorge und der auf das spirituelle Heil ausgerichteten Seelsorge wurde diese Sichtweise spätestens auf dem 4. Laterankonzil im Jahre 1215 kirchenrechtlich ratifiziert. Diese professionelle Aufgabenteilung, die dann auch gut zur lutherischen Lehre von den zwei Regimenten Gottes und zur pietistischen und neuprotestantischen Fokussierung auf religiöse Innerlichkeit passte, ist bis heute wirksam geblieben. Sie steht in einem augenfälligen Kontrast zum unbestrittenen Faktum, dass das heilende Wirken Jesu auch die leibliche Dimension betraf. Aus exegetischer Sicht ist gegen alle Spiritualisierungstendenzen der Vergangenheit und der Gegenwart festzuhalten: »Die Missachtung des Körperlichen wird [...] der Fülle der neutestamentlichen Heilungserzählungen nicht gerecht.«[104]

Nicht weniger problematisch ist es, die Heilungen und den Heilungsauftrag Jesu ausschließlich unter dem Aspekt des Wunderwir-

102 Popkes, Der Krankenheilungsauftrag Jesu, 145.

103 Vgl. die Belege bei Nielsen, Heilung und Verkündigung, 246–252. Wie dieser Deutungsansatz noch heutige Gottesdienstpraxis bestimmt zeigt Conrad, »Heil« und »Heilung« im Gottesdienst.

104 Zimmermann, Frühchristliche Wundererzählungen, 16.

kens in den Blick zu nehmen und dabei ein bestimmtes, neuzeitlich geprägtes Wunderverständnis zu generalisieren.[105] Dieses versteht die Heilungen Jesu als mirakulöse Eingriffe in einen naturgesetzlich geordneten Kausalzusammenhang, als punktuelle göttliche Machterweise. Demgegenüber ist hervorzuheben, dass die neutestamentlichen Heilungsgeschichten insofern »Wirklichkeitserzählungen« sind, als sie die transformative Präsenz göttlicher Gegenwart berichten, die auch in der Gegenwart der Hörerinnen und Hörer dieser Geschichten wirksam ist.[106] Sie sind als ermutigende Hoffnungsgeschichten zu verstehen, die von etwas radikal Neuem berichten, das menschliches Leben in *allen* Dimensionen transformiert.

Mittels eines geschärften theologischen Sinns für die sinnliche und leibliche Gestalt christlich bezeugter Heilsgegenwart lässt sich der theologische Gehalt der neutestamentlichen Heilungserzählungen neu zur Geltung bringen: als narrative Theologie, die entfaltet, was es bedeutet, in Gottes Gegenwart Heilung zu erfahren.

Die Heilungen Jesu als Matrix des christlichen Heilungsauftrags

Der Heilungsauftrag Jesu ist – historisch und hermeneutisch – im Horizont der vielen Berichte zu interpretieren, die ihn selbst als Heiler charakterisieren und deren historischer Kern weithin unbestritten ist: »Jesus war ein Heiler und Exorzist mit einem noch heute erkennbaren besonderen Profil.«[107] Versucht man, das Verhältnis zwischen dem therapeutischen Wirken Jesu und dem Heilungsauftrag an die Jünger näher zu bestimmen, bieten sich unterschiedliche Deutungs-

---

105 Henriksen/Sandnes, Jesus as Healer, 134: »To the extent that healing is a theme in contemporary systematic-theological discourse, it is most commonly seen as a part of the miracles, which have been debated since the Enlightenment. In much of this discussion, healing as such is therefore not the main topic, but rather the assumed miraculous character of the healings. This situation has led to a general de-emphasis of the theological significance of healing as such.«

106 Zimmermann, Frühchristliche Wundererzählungen, 40.

107 Theißen, Symbolisches Heilen in der Nachfolge Jesu, 50.

möglichkeiten an. Geht man von der Prämisse aus, dass die Heilungen Jesu als Erweis seiner göttlichen Beauftragung zu betrachten sind, die er in der Aussendungsrede seinen Jüngern weitergibt, so liegt der Fokus auf der Frage, wie Verkündigungs- und Heilungsauftrag sich zueinander verhalten.[108] Im Folgenden soll ein anderer Zugang gewählt werden. Ich gehe davon aus, dass die neutestamentlichen Heilungsgeschichten erzählen, wie sich der christliche Heilungsauftrag konkretisieren kann. Mehr noch als durch die Begebenheiten, von denen sie berichten, sind sie in den Möglichkeiten, die sie eröffnen, als Wirklichkeitserzählungen zu verstehen.[109]

Um den Heilungsauftrag zu verstehen, muss demnach an den überlieferten Erzähltexten herausgearbeitet werden, was das therapeutische Wirken Jesu charakterisierte.[110] Stellt man es in den Horizont antiker Heilpraxis, so ist zunächst festzuhalten, dass Jesus nicht gewerbsmäßig heilte. Die von ihm erwirkten Heilungen waren kostenfrei (Mt 10,8). Damit hängt etwas Zweites zusammen: Seine Heilungen folgten nicht einer festen Methode. Obwohl berichtet wird, dass er viele geheilt habe, hat jede Heilungsgeschichte ihr eigenes Gepräge. Das mag mit den unterschiedlichen Krankheiten und Leiden zu tun haben, die kein uniformes Vorgehen erlaubten. Doch vermitteln die neutestamentlichen Erzählungen insgesamt den Eindruck, dass das therapeutische Wirken Jesu einen spontanen, nicht vorab geplanten Charakter hatte. Es folgt einem charismatischen Impuls, nicht einer sapientialen Logik, wie sie etwa bei Jesus Sirachs Lob auf den guten und weisen Arzt zu finden ist (Sir 38,1–14).[111] Oder anders formuliert: Die Heilungen, die in der Begegnung mit Jesus

108 Zu dieser Verhältnisbestimmung vgl. Nielsen, Heilung und Verkündigung.

109 Vgl. Zimmermann, Frühchristliche Wundererzählungen, 40: »Die Wundererzählungen werden im Neuen Testament nicht weitererzählt, um die Vergangenheit wegzurücken oder theologisch zu überhöhen, sondern um sie als gegenwärtig relevant zu erweisen. Wirklichkeitserzählungen sind deshalb mehr als Tatsachenberichte.« Zum Begriff der Wirklichkeitserzählungen vgl. Klein/Martínez, Wirklichkeitserzählungen.

110 Eine umfassende Studie bietet Kollmann, Jesus und die Christen als Wundertäter.

111 Zu dieser Differenz: Jobin, Spirituality in the biomedical world.

geschehen, sind eingebettet in ein Beziehungsgeschehen, das sich auf unvorhersehbare Weise entfaltet.[112]

Vergleicht man die Heilungen, von denen die Evangelien berichten, treten gleichwohl gemeinsame Züge hervor. Häufig, wenn auch nicht immer, geschehen sie durch Berührung. So sehr Jesu Wirken in diesem Punkt antiken Heilpraktiken gleichen mag, so unterscheidet es sich von ihnen dadurch, dass er auf die üblichen Hilfsmittel gänzlich verzichtet. Weder kommen pharmakologische Substanzen zum Einsatz noch feste religiöse Rituale. Meist wird in den Berichten nicht einmal ein Heilungsgebet gesprochen. Umso zentraler ist der Glaube derjeniger, die ihn um Heilung angehen, zu denen auch Angehörige und Freunde von erkrankten Menschen gehören. Wenn etwas am therapeutischen Wirken Jesu historisch einzigartig ist, dann die Formel: »Dein Glaube hat dir geholfen!« (Lk 17,19) Was als Bescheidenheitsgeste eines demütigen Heilers erscheinen mag, bewirkt eine eigentümliche Umkehrung: Die Geheilten »attribuieren die heilende Kraft an den Heiler. Aber Jesus re-attribuiert sie – im Widerspruch zu ihren Erwartungen – an ihren Glauben«.[113]

Wie es genau zu verstehen ist, dass der Glaube heilt, darüber gibt es gegenwärtig keinen theologischen Konsens. Die Auslegungen gehen in zwei Richtungen. In die erste weist Gerd Theißen, der den heilenden Glauben als Vertrauen versteht, »das in den personal-charismatischen Beziehungen zwischen dem Kranken und dem Heiler begründet ist.«[114] Jesu habe entdeckt, dass das Vertrauen und die Überzeugungen des Betroffenen und seines Umfelds eine entscheidende Rolle für therapeutische Prozesse spielen. Während Theißen annimmt, dass die Rede vom Glauben in den neutestamentlichen Heilungsgeschichten nicht christologisch durchformt ist, vermuten andere genau dies. Daraus ergibt sich ein anders profiliertes Verständnis der entscheidenden Formel: Der Glaube, der heilt, ist dann jener an die in Jesus verkörperte Nähe Gottes.

---

112 Vgl. Kostka, Der Mensch in Krankheit, 211: »In den Texten wird die Prozeßhaftigkeit von Krankheit, Heilung und Rehabilitation deutlich hervorgehoben. Dies kann als Anregung für ein dynamisches Krankheits- und Gesundheitskonzept betrachtet werden.«

113 Theißen, Symbolisches Heilen in der Nachfolge Jesu, 54.

114 Theißen, Symbolisches Heilen in der Nachfolge Jesu, 52 f.

Eigentümlich an der Heilungstätigkeit Jesu ist, dass sie nach dem biblischen Zeugnis oft am Sabbat geschah. Die Evangelisten nennen keine Gründe dafür, doch ist dieser Zusammenhang so auffällig, dass er erklärungsbedürftig ist. Was bewegt Jesus dazu, seine Heiltätigkeit auf den Sabbat zu konzentrieren, obwohl ihn das in Schwierigkeiten brachte? Im Gesamthorizont seines Wirkens betrachtet, bietet es sich an, diese Verortung als Zeichenhandlung zu verstehen: als Hinweis darauf, dass Gott am Sabbat dem Menschen in besonderer Weise Erholung und Erneuerung schenkt, dass Schöpfung und Erlösung zusammengehören.[115] Doch könnte es nicht auch sein, dass die Sabbatruhe eine besonders günstige Voraussetzung für das heilende Wirken bot?

Paradoxerweise bewirken die Heilungen, die sich in der Ruhe des Sabbats ereignen, gerade große Unruhe. Zu Spannungen führt insbesondere die soziale Dimension des Heilungsgeschehens, der Jesus offenbar ein großes Gewicht zumaß. Ob diese konflikthafte Seite[116] ein Aspekt des Heilungsgeschehens darstellt oder eher ein ungewollter und die Heilung gefährdender Nebeneffekt, ist unklar. Rechnet man damit, dass die Leiden, die Jesus zu heilen suchte, von starren sozialen und religiösen Normen mitverursacht wurden, ist es nicht abwegig, einen therapeutisch intendierten Tabubruch ins Auge zu fassen: »Intolerante und rigide Normen führen zu psychischer Angst. Großzügigkeit im Umgang mit ihnen provoziert soziale Konflikte, gibt aber auch größere Freiheit.«[117]

Das Profil des christlichen Heilungsauftrags

Im Hinblick auf das inhaltliche Profil des Heilungsauftrags Jesu entwirft die jüngere Forschungsliteratur ein insgesamt bemerkenswert kohärentes Bild. Er lässt sich vorab in sechs Punkten resümieren:

115 Henriksen/Sandnes, Jesus as Healer, 119 f.

116 Dass eine solche Heilungstätigkeit von den religiösen Autoritäten dieser Zeit tatsächlich als Sabbatbruch verstanden wurde, ist historisch umstritten. Collins, Jesus, the Sabbath and the Jewish debate belegt, dass Jesus mit seiner Auslegung des Sabbatsgebots wichtige rabbinische Autoritäten hinter sich hatte.

117 Theißen, Symbolisches Heilen in der Nachfolge Jesu, 59.

Der Heilungsauftrag an die Jünger gehört *erstens* zu den frühsten Überlieferungen der neutestamentlichen Literatur und ist auf Jesus selbst zurückzuführen. *Zweitens* handelt es sich nicht um einen Nebenaspekt seines Wirkens. Das Heilen von Krankheiten aller Art (Mt 4,23) steht im Zentrum des Wirkens Jesu und dessen Vergegenwärtigung der Nähe Gottes, die den Menschen in allen Dimensionen erneuert. Entsprechend dazu gehört *drittens* der Heilungsauftrag wesentlich zur Aussendung der Jünger und damit zur Sendung der Kirche; auch der symbolisch auf alle Völker erweiterte Jüngerkreis wird beauftragt zu heilen (Lk 10,9). *Viertens* ist der Heilungsauftrag, anders als die Weisung in Jak 5,14 f., nicht auf die Gemeinde beschränkt, sondern ein Dienst an (Noch-)Nicht- oder Andersgläubige. Ebensowenig beschränkt er sich auf die diakonische Zuwendung zu kranken Menschen, auch wenn eine solche ein wesentlicher Bestandteil des therapeutischen Wirkens darstellt. Daran schließt sich *fünftens* an: Der Heilungsauftrag Jesu umfasst differenzierbare Formen »therapeutischen« Wirkens – modern gesprochen: kurative, rehabilitative und palliative –, die auf unterschiedliche Leiden bezogen sind: somatische, seelische, soziale und spirituelle. *Sechstens* ist dieses therapeutische Wirken insgesamt pneumatisch qualifiziert – als geistgewirkte Gabe.

Exegetisch deutet alles darauf hin, dass der Heilungsauftrag auf Jesus selbst zurückzuführen ist;[118] er erwächst aus dessen therapeutischem Wirken, seiner Vergegenwärtigung der Nähe Gottes. Die Krankenheilungen bringen zur Geltung, dass »die Gottesherrschaft das Heil für den *ganzen* Menschen« bringt.[119] Im Horizont prophetischer Heilsverheißung erschließt sich in den Heilungen Jesu, dass in Gottes Gegenwart die Schöpfung zur Vollendung kommt.[120] Wie im Mahl mit den Sündern finden in diesem therapeutischen Wirken Verkündigung und zeichenhafte Vergegenwärtigung zusammen. Und wie die Jünger die Mahlgemeinschaft weiterführen sollen, so sollen

118 Vgl. Popkes, Der Krankenheilungsauftrag Jesu; Henriksen/Sandnes, Jesus as Healer, 11.

119 Schrage, Ethik des Neuen Testaments, 28, zit. n. Popkes, Der Krankenheilungsauftrag Jesu, 14.

120 Nielsen, Heilung und Verkündigung, 262.

sie dies auch hinsichtlich der therapeutischen Vergegenwärtigung der heilsamen Nähe Gottes tun.

Der Heilungsauftrag wird in allen drei synoptischen Evangelien bezeugt, bei Lukas sogar doppelt (Mk 6,7–12; Mt 10,1.7-11; Lk 9,1–6; 10, 1–12). Die Unterschiede sind nicht weniger aufschlussreich als die Übereinstimmungen. Gemeinsam ist die narrative Einbettung in die vorösterliche Aussendung der Jünger. Gemeinsam ist ebenso die einleitende Bemerkung, dass den Jüngern die Vollmacht über Dämonen übertragen ist. Doch zeigen sich bereits an dieser Stelle erste Unterschiede. Bei Matthäus und Lukas wird die Beauftragung zur Dämonenaustreibung parallel zur Bevollmächtigung zur Krankenheilung gesetzt, während in der zweiten lukanischen Aussendungsrede allein vom Heilungsauftrag gesprochen wird. Bei Markus schließlich scheint der Heilungsauftrag in die Vollmacht über die Dämonen eingeschlossen zu sein.

Umso bemerkenswerter ist das Resümee des ältesten Evangeliums: »Sie [die Jünger] trieben viele Dämonen aus und salbten viele Kranke mit Öl und heilten sie« (6,13). Der nur im Markusevangelium zu findende Hinweis auf Ölsalbungen ist auffällig. Er verbindet das therapeutische Wirken der Jünger mit Praktiken, die in der antiken Medizin üblich waren. Auch unterscheidet Markus damit das Wirken der Jünger von der Heilpraxis Jesu, die ohne pharmakologische Hilfsmittel auskam. Diese Normalisierungstendenz entspricht dem antienthusiastischen Zug des Markusevangeliums. Es vermittelt seinen Adressaten, »dass im Umgang mit Kranken nicht die Erwartung einer wundersamen Heilung im Vordergrund stehen soll, sondern eine therapeutische Zuwendung zu den von Krankheit betroffenen Menschen«.[121] Auf vorgegebene medizinische Verfahren zurückzugreifen, erscheint so als legitime Möglichkeit, dem Heilungsauftrag Jesu zu entsprechen.

Unklar bleibt, wie das Verhältnis zwischen Heilung und Exorzismus zu bestimmen ist. Bereits die Evangelisten setzen unterschiedliche Akzente: während Markus das exorzistische Wirken betont,

121 Popkes, Der Krankenheilungsauftrag Jesu, 58.

schwächt es Lukas ab und integriert Elemente rationaler Medizin.[122] Deskriptiv lässt sich das eine leicht vom anderen unterscheiden:

> »Bei Exorzismen steht [...] die Vertreibung einer fremden Macht im Zentrum, bei Therapien die Einflößung einer Kraft, die ihm fehlt. Exorzismen entfernen etwas, Therapien füllen mit Lebenskraft auf.«[123]

Als Therapeut wirkt Jesus oft durch Berührung, als Exorzist nie. An die Stelle der heilsamen Berührung tritt das drohende (Macht-)Wort. Doch stellen gerade diese deskriptiven Unterschiede vor grundsätzliche theologische Fragen: Steht beim jesuanischen Heilungsauftrag die nach wie vor verbreitete Vorstellung im Hintergrund, dass Krankheiten gelegentlich durch Dämonen verursacht werden? Oder geht es um unterschiedliche therapeutische Verfahren und Krankheitsbilder, modern gesprochen: um die Unterscheidung zwischen somatischer und psychiatrischer Medizin? Für Letzteres spricht, dass in der Mehrzahl der Heilungserzählungen keine Dämonen auftauchen;[124] für Ersteres, dass die »Vollmacht über die Geister« ein Vorzeichen für das gesamte therapeutische Wirken Jesu und seiner Jünger zu sein scheint. Die Entdämonisierung schafft den Raum, in dem heilsamer Glaube entstehen und Heilung sich ereignen kann.

Im vorliegenden Zusammenhang genügt es, zweierlei festzuhalten: Zum einen ist theologisch zu bedenken, dass das Heilungswirken und der Heilungsauftrag Jesu eingebettet sind in einen dämonologischen Deutungshorizont, der für das Verständnis aller neutestamentlichen Texte bedeutsam ist. Die dämonologische Sprachform verweist auf »Zwischenmächte«, die die Beziehung zu Gott belasten.[125] Für den christlichen Heilungsauftrag nicht weniger wichtig ist zum anderen, dass das therapeutische Wirken Jesu das ganze Krankheitsspektrum

122 Weissenrieder/Etzelmüller, Christentum und Medizin, 16.

123 Theißen, Wunder Jesu und urchristliche Wundergeschichten, 74.

124 Amundsen/Fengren, The Perception of Disease and Disease Causality in the New Testament.

125 Zur Frage, ob bzw. inwiefern dämonologische Aussagen in einen heutigen theologischen Verständnishorizont aufgenommen werden können, vgl. Peng-Keller, Alte Passionen im neuen Leben, 506–515.

umfasst, physische Erkrankungen und Behinderungen nicht weniger als psychische und soziale. Die inklusive Formulierung, dass Jesu »jede Krankheit und jedes Gebrechen im Volk heilte« (Mt 4,23) öffnet den Radius des christlichen Heilungsauftrags maximal. Entsprechend breit sind die therapeutischen Verfahren, von denen die Evangelien berichten.

Diese Vielgestaltigkeit macht sich bereits in der semantischen Weite der neutestamentlichen Leitbegriffe bemerkbar. So kann die Wirkung, die von Jesus ausgeht, vielfältig beschrieben werden. Manchmal heißt es schlicht, dass in der Nähe Jesu Menschen *gesund* werden (*hygiaino:* Mt 15,31; Lk 7,10, Joh 5,9 ff.). An anderem Ort wird gesagt, dass die Berührung Jesu (im doppelten Genitiv) *rettend* sei (*sozein;* Mk 5,28.34; 6,54–56; 10,46–52). Die Heiltätigkeit der Jünger wird meist mit dem Verb *therapeuein* beschrieben. Sprachgeschichtlich bezeichnete es »zunächst im weiten Sinne einen Dienst gegenüber Menschen und Gottheiten«; erst im Kontext antiker Medizin wurde es zum »*terminus technicus* für eine heilende Tätigkeit«.[126] Das diakonische Moment schwingt somit bereits im medizinisch-therapeutischen Tun mit, das Karitative ist im Kurativen enthalten. *Therapeuein* bezeichnet das gesamte Spektrum kurativer Medizin *(cure)*, seelisch-spiritueller Heilung *(healing)* und Krankenfürsorge *(care)*. Im Gleichnis vom Barmherzigen Samariter (Lk 10,30–35), das für die spätere Interpretation des christlichen Heilungsauftrags leitend wurde und ihn mit einem Ethos radikaler Solidarisierung verknüpfte, finden sich neben der medizinischen und pflegerischen Grundversorgung auch der organisationale Aspekt der Gesundheitsversorgung angelegt. Dass sie für den Betroffenen kostenfrei ist, gehört zur provokativen Seite dieses Gleichnisses.[127]

Therapiert werden in den Evangelien immer Menschen, nicht Krankheiten.[128] Das für medizinische Tätigkeit übliche Verb *iaomai*, das in den Evangelien eher selten auftaucht, erscheint bei Paulus

126 Popkes, Der Krankenheilungsauftrag Jesu, 24.

127 Vgl. Popkes, Der Krankenheilungsauftrag Jesu, 101: »Diese Aussagen erweisen sich als geradezu revolutionär, wenn man sie vor dem Hintergrund zeitgenössischer Berichte liest, welche die Lage sozial minder privilegierter Kranker im Imperium Romanum beschreiben.«

128 Außer in Lk 9,1.

umso prominenter als Charisma des Heilens (1 Kor 12,9). Bemerkenswert ist im Hinblick auf die spätere Wirkungsgeschichte, dass es vom Wunderwirken unterschieden wird. Wie auch immer der Apostel dieses Charisma verstand: Es deutet sich zumindest der Gedanke an, dass auch die ärztliche Heiltätigkeit, wenn sie in Orientierung an Christus ausgeübt wird, selbst ein Charisma darstellt.

Zusammenfassung und Überleitung

Die neutestamentliche Rede von »Heilung« kann sich auf unterschiedliche Tätigkeiten und Erfahrungen beziehen. Sie verweist auf komplexe Heilungsereignisse, in denen sich sämtliche Lebensdimensionen verschränken, die heute gewöhnlich unterschieden und verschiedenen Professionen zugeteilt wird: leibliche, seelische, soziale, spirituelle. Bedeutsam für den vorliegenden Zusammenhang ist auch, dass die neutestamentlichen Heilungsgeschichten aus unterschiedlichen Perspektiven erzählt werden. Nicht nur die Perspektive derer, die sich über das therapeutische Wirken Jesu und seiner Jünger wundern, kommt zur Sprache. Als von der heilsamen Kraft des Auferstandenen Berührte bezeugen die Evangelisten auch die Perspektive derer, die in Gottes Nähe Heilung gefunden haben. Für ein vertieftes Verständnis des christlichen Heilungsauftrags sind beide Seiten gleichermaßen zu beachten und zu gewichten: der *Prozess des Heilwerdens* nicht weniger als das *therapeutische Wirken*. Da Letzteres in späteren Kapiteln ausführlich zur Sprache kommen wird, konzentriere ich mich im folgenden Kapitel auf Ersteres: auf die Heilung, wie sie sich aus der Perspektive derer darstellt, denen sie geschenkt wird. Zu welchen Formen des Heilwerdens kann und soll der christliche Heilungsauftrag heute beitragen? Und wie lässt sich dieser Prozess beschreiben?

2 Der christliche Heilungsauftrag im heutigen Gesundheitswesen

Worin besteht der christliche Heilungsauftrag in einem Gesundheitswesen, das durch globale Pandemien, die ungleiche Verteilung von Ressourcen und äußerst divergente Heilungsvorstellungen und therapeutische Praktiken gekennzeichnet ist? Wie auch immer die Antwort auf diese Frage ausfällt, festzuhalten ist: Christliche Institutionen und Gemeinschaften tragen wesentlich zur globalen Gesundheitsversorgung bei, wobei sich ihr Engagement gegenwärtig besonders auf die südliche Hemisphäre und den Pflegebereich konzentriert.[129] Darin spiegelt sich ein zentraler, wenn auch aus europäischer Perspektive eher unscharf wahrgenommener Charakterzug globaler Gesundheitsversorgung. Denn ähnlich wie die weltweite Nahrungsproduktion zu einem bedeutenden Teil auf den zierlichen Flügeln der Bienen ruht[130], so ruht das globale Gesundheitswesen gegenwärtig weit weniger auf den Schultern westlicher Spitzenmedizin als in den Händen jener high-touch Medizin, mit der heutiges christliches Engagement im Gesundheitswesen verschwistert ist. Nicht komplexe Eingriffe und aufwändige Chemotherapien sind der Normalfall heutiger globaler Gesundheitsversorgung, sondern einfache Pflegehandlungen, eine Medizin der Zuwendung, die nicht selten mit religiösen Vollzügen verknüpft ist.

Fallbeispiel: Robert Vitillos Reich-Gottes-Erfahrung in Uganda

Während eines Workshops in Genf, der im Mai 2005 parallel zur Weltgesundheitsversammlung veranstaltet wurde und sich der spirituellen Dimension der Gesundheitsversorgung widmete, erzählte der Priester und Sozialarbeiter Robert Vitillo, der den Heiligen Stuhl bei der WHO vertrat: »Eine der bewegendsten Erfahrungen meines

129 Einen Überblick gibt Fleßa, Why do Christians care?

130 So Markus Imhoof in seinem Dokumentarfilm *More than Honey* (2012).

> Lebens wurde mir geschenkt, als ich Schwester Ursula Sharpe und ihr ambulantes Pflegeteam des Kitovu-Krankenhauses im Ugandischen Masaka in ein ländliches Dorf des benachbarten Rakai-Distrikts begleitete. Nachdem wir uns durch viel Staub, äußerst baufällige Straßen und die dichte Vegetation von Bananenpflanzen gekämpft hatten, rasteten wir im Haus eines alten muslimischen Händlers. In seinem bescheidenen Haus bot er uns die Ehrenplätze an. Wir tauschten freundliche Grüße aus und erkundigten uns nach seiner Familie, die aus mehreren Frauen und Kindern bestand. Dann bat er Sr. Ursula, die eitrigen Wunden an seinem Gesäß zu untersuchen und zu behandeln und mit ihm zu beten. Während dieses merkwürdig heiligen Moments erlebte ich in meinem Verständnis der Sendung der Kirche und der menschlichen Natur einen großen Fortschritt. In diesem Moment gab es keinen Unterschied mehr zwischen der weißen christlichen Frau und dem schwarzen muslimischen Mann. In diesem heißen und schmutzigen Haus fanden wir unsere wahre und gemeinsame Identität – die Identität von Söhnen und Töchtern des einen Schöpfers, Söhne und Töchter, die eine tiefe Beziehung und den Ruf spüren, den barmherzigen Gott zu preisen, der allen Kindern Gottes genügend Liebe schenkt.[131]

Was der vielgereiste Gesundheitsdiplomat Vitillo, der über viele Jahre die *Caritas Internationalis* leitete, zu den bewegendsten Erfahrungen seines Lebens zählt, ist von größter Schlichtheit: die Behandlung einer eitrigen Wunde durch eine irische Krankenschwester, wobei der muslimische Patient gleichzeitig der Gastgeber ist, der die katholische Ordensfrau und den sie begleitenden Priester zu einem gemeinsamen Gebet einlädt. In diesem Zeugnis einer ebenso flüchtigen wie nachhaltigen Begegnung in einer abgelegenen Gegend dieser Welt laufen unterschiedliche Fäden zusammen, die sich im christlich inspirierten Gesundheitsengagement des letzten Jahrhunderts in vielfacher Weise verwoben haben. Das Engagement, das dem christ-

131 Vitillo, Role of Faith in the Global Response to HIV and AIDS (meine Übersetzung). Sr. Ursula Sharpe gehört der Gemeinschaft der Medical Missionaries of St. Mary an.

lichen Heilungsauftrag entspringt, ist grenzüberschreitend. Es siedelt sich in Randzonen des globalisierten und von globalen Verwerfungen geprägten Gesundheitswesens an.

Gewiss: es geht in diesem Buch um das hiesige Gesundheitswesen und aktuelle klinikseelsorgliche Herausforderungen, die sich deutlich unterscheiden von den Schwierigkeiten, die Robert Vitillo andeutet. Und zwischen dem christlichen Gesundheitsengagement im Globalen Süden und der Frage nach der Zukunft christlicher Klinikseelsorge unter den Bedingungen einer hochspezialisierten und säkular geprägten Medizin scheint es nur wenige Berührungspunkte zu geben. Doch der Schein trügt. Das Gesundheitswesen ist längst viel vernetzter, als manchmal wahrgenommen wird. Diese Vernetzung folgt nicht nur der Fließrichtung globaler Migration, die dazu führt, dass Seelsorgende in westeuropäischen Krankenhäusern die Angehörigen jener Patient*innen begleiten, die Ordensfrauen wie Sr. Ursula Sharpe in südlichen Ländern versorgen. Sie verläuft auch, wie das oben zitierte Beispiel von Richard Bauer zeigt, in die andere Richtung. Um das Profil des christlichen Heilungsauftrags zu schärfen und seine Bedeutung für das Selbstverständnis christlicher Klinikseelsorge herauszuarbeiten, wird im nächsten Abschnitt das Verhältnis dieses Auftrags zu jenem der säkularen Gesundheitsversorgung weiter präzisiert.

Drei Grundoptionen

Was bedeutet es, den christlichen Heilungsauftrag im Horizont globaler Interdependenz und im Kontext eines weitgehend säkularen Gesundheitswesens zu verwirklichen? Drei Optionen stehen zur Auswahl: Vertreter der *ersten Option* verstehen den christlichen Heilungsauftrag als Aufgabe, die *jenseits* des staatlich regulierten Gesundheitswesens angesiedelt ist. Gemäß dieser Option unterscheiden sich die Mittel und Formen christlicher Heilungspraxis grundlegend von den allgemein anerkannten therapeutischen Methoden in Medizin, Pflege und Psychologie. Das Spektrum an Möglichkeiten, diesem Auftrag hier nachzukommen, reicht von schlichten Gebeten um Heilung und Krankensalbungen bis zu aufwändigen Heilungsgottesdiensten und Exorzismen. Die theologischen Probleme dieses Ansatzes liegen auf der Hand: Wer den christlichen Heilungsauftrag auf den kirchlichen Raum begrenzt, verkennt den grenzüberschreitenden Charakter der Heilungspraxis Jesu und einer zweitausendjährigen Tradition. Die christliche Heilungspraxis, die an Jesu selbst und am Gleichnis vom Barmherzigen Samariter Maß nahm, hatte von Beginn an einen universalistischen Zug. Ihn auf den innerkirchlichen Raum beschränken zu wollen, würde zudem bedeuten, sich gegenüber den Entwicklungen im Gesundheitswesen abzuschotten und die Mitverantwortung dafür zu verkennen.

Im Gegensatz dazu betont die *zweite Option* das universalistische Moment des christlichen Heilungsauftrags. Bestimmend ist hier das Motiv, aus christlicher Inspiration zur humanen Ausgestaltung medizinischer und pflegerischer Versorgung beizutragen und sich für ein humanes und gerechtes Gesundheitswesen einzusetzen. Der christliche Beitrag besteht nach dieser Sicht nicht in spezifischen therapeutischen Verfahren, sondern in einer bestimmten Motivation und Grundhaltung. Den eigenen gesundheitsfachlichen Beruf als Berufung zu verstehen und auszuüben, bedeutet nicht, evidenzbasierten Heilungsverfahren zu misstrauen, sondern sie nach bestem Wissen und Können so zu nutzen, dass möglichst viele Menschen davon profitieren. Und in ähnlicher Weise kann für die klinische Seelsorge formuliert werden, dass sie ihre Aufgabe umso besser wahrnehmen kann, je mehr sie bereit ist, sich das psychologische Wissen und Können der Gegenwart anzueignen. Doch erschöpft sich der christliche Heilungsauftrag in der anspruchsvollen und unabschließbaren Aufgabe, medizinische Therapieverfahren und psychotherapeutische Ansätze aus einer christlichen Grundhaltung heraus auszüben und eine technisierte und ökonomisierte Medizin dadurch zu humanisieren?

Die *dritte Option* möchte an dieser Stelle einen Schritt weitergehen. Sie entspricht einem Ansatz, den Miroslav Volf als »interne Differenz« beschrieben hat. Dabei wird versucht, die »christliche Differenz innerhalb einer gegebenen Kultur zu leben: Die Mehrheit der Elemente einer Kultur werden übernommen, aber von innen heraus verändert.«[132] Nach dieser Option verwirklicht sich der christ-

132 Volf, Öffentlich Glauben, 144.

liche Heilungsauftrag primär in der Mitverantwortung für eine gute und gerechte Gesundheitsversorgung, ohne in deren institutionalisierten Gestalten aufzugehen. Die christliche Mitgestaltung des Gesundheitswesens, so das Ziel, soll dieses »von innen heraus« transformieren. So sehr sich der Weltkirchenrat und die Katholische Kirche in dieser Option treffen, so klärungsbedürftig ist es, was sie für die weitere Entwicklung christlicher Klinikseelsorge bedeutet. Mit Blick auf diese Frage soll in den folgenden Abschnitten versucht werden, die dritte Option weiter auszubuchstabieren.[133]

Medizinische Ziele und die »christliche Differenz«

Um das Verhältnis zwischen christlichem Heilungsauftrag und medizinischem Versorgungsauftrag zu klären und falsche Kontraste zu vermeiden, ist von einem möglichst differenzierten und international konsensfähigen Verständnis medizinischer Zielsetzungen auszugehen gemäß dem Motto: »Sucht der Stadt Bestes« (Jer 29,7). Wenn es ein Dokument gibt, auf das diese Beschreibung zutrifft, dann ist es der 1996 nach einem mehrjährigen internationalen Konsensbildungsprozess veröffentlichte Bericht des New Yorker *Hastings Center* zu den Zielen der Medizin. An diesem Projekt, das vom renommierten Medizinethiker Daniel Callahan geleitet wurde, waren vierzehn Ländergruppen beteiligt, darunter auch eine deutsche.[134] Die Veröffentlichung und Kommentierung der deutschen Fassung wurde von der Evangelischen Akademie Loccum, dem Zentrum für Gesundheitsethik in Hannover und dem Arbeitskreis *Ethik in der Medizin* der Universität Ulm verantwortet. Die Bedeutung des Berichts für den deutschsprachigen Raum zeigt sich auch daran, dass er als Vorgabe für das breit angelegte Projekt *Neu-Orientierung der*

133 Ein anders akzentuierter Versuch, diese Option stark zu machen, findet sich bei Michael und Tracy Balboni, Hostility to Hospitality; zur Diskussion vgl. Peng-Keller/Neuhold/Winiger, Spiritual-Care-Modelle.

134 Zu ihr gehörten auch eine Ärztin und ein Arzt mit einem theologischen Hintergrund: Dr. med. Dipl. theol. Diana Meier-Allmendinger und Dr. med. Dipl.-Theol. Helmut Harr. Vgl. Allert, Ziele der Medizin, xi.

Medizin diente, das die Schweizerische Akademie der Medizinischen Wissenschaften (SAMW) im Jahre 1999 lancierte.[135]

Um das Verhältnis zwischen den Zielen der (im weiten Sinne verstandenen) Medizin und des christlichen Heilungsauftrags zu bestimmen, bietet das Konsensdokument des Hastings Center eine verlässliche und inhaltlich differenzierte Grundlage. In kritischer Analyse der Entwicklungen, Einseitigkeiten und Grenzen moderner Medizin kommt der Bericht zum Schluss, dass eine Neuformulierung der gegenwärtigen Ziele der Medizin aus volkswirtschaftlichen, sozialpolitischen und klinischen Gründen notwendig sei. Vor diesem Hintergrund werden vier gleichrangige Hauptziele herausgearbeitet:

1. *Die Krankheits- und Unfallprävention sowie die Förderung und Erhaltung der Gesundheit.* Es sei ein altes Ziel der Medizin, »den Menschen zu helfen, harmonischer mit ihrer Umwelt zu leben; ein Ziel, das vom Anfang bis zum Ende des Lebens verfolgt werden sollte.«[136]
2. *Die Linderung von krankheitsbedingten Schmerzen und Leiden.* Der Bericht unterscheidet zwischen körperlichen Schmerzen und seelischem Leiden und fordert, dass Letzterem mehr Aufmerksamkeit geschenkt werden müsse.
3. *Die Pflege (care) und Heilung (cure) der Kranken sowie die Pflege der Unheilbaren.* Die in diesem Zusammenhang eingebrachten Differenzierungen, die in der deutschsprachigen Übersetzung teilweise unscharf bleiben, sind für den vorliegenden Zusammenhang bedeutsam:

   »Der Heilungsauftrag [*healing function*] der Medizin umfasst sowohl Therapie [*curing*] als auch Versorgung [*caring*]; eine Heilung [*healing*] im weiteren Sinne kann dann sogar in solchen Fällen möglich sein, in denen die Medizin nicht therapieren [*cure*] kann. Sie kann auch heilen, indem sie einem Menschen hilft, wirklich mit seiner andauernden Krankheit zu leben.«[137]

135 SAMW, Projekt »Zukunft Medizin Schweiz«.
136 Allert, Ziele der Medizin, 46.
137 Allert, Ziele der Medizin, 51.

4. *Das Verhindern eines vorzeitigen Todes und das Streben nach einem friedvollen Tod.* Wie schon beim zweiten Ziel betont der Bericht die Bedeutung der Palliative Care und die ärztliche Mitverantwortung für eine »humane Gestaltung des Todes« und erwähnt, dass bei den Fragen der Euthanasie und des assistierten Suizids kein Konsens erzielt werden konnte.[138]

Diese vier Zielsetzungen werden mit zahlreichen Entwicklungsperspektiven verknüpft. Auf all dies kann im vorliegenden Zusammenhang nicht näher eingegangen werden. Es sei lediglich darauf hingewiesen, dass die im Bericht kritisierte Überbetonung der kurativen Medizin durch die zitierten Zielsetzungen deutlich korrigiert wird. So erscheint die kurative Heilung *(cure)* nicht als eigenständiges Ziel, sondern in Verbundenheit mit Pflege *(care)* von Menschen mit heilbaren und unheilbaren Erkrankungen. Im selben Zusammenhang wird zudem hervorgehoben, dass es eine Form der Heilung *(healing)* gibt, die jenseits der kurativen Medizin liegt.

Das Hastings Center bietet eine zuverlässige Grundlage, um das Verhältnis zwischen medizinischem Versorgungsauftrag und christlichem Heilungsauftrag zu präzisieren. Wo und wie zeigt sich die »christliche Differenz«, wenn es um die Ziele der Medizin und der staatlichen Gesundheitsversorgung geht? Es bieten sich mindestens drei, sich ergänzende Antworten an:

1. *In der motivationalen Einbettung des Engagements für eine gute und humane Gesundheitsversorgung:* Die »christliche Differenz« lässt sich zunächst im Modus festmachen, in dem die genannten Ziele angestrebt werden.[139] Es spielt eine Rolle, aus welcher Grundmotivation und mit welchen Überzeugungen wir uns auf bestimmte Ziele ausrichten und von welchem »Geist« wir uns dabei bewegen lassen. Unsere Grundeinstellung prägt die Art und Weise, wie wir etwas tun. Der christliche Heilungsauftrag bettet die in sich selbst begründeten Ziele der Medizin und des staatlichen Gesundheitswesens in einen umfassenderen motivationalen Horizont ein. Diese Einbettung zeigt sich manchmal in

138 Allert, Ziele der Medizin, 54.
139 Clarke, Faith matters.

ausdrücklicher Weise, etwa bei kirchlich getragenen Gesundheitsinstitutionen oder Krankenpflegeorden wie den Barmherzigen Brüdern oder den Vinzentinerinnen. Bei vielen Christinnen und Christen, die heute im Gesundheitswesen tätig sind, gehört die religiöse Motivation und Deutung ihrer professionellen Tätigkeit allerdings zum transprofessionellen Hintergrund, der nur in besonderen Momenten explizit gemacht wird.[140]

2. *In einer christlichen Konkretion und Spezifikation therapeutischer und gesundheitspolitischer Ziele:* Die christliche Differenz kann sich auch dort zeigen, wo es um die konkrete Umsetzung der medizinischen Ziele geht. Ein Beispiel dafür ist die moderne Hospizbewegung, die in den letzten Jahrzehnten zu einer tiefgreifenden Veränderung im Umgang mit Sterben und Tod beigetragen hat. Ein anderes Beispiel sind die in den letzten Jahrzehnten vom ÖRK und anderen kirchlichen Institutionen unternommenen Versuche, das christliche Gesundheitsverständnis im Anschluss an die Gesundheitsdefinition der WHO neu auszuformulieren.
3. *In spezifischen Überzeugungen bezüglich der Wirkfaktoren:* Die therapeutischen Überzeugungen von Fachpersonen und Patient*innen spielen bekanntlich eine wichtige Rolle in Heilungsprozessen. Die christliche Differenz macht sich in diesem Zusammenhang besonders deutlich bemerkbar. Wenn eine Ärztin oder ein Pflegefachmann nicht nur von der Wirksamkeit einer bestimmten Therapie überzeugt ist, sondern auch daran glaubt, dass Gottes heilsame Gegenwart sich im Medium bestimmter Therapien vermitteln kann, verändert dies die therapeutische Beziehung und deren Wirksamkeit.

Heilung als »cure« und »healing«

Um unterschiedliche Formen und Dimensionen von Heilungsprozessen voneinander abzuheben, wird im zitierten Bericht des Hastings Center (wie in der englischsprachigen Literatur überhaupt)

140 Zu dieser Bedeutung von »Transprofessionalität« vgl. Peng-Keller, Spiritual Care: Grundgestalten, Leitmodelle und Entwicklungsperspektiven.

zwischen *cure* und *healing* unterschieden.[141] Während ersteres auf Restitution und die organisch-funktionale Dimension fokussiert ist, kommt mit Letzterem der Mensch in seiner Ganzheit in den Blick. Das deutsche *Heilen* kann beides umfassen, was der Erfahrung entspricht, dass eine kurative Genesung sich mit einer tiefergehenden Heilung zu verbinden vermag.

Die qualitative Unterscheidung zwischen *cure* und *healing* kann theologisch weiter präzisiert werden. Im Horizont eines relationalen Verständnisses menschlichen Lebens schlägt der US-amerikanische Theologe, Arzt und Medizinethiker Daniel Sulmasy vor, »healing« auf die Heilung zerbrochener oder beeinträchtigter Beziehungen zu beziehen.[142] Beziehungen können auch bei bleibender oder fortschreitender Erkrankung heilen. In ähnlicher Weise vertritt Giovanni Maio die Ansicht, dass wir heil werden können, »ohne gesund werden zu müssen«. Solche Heilung geschehe »durch das Sich-Aufschließen, durch das Sich-Öffnen, durch das Aufmerksamwerden auf die transzendenten Erfahrungen, die nicht kalkulierbar und fassbar sind.«[143]

Fallbericht: Adam – »der gesündeste Mensch, den ich kenne«

Das Paradox von Heilung inmitten schwerer Krankheit beschreibt der anglikanische Theologe Brian Brock in einer Hommage an seinen Sohn, der den bedeutungsträchtigen Namen Adam trägt.[144] Obschon seit Geburt an multiplen Belastungen und Behinderungen leidend, sei Adam der gesündeste Mensch, den er kenne. Denn anders als er selbst lebe sein Sohn ganz in der Gegenwart und habe einen ungewöhnlich intensiven und bejahenden Kontakt zu seiner Mit- und Umwelt – und zu Gott. Brock erinnert daran, dass Heilung immer in Beziehungen eingebettet ist und aus vorreflexiven und imaginativen Ressourcen schöpft, die schon in der frühen Kind-

141 Vgl. Balducci/Modditt, Cure and healing.

142 Sulmasy, The Rebirth of the Clinic, 125. Ein relationales Verständnis von Heilung findet sich auch bei Swinton/Kelly, Contextual Issues, 181.

143 Maio, Medizin ohne Maß, 207.

144 Brock, Health in a Fallen World.

heit entwickelt und auch bei schwerer kognitiver Beeinträchtigung kultiviert werden können.

Was auf den ersten Blick als extreme Ausnahme erscheint, stellt sich näher betrachtet als Intensivform des Normalfalls dar: die Gleichzeitigkeit von pathogenen und salutogenen Prozessen – entspricht es doch unserer Erfahrung, dass körperliche, emotionale und mentale Prozesse bei allen Wechselwirkungen bis zu einem gewissen Grade autonom verlaufen. Auch körperlich schwer beeinträchtigte Menschen können geistig hellwach sein und von hoher Lebensqualität und Lebenszufriedenheit berichten. Nicht zuletzt bietet die erwerbbare Fähigkeit, sich von eigenen körperlichen Gebrechen, psychischen Nöten und sozialen Anfechtungen distanzieren zu können, ein starkes Argument dafür, der »geistigen« und »spirituellen« Dimension im Kontext von Krankheit und Heilung großes Gewicht zuzumessen.

Aus der vieldimensionalen Einheit des Lebens begründet Paul Tillich die Einheit vielfältiger und für sich fragmentarischer Formen des Heilens:

> »Kein einzelner kann alle Arten des Heilens mit beruflicher Autorität ausüben, obgleich einzelne mehr als nur eine Methode beherrschen können. [...] Das Heilen ist in allen seinen Formen fragmentarisch.«[145]

Mit Blick auf medizinische und religiöse Formen des Heilens verzeichnet Tillich zwei Grundprobleme: einerseits den Versuch, durch spirituelle Heilungsverfahren medizinische Methoden ersetzen zu wollen, andererseits die Verabsolutierung medizinischer Verfahren:[146]

145 Tillich, Systematische Theologie, 323.

146 Das 1977 veröffentlichte Consensus Statement on the Christian Ministry of Healing warnt zudem vor einer Spiritualisierung organischer und mentaler Erkankung, vgl. Lucas, Christian Healing.

> »Die heilende Kraft des göttlichen Geistes kann nicht die Methoden des Heilens ersetzen, die für die verschiedenen Dimensionen spezifisch sind, und umgekehrt können diese Methoden des Heilens nicht die heilende Wirkung des göttlichen Geistes ersetzen.«[147]

Die medizin- und psychologiekritische Note dieser Verhältnisbestimmung zeigt sich in Tillichs Diagnose, die Psychotherapie seiner Zeit, d.h. insbesondere die Psychoanalyse, versuche, »an die Stelle der heilenden Macht des göttlichen Geistes zu treten«.[148]

Im vorliegenden Zusammenhang ist diese Problemanzeige von besonderer Bedeutung. Wenn Seelsorge ebenfalls therapeutisch wirksam sein soll: Entspricht diese Wirksamkeit dann jener von psychotherapeutischen Verfahren? Ist Seelsorge Psychotherapie im kirchlichen Kontext, wie Dietrich Stollberg es vor Jahrzehnten formulierte? Diese Fragen beschäftigen die Seelsorgebewegung seit ihren Anfängen. Sie können nur im Rahmen einer umfassenden Theologie der Heilung beantwortet werden.

Ansatzpunkte für eine Theologie der Heilung

Klinikseelsorgende bewegen sich zwischen institutionellen Kern- und Randzonen, die durch vielfältige, oft weit auseinander liegende Vorstellungen von Heilung bestimmt sind. Was Patient*innen und ihre Angehörigen sich an Heilung erhoffen, unterscheidet sich oft deutlich von den Vorstellungen der für sie zuständigen Gesundheitsfachpersonen. Doch auch bei Letzteren findet sich eine bunte Vielfalt professionsspezifischer Therapieansätze und persönlicher Ideen. Und es ist kein Geheimnis, dass es unter Seelsorger*innen nicht anders ist. Wie unterschiedlich die Vorstellungen in seelsorglichen Kreisen sind, zeigt sich etwa in den Diskussionen über therapeutisches Handauflegen oder Heilungsgebete.

147 Tillich, Systematische Theologie, 321.
148 Tillich, Systematische Theologie, 322.

Angesichts dieser Vielfalt an therapeutischen Leitideen stellt sich theologisch die Aufgabe, das vorhandene empirische Wissen über therapeutische Prozesse ebenso ernst zu nehmen wie spirituell geprägte Heilungskonzepte. Diese Aufgabe wird hier in mehreren Schritten angegangen: In einem ersten Schritt vergegenwärtige ich den ökumenischen Diskussionsstand, der sich in den Dokumenten des Weltkirchenrats spiegelt. Danach wende ich mich konkreten Heilungs*erfahrungen* zu und frage, welche theologische Einsichten sich daraus gewinnen lassen. In einem letzten, synthetisierenden Schritt soll versucht werden, Heilung als *Ereignis* und *Praxis* zusammenzudenken. Vorab ist mit Blick auf die bisherigen Überlegungen festzuhalten:

- Therapeutisches Wirken beschränkt sich nicht auf kurative Verfahren, sondern umfasst auch Palliation, Rehabiliation und Gesundheitsprävention;
- Heilung ist ein Beziehungsphänomen, das verschiedene Dimensionen menschlichen Lebens betrifft und diese vernetzt: somatische, seelische, soziale und spirituelle;
- Heilung kann sich sowohl auf (selbst-)therapeutische Aktivitäten beziehen als auch auf Prozesse, die nur begrenzt aktiv zu steuern sind;
- an Heilungsprozessen sind meist viele Personen beteiligt: neben der heilungsbedürftigen Person und professionellen und ehrenamtlichen Helfer*innen auch das soziale Umfeld;
- und schließlich: Gottes heilsame Gegenwart vermittelt sich durch diese Aktivitäten und solche Präsenz, ohne in ihnen aufzugehen.[149]

Ökumenische Konsensdokumente des Weltkirchenrats

Auf die postkolonialen Hintergründe, die das Gesundheitsengagement des Ökumenischen Rats der Kirchen (ÖRK) seit den 1960er-

149 Vgl. Tillich, Systematische Theologie, 317: »Heilen ist eine Wirkung des göttlichen Geistes – auf welche Art auch immer es geschieht. Das lateinische Wort für Erlösung, salvatio, bedeutet auch Heilung, und der Akt des Heilens gehört zum Werk der Erlösung.«

Jahren prägen, wurde weiter oben bereits hingewiesen. Um den christlichen Heilungsauftrag unter veränderten Bedingungen zur Geltung zu bringen, rief der ÖRK 1968 die *Christian Medical Commission* (CMC) ins Leben, die in den 1970er Jahren in einen engen Austausch mit der WHO trat und so institutionell verkörperte, was sie zu fördern suchte: den christlichen Beitrag zu einer guten und gerechten globalen Gesundheitsversorgung.[150] Durch den intensiven Austausch mit der WHO leistete die CMC einen gewichtigen Beitrag zur Entwicklung eines neuen gesundheitspolitischen Paradigmas, das 1978 auf der denkwürdigen Konferenz von Alma-Ata schließlich auf höchster gesundheitspolitischer Ebene aufgenommen wurde. In seinem Geleitwort zum 2020 veröffentlichten Buch *Health Promotion Churches* würdigt der gegenwärtige WHO-Generaldirektor, der äthiopische Christ Tedros Adhanom Ghebreyesus, die Zusammenarbeit mit dem ÖRK als innovativ und vorbildlich für künftige Kooperationen: »Die Weltgesundheitsorganisation unterstützt den ÖRK voll und ganz in seinem Bemühen, durch Kirchen auf der ganzen Welt Gesundheit zu fördern und Krankheiten vorzubeugen, sowie in der entscheidenden Rolle, die diese nicht nur bei der spirituellen Heilung spielen, sondern auch bei der Gewährleistung von Gesundheit und Wohlergehen für alle Menschen.«[151] Und auch in der Erarbeitung der jüngsten WHO-Leitlinien zu religiösen Aspekten im Kontext von COVID-19 spielte der ÖRK eine wichtige Rolle.[152] Dass sich der ÖRK an der WHO orientierte, als er 1990 seine bereits zitierte Gesundheitsdefinition ausformulierte, ist vor diesem Hintergrund kein Zufall. Sie sei hier nochmals aufgenommen:

> »Gesundheit ist ein dynamischer Zustand des Wohlbefindens des einzelnen Menschen und der Gesellschaft, des körperlichen, seelischen *[mental]*, geistigen *[spiritual]*, wirtschaftlichen, poli-

150 Zur CMC vgl. Bersagel Braley, The Christian Medical Commission and the World Health Organization; Jakob/Bartmann, Gesundheit und Gesundheitsförderung.

151 Makoka, Health Promotion Churches, xii.

152 WHO, Practical considerations and recommendations.

> tischen und sozialen Wohlbefindens –, des Lebens in Harmonie miteinander, mit der materiellen Umwelt und mit Gott.«[153]

Ähnlich wie die Weltgesundheitsversammlung einige Jahre zuvor ergänzt der ÖRK das biopsychosoziale Gesundheitsmodell um eine spirituelle Dimension, die durch den Gottesbezug christlich präzisiert wird. Betont werden ebenso die sozialen und politischen Determinanten von Gesundheit. Diese wird ähnlich wie in der WHO-Präambel positiv definiert: nicht als Abwesenheit von Krankheit, sondern als Zustand mehrdimensionalen Wohlbefindens, womit die subjektive Befindlichkeit stärker gewichtet wird als der objektive Befund. Daraus ergibt sich auch eine salutogenetische Orientierung. Sie stellt die Förderung von Gesundheit in den Vordergrund und begrenzt sich nicht auf die Bekämpfung von Krankheiten.

In dem 2005 für die Weltmissionskonferenz in Athen verfassten Dokument *The Healing Mission of the Church* (dt. *Der Heilungsauftrag der Kirche*), auf das ich mich hier konzentrieren werde, wird dieses Verständnis von Gesundheit weiter entfaltet:

> »Ein solches holistisches Verständnis geht davon aus, dass Gesundheit kein statischer Begriff ist, bei dem eine klare Unterscheidung gemacht wird zwischen denjenigen, die gesund sind, und denjenigen, die es nicht sind. Jeder Mensch bewegt sich ständig zwischen unterschiedlichen Graden von Gesundbleiben und Kämpfen gegen Infektionen und Krankheiten.« (Nr. 30)

Das Dokument versteht Gesundheit in einem mehrdimensionalen Kontinuums-Modell, gemäß dem wir »niemals ausschließlich gesund oder ausschließlich krank« sind und Gesundheit als ein immer wieder neu zu findender und insofern dynamischer (Gleichgewichts-) Zustand zu verstehen ist.[154] Die Konsequenzen, die das Dokument

153 Diese Definition wird in dem Dokument aufgenommen, auf das sich die folgenden Nummern im Lauftext beziehen: ÖRK, Der Heilungsauftrag der Kirche, hier: Nr. 30.

154 Franke, Modelle von Gesundheit und Krankheit, 17. Franke weist darauf hin, dass die Genforschung die Grenzen zwischen Gesundheit und Krankheit verschwimmen lässt.

des ÖRK daraus für den christlichen Heilungsauftrag zieht, sind für das Thema dieses Buchs bedeutsam:

> »Zum christlichen Dienst des Heilens gehören sowohl die Praxis der Medizin (für körperliche und geistige Gesundheit) als auch Pflege- und Beratungsdisziplinen und spirituelle Praktiken. Buße, Gebet und/oder Handauflegung, göttliche Heilung, Rituale mit Berührung und Zärtlichkeit, Vergebung und das Teilhaben an der Eucharistie können im physischen wie auch im sozialen Bereich der Menschen wichtige und zuweilen außergewöhnliche Auswirkungen haben. Alle diese verschiedenartigen Mittel gehören zu Gottes Wirken in der Schöpfung und seiner Gegenwart in der Kirche. Die heutige wissenschaftliche Medizin wie auch andere medizinische Vorgehensweisen machen sich das zunutze, was in der von Gott geschaffenen Welt vorhanden ist. Heilung mit ›medizinischen Mitteln‹ ist nicht als minderwertig (oder sogar unnötig) im Vergleich mit Heilung durch andere oder durch ›spirituelle‹ Mittel zu verstehen.« (Nr. 30)

Im Hintergrund der Weltmissionskonferenz, für die das Dokument verfasst wurde, steht die Auseinandersetzung mit einem pfingstkirchlich-charismatischen Heilungsverständnis, auf das in manchen Abschnitten auch ausdrücklich hingewiesen wird. Gegen eine Engführung des christlichen Heilungsauftrags auf »spirituelle Mittel« wird hervorgehoben, dass er auch die »medizinischen Mittel« umfasst. Es hänge vom jeweiligen kulturellen und gesundheitspolitischen Kontext ab, was in welchem Maße zu fördern sei:

> »Es gibt Kirchen und soziale Kontexte (insbesondere in modernen westlichen Post-Aufklärungs-Gesellschaften), in denen die Errungenschaften der zeitgenössischen wissenschaftlichen Medizin und die physischen Aspekte von Gesundheit und Heilung ein einseitiges Schwergewicht und besondere Aufmerksamkeit bekamen. Hier ist eine neue Offenheit und Aufmerksamkeit gegenüber den spirituellen Dimensionen in den christlichen Diensten der Heilung notwendig. Daneben gibt es andere Kontexte und Kirchen, in denen – auf Grund einer anderen Weltsicht und dem

> Fehlen moderner westlicher Gesundheitssysteme – die Bedeutung des spirituellen Heilens hochgeschätzt wird. Hier ist ebenfalls ein neuer Dialog zwischen spirituellen Heilungspraktiken und Heilungsansätzen in der modernen Medizin wesentlich.« (Nr. 31)

Es gehört zu den Verdiensten des ÖRK, dass er beharrlich die Perspektive südlicher Länder in westliche Gesundheitsdiskurse einbringt. Damit wird klargestellt: Die Globalisierung des Gesundheitswesens ist nicht mit der weltweiten Verbreitung westlicher Schulmedizin zu identifizieren. In *The Healing Mission of the Church* werden westliche Schulmedizin und spirituelle Heilungspraktiken in ein komplementäres Verhältnis gesetzt. Der christliche Heilungsauftrag kann sich mit beidem verbinden. Respekt vor populär-religiösen Heilungsvorstellungen gehöre zur Überwindung des medizinischen Kolonialismus:

> »Wie Gesundheit und Heilung definiert und Krankheit und Leiden erklärt werden, hängt weitgehend vom kulturellen Umfeld und von den Sitten ab. […] Die Verbindung von Religion, Weltsicht und Wertvorstellungen wirkt sich insbesondere auf das jeweilige Verständnis und den Umgang mit Heilen aus. Da die Kultur sich von einem Kontinent zum anderen, von einem Land zum anderen und sogar innerhalb von Ländern und Menschengruppen unterscheidet, gibt es kein unmittelbar allgemeingültiges gemeinsames Verständnis der Hauptursachen von Krankheit und Leiden oder irgendeinem die Menschen befallenden Übel. […] Sehr viele Menschen verbinden volkstümliche religiöse Vorstellungen und Kultur mit ihrem Verständnis von Gesundheit und Heilung. Dies könnten wir als Volksreligiosität und Gesundheitsglauben bezeichnen. Zu diesem Glauben können auch die Verehrung von Heiligen, Pilgerreisen zu Schreinen und die Verwendung von religiösen Symbolen wie Öl und Amulette gehören, um Menschen vor bösen Geistern oder bösen Absichten zu schützen, die den Menschen schaden. […] Aus verschiedenen Weltsichten entwickelten sich in einigen der großen Weltzivilisationen kulturspezifische medizinische Wissenschaften und Systeme. Besonders seit der Aufklärung wurden diese vom westlichen medizinischen Establishment missachtet, doch jetzt werden sie

> zunehmend wieder als wertvolle Alternativen für die Behandlung bestimmter Krankheiten angesehen.« (Nr. 15–20)

Das Dokument begnügt sich nicht damit, eine neue Offenheit für holistische Heilverfahren zu konstatieren und einzufordern. Darüber hinaus profiliert es den christlichen Heilungsauftrag als kritisches Korrektiv zu einer Idolisierung von Gesundheit:

> »Indem das Christentum bekräftigte, dass Gott selbst im Leben seines Sohnes Erfahrungen der Schwachheit durchlebt hat und sogar den Tod selbst erfahren hat, verwandelte es das Gottesverständnis auf revolutionäre Weise und veränderte tiefgreifend die Grundeinstellung der Glaubensgemeinschaft zu den Kranken, den Alten und den Sterbenden. Es trug entscheidend dazu bei, die konventionellen Verfahrensweisen und Mechanismen der Ausgrenzung, der Diskriminierung und der religiösen Stigmatisierung der Kranken und Gebrechlichen zu durchbrechen. Es beendete die Assoziierung des Göttlichen mit Idealen einer vollkommenen, gesunden, schönen und leidenslosen Existenz.« (Nr. 25)

In der für solche Diskussionspapiere charakteristischen Prägnanz entwirft das Dokument des ÖRK ein ökumenisch konsensfähiges Verständnis des christlichen Heilungsauftrags. Wie der zitierte Bericht des Hastings Centers stellt es die Frage nach der Heilung aus der Perspektive therapeutischer und politischer Akteure. Für eine Theologie der Heilung ist diese Perspektive bedeutsam, doch ergänzungsbedürftig. Sie sollte es nicht versäumen, Heilung auch aus der Perspektive der Heilungsbedürftigen zu thematisieren. Dieser Perspektivenwechsel wird in den nächsten Abschnitten vollzogen.

Heilungserfahrungen im Horizont einer relationalen Anthropologie

Wenn eines aus den neutestamentlichen Heilungserzählungen und späteren Heilungsberichten zu lernen ist, dann dies: Ein Heilwerden, das sich einer Berührung göttlicher Gegenwart verdankt, umfasst alle Dimensionen und Schichten des Menschseins. Um solche Heilungserfahrungen angemessen zur Sprache zu bringen, muss man sich vom eingewöhnten Dual von »Leib und Seele« verabschieden.[155] Dass es nach wie vor so einleuchtend wirkt, mit Blick auf uns selbst zwischen Leib und Seele zu unterscheiden, dürfte damit zusammenhängen, dass die manchmal paradoxe und irritierende Gleichzeitigkeit und Gegenläufigkeit unterschiedlicher Lebensdimensionen durch eine solche Dualisierung in eine überblickbare und deshalb beruhigende Ordnung gebracht wird. Zudem entspricht dieser Dual auch einer über Jahrhunderte eingewöhnten, wenn auch immer wieder neu umstrittenen Aufteilung der beruflichen Rollen. Dietrich Stollberg bemerkte dazu im Jahre 1972:

> »Wo der psychosomatische Ansatz des Krankheitsverständnisses abgelehnt wird, muss jeweils eine Seite die andere als irrelevant ablehnen: die Ärzte die Seelsorger oder umgekehrt. Wenn dann trotzdem von ärztlicher Seite der Seelsorger ›toleriert‹ wird, weil nach dem Motto ›Uns den Körper, euch die Seele‹ berufliche Identitäten ausgehandelt werden, so kann es sich nur um eine unrealistische – zudem unbiblische – dualistische Anthropologie oder um ein Nichternstnehmen des seelsorglichen Auftrags handeln: ›Die nützen zwar nicht viel, schaden aber auch nichts; die Patienten sollen allen Komfort haben wie Ferien-Kreuzfahrer ihren Schiffsgeistlichen.‹«[156]

155 Er wird oft auf Platon zurückgeführt, doch bekanntlich ist die platonische Denkwelt selbst vielschichtiger und schwebender, als oft wahrgenommen wird. Vgl. Waldenfels, Responsive Therapie im Zeichen der Sorge, 290 f.: »Platon unterscheidet im Gorgias (464a-b) zwischen dem Wohlbefinden der Seele und dem des Leibes. Die Pflege *(therapeia)* des Leibes zerteilt sich ihrerseits in *Gymnastik,* die mit Leibesübungen für die rechte Ordnung sorgt, und *Iatrie,* die durch Heilung die köperliche Ordnung wiederherstellt. Diese Ordnung hat einen kosmo-theologischen Rückhalt, wie er im Timaios ausführlich dargestellt wird. Der Zusammenhalt von Seele und Leib wird gewährleistet durch die Zugehörigkeit zu einem Kosmos, der als Lebewesen im Großen selbst eine Weltseele und einen Weltleib aufweist und insgesamt unter der Fürsorge Gottes steht.«

156 Stollberg, Mein Auftrag, 35.

Der Abschied von einem dualistischen Verständnis unserer selbst, der theologisch ebenso wie innerhalb klinischer Seelsorge seit vielen Jahrzehnten vollzogen ist, bedeutet nicht, auf anthropologische Differenzierungen zu verzichten, unterscheidet doch auch das Neue Testament zwischen mannigfaltigen Lebensdimensionen und zwischen den mit ihnen verbundenen durchaus unterschiedlichen Leiden und Heilungsprozessen. Im Horizont einer relationalen und »konstellativen Anthropologie«[157], die den Menschen als Beziehungswesen versteht, lassen sich leibliche, mentale, soziale und spirituelle Aspekte der Erfahrung von Kranksein und Gesundwerden in differenzierter Weise thematisieren.

Weil in Heilungsprozessen immer alle Dimensionen des Menschseins in komplexer Weise zugleich im Spiel sind, sind auch die Heilungserfahrungen äußerst vielfältig und vielschichtig. Wechselt man von allgemeinen Erwägungen auf die Erfahrungsebene, treten diese Unterschiede oft deutlich hervor. Wie der Schweregrad einer Erkrankung Abstufungen kennt, so hat beispielsweise nicht jede Heilungserfahrung dieselbe existenzielle Tiefe. Wir können uns von schweren Erkrankungen erholen, ohne dass dies für uns zu einer existenziell »tiefen« Heilungserfahrung wird. Und auch für das Umgekehrte finden sich Beispiele. Die Erzählung von der Heilung der zehn Aussätzigen, von denen nur einer zu Jesus zurückkehrt (Lk 17,11–19), kann in diesem Sinne gelesen werden: nicht alle realisieren in ganzer Tiefe, was mit ihnen geschehen ist.

Wie Krankheiten im Rahmen von bestimmten Krankheitstheorien erlebt werden, stehen auch Heilungserfahrungen immer in einem bestimmten Wahrnehmungs- und Deutungshorizont und können diesen ihrerseits prägen. Die Tiefe neutestamentlicher Heilungserfahrungen zeigt sich darin, dass sich im Heilwerden ein neuer Wahrnehmungs- und Deutungshorizont eröffnet, in dem auch der Segen, der über einem Leben liegt, neu wahr- und annehmbar wird.

157 Vgl. Janowski, Konstellative Anthropologie.

Heilung als Ereignis und Hoffnungspraxis

Um die eben entwickelten theologischen Perspektiven auf die therapeutische Dimension klinischer Seelsorge zu beziehen, greife ich auf die sozialanthropologischen Studien von Cheryl Mattingly zurück. In ihrer grundlegenden Studie über dialogische Heilungsprozesse im Kontext klinischer Ergotherapie ging Mattingly von der Annahme aus, dass lebensweltliche Erfahrungen narrativ und imaginativ durchtränkt sind.[158] Um Heilungserfahrungen zu artikulieren, ist die Erzählform besonderes geeignet, weil Heilungsprozesse selbst (prä-)narrativ strukturiert sind. Patient*innen und Therapeut*innen erzählen sich nicht nur Geschichten, sondern sie folgen in ihrem Handeln verinnerlichten Skripten und können durch Interaktion und Deutung selbst zum Entstehen einer neuen Geschichte beitragen.

Der Verlust von Lebensmöglichkeiten durch Unfall oder chronische Erkrankung führt, so beobachtet Mattingly, zunächst zu einem narrativen Verlust, zu einem Abbruch bestimmter Geschichten. In klinischen Übergangswelten kommt Ergotherapeutinnen die Aufgabe zu, Patient*innen für einen oft radikal veränderten Alltag vorzubereiten. Wie kann die Lebensgeschichte in einem bleibend versehrten Körper weitergehen? Da das Therapieziel, das in diesem Zusammenhang nicht kurativer, sondern rehabilitativer und palliativer Natur ist, mit Wertvorstellungen verknüpft ist und von neu zu findenden Lebenszielen abhängt, muss es ausgehandelt und immer wieder neu überprüft werden. Nach Mattinglys Studie geschieht dies im Medium alltäglichen Erzählens. Das in therapeutische Interaktionen eingebettete Geschichtenerzählen dient dem Reframing, dem imaginativen Ausloten von Begrenzungen *und* neuen Lebensmöglichkeiten, die in einem geschützten therapeutischen Setting erprobt und in dichten Momenten in zukunftseröffnender Weise erfahren werden können.

In einer darauf aufbauenden Studie, die chronisch kranken Kindern afroamerikanischer Herkunft gewidmet ist, erweitert Mattingly den Blick auf kulturell vorgegebene Narrative und fragt nach deren Bedeutung für Heilungsgeschichten und -erfahrungen. Die Hoffnungsgeschichten, die sie untersucht, sind Alternativgeschichten,

158 Mattingly, Healing dramas and clinical plots.

die sich gegen biomedizinische Heilungsnarrative behaupten. In den Randzonen einer Welt, die von kurativen Erfolgsgeschichten bestimmt wird, entfaltet sich das Zwischenreich tagträumerischer Hoffnung und subkulturellen Erzählens. Mattingly beschreibt ein imaginatives Überschreiten von Wirklichkeitshorizonten als gemeinschaftliche Praxis. Sie ermöglicht krankheits- und armutsbetroffenen Familien, trotz belastender Umstände und unverändert schlechten Prognosen hoffnungsvoll zu leben. Diese alltäglichen Heilungsgeschichten nähren sich von bedeutsamen Momenten, in denen sich die narrative Textur alltäglicher Begebenheiten verdichtet. Sie leben von unverhofften Wendungen, in denen sich die Hoffnung neu zu konfigurieren vermag.[159]

Mattinglys in Mikroanalysen erhärtetes Konzept der »Heilungsdramen«, das auf leicht übersehbare und in diesem Sinne »undramatische« Heilungsprozesse aufmerksam macht, ist für die vorliegenden Überlegungen zum christlichen Heilungsauftrag doppelt bedeutsam: zum einen als Verständnisinstrument für das Heilungswirken Jesu, das wie die von Mattingly beschriebenen therapeutischen Prozesse in »borderland communities«[160] angesiedelt ist; zum anderen als Deutungshilfe für das Bemühen, den christlichen Heilungsauftrag im Spannungsfeld von »cure« und »healing« zu verorten. Die Heilungsprozesse, die auf diese Weise ins Zentrum gerückt werden, haben mitunter eine paradoxe Signatur. Sie deuten, wie das weiter oben zitierte Zeugnis von Brian Brock, auf eine Intensivierung des Lebens *inmitten* von Krankheit und Tod hin. So sehr die unterschiedlichen Formen der Heilung voneinander zu unterscheiden sind, so unangemessen wäre es, »healing« gegen »cure« auszuspielen. Selbst dort, wo medizinische Therapien erfolglos bleiben, kann das Ringen um kurative Heilung – zusammen mit der sich darin äußernden menschlichen Zuwendung und der damit verbundenen professionellen Care – den Raum darstellen, in dem Menschen seelische und spirituelle Heilung erfahren.

Was sich im Paradox eines Heilwerdens inmitten von Krankheit deutlich zeigt – das Spannungsfeld menschlichen Daseins in seiner

159 Mattingly, The Paradox of Hope, 144.
160 Mattingly, The Paradox of Hope, 216.

vielfältigen Bezogenheit –, findet sich in abgeschwächter Form auch dort, wo die Heilung zurück in jenes Leben führt, das jemand vor der Erkrankung führte. Kurative Heilungsprozesse, so erfolgreich sie verlaufen mögen, bleiben vorläufig. Sie ändern nichts am harten Gesetz der Endlichkeit. Zugleich ist die Überwindung einer schweren Krankheit ein markantes, oft sinneröffnendes Lebensereignis. Das Sinnpotenzial solcher Heilungserfahrungen weist über die konkrete Situation hinaus. In ihnen kann etwas anklingen, das in religiöser oder poetischer Sprache in Bildern der Fülle gefasst wird.[161]

Als Wiederherstellung oder Neuformung zerbrochener oder beschädigter Beziehungen stellt Heilung ein Ereignis dar, das den – mehr oder weniger ausgeprägten – Charakter eines hoffnungsvollen Neuanfangs hat. Dieser betrifft nicht nur eine einzelne Beziehung, sondern das Leben insgesamt. Ob das als Fortsetzung einer alten Geschichte oder als Anfang einer neuen wahrgenommen wird, ist eine Frage der Perspektive, die sich im Verlaufe eines Heilungsprozesses selbst wandeln kann. Das Staunen, das die neutestamentlichen Heilungsgeschichten kennzeichnet, weist darauf hin, dass das beschriebene Heilwerden als Einbruch einer neuen Wirklichkeit wahrgenommen wird, der den Blick aufs Ganze verändert. Was sich in kleinen und großen Erfahrungen des Heilwerdens ankündigt, verweist auf eine Zukunft, die am Kommen ist. In all ihrer Begrenztheit und Vorläufigkeit verweisen konkrete Heilungen auf ein umfassendes und endgültiges Heilwerden. Sie nähren eine Hoffnung, die über medizinisch-kurative Zielsetzungen hinausreicht. Insofern ist jede Heilung ein Zeichen für das Werden dessen, was in der biblischen Sprache *Schalom* heißt.[162]

Selbst wenn alle kurativen Heilungsbemühungen scheitern und eine bestmögliche palliative Versorgung in den Vordergrund tritt, kann noch Heilung geschehen. Ein gutes Zusammenspiel zwischen den Patient*innen, ihren Angehörigen und den verantwortlichen professionellen Fachpersonen in vorübergehenden »borderland communities« ist Mattingly zufolge der Schlüssel dafür. In ihren sozialanthropologischen Studien zeichnet sie nach, wie brüchig

161 Vgl. Henriksen/Sandnes, Jesus as Healer, 228–231.

162 World Council of Churches, Witnessing to Christ today, S. 9.

dieses Zusammenspiel oft ist, wie gerade dort, wo Lebensendentscheidungen getroffen werden müssen, Konflikte aufbrechen und gegensätzliche Sichtweisen aufeinanderprallen. Das belegt auch der folgende Fallbericht aus der Klinik für Kinder- und Jugendmedizin des Universitätsspitals Tübingen, in dem sich exemplarisch konkretisiert, worauf die vorangegangenen Überlegungen zielten.

Fallbeispiel: Ursels Schmerzen[163]

Im Zentrum dieser Krankheits-, Sterbe- und Heilungsgeschichte steht ein 9-jähriges Mädchen: Ursel. Bereits im Säuglingsalter erkrankte sie an einem Neuroblastom, das dann aber erfolgreich behandelt wurde. Ursels Eltern gehören einer Freikirche an und sind sehr gläubig. Dem behandelnden Arzt, Dietrich Niethammer, teilen sie mit, dass Gott ihnen Ursel bereits zweimal geschenkt habe: bei der Geburt und als er sie von ihrem Tumor befreite. Auch in der aktuellen Situation sind die Eltern voller Vertrauen. Ursel wird ihnen bestimmt noch ein drittes Mal geschenkt werden!

Die Therapie schlägt gut an. Die stets fröhliche Ursel ist für alle, die mit ihr zu tun haben, eine Freude. Doch dann kehrt sich die Situation unverhofft um. Der Tumor beginnt wieder zu wachsen. Bald wird klar, dass alle kurativen Möglichkeiten ausgeschöpft sind. Das behandelnde Team kann mit den Eltern und Ursel selbst offen darüber sprechen. Ihr Glauben gibt ihnen die Kraft, auch diese Situation anzunehmen – für eine gewisse Zeit wenigstens. Bis der Schmerz mit aller Wucht einbricht.

»Eines Tages«, so berichtet Dietrich Niethammer, »brachten die Eltern Ursel […] in die Klinik, weil unerträgliche Schmerzen aufgetreten seien. In der Tat schrie sie laut wegen der Schmerzen, für die wir keine organische Ursache finden konnten. Dennoch waren hohe Dosen von Morphium notwendig und eigentlich war sie nur schmerzfrei, wenn das Morphium sie in den Schlaf versetzt hatte. Sowie sie aufwachte, schrie sie wieder vor Schmerzen. Es war zum Verzweifeln für uns alle. Dann sprach ich einmal wieder

163 Der Bericht stammt vom bekannten deutschen Hämatologen und Kinderarzt Dietrich Niethammer. Ich greife zurück auf: Peng-Keller, Spiritual Pain.

mit den Eltern und fragte sie, ob denn in der letzten Zeit etwas Besonderes vorgefallen sei. Beide verneinten die Frage, und der Vater ergänzte, er hätte, bevor die Schmerzen angefangen hätten, mit ihr ein Gespräch geführt, in dem es darum gegangen sei, dass es Gottes Wille sei, dass sie sterben müsse und dass man das akzeptieren müsse. Als der Vater dies so ruhig aussprach, wurde mir ganz anders. Wie war es möglich, dass ein Vater, von dem ich wusste, wie sehr er seine Tochter liebte, den Tod seines Kindes so gleichmütig hinnehmen konnte? Ich fragte ihn daher, ob er denn seiner Tochter nicht vermittelt hätte, wie schrecklich für ihn ihr Tod sei. Das könne er nicht, war seine ruhige Antwort, denn dann würde sie ja eventuell ihren Glauben verlieren. Ich konnte das nicht verstehen, und es entspann sich ein Disput zwischen uns beiden, der damit endete, dass er Türen knallend mein Zimmer verließ. Seine Frau folgte ihm verlegen lächelnd und anschließend nahmen sie ihre Tochter ohne weitere Diskussion mit nach Hause. Wir waren offensichtlich kein guter Umgang mehr für sie.«[164]

Dietrich Niethammer wagt es, die religiös begründete Haltung des Vaters anzufragen. Und er tut das nicht nur mit der Autorität eines erfahrenen Kinderarztes, sondern, wie gleich noch nachzutragen ist, vor dem Hintergrund seiner eigenen religiösen Überzeugungen. Die bergende und über Jahre tragende »borderland community« zerbricht im Augenblick, in der sie am dringlichsten benötigt würde. Die ohnehin schon sehr schwierige Situation erhält durch diesen Kommunikationsabbruch eine zusätzliche Dramatik. Ursel war nun auch noch in einen Konflikt zwischen väterlicher und ärztlicher Autorität geraten. Dieser Konflikt setzte sich zuhause fort, er spitzte sich zu, um sich dann in unerwarteter Weise zu lösen. Dietrich Niethammer erfährt davon einige Tage danach: »Etwa eine Woche später kam die Mutter mit Ursel in die Sprechstunde. Das Kind war völlig schmerzfrei und sie war wieder so fröhlich, wie wir sie kannten. Ich fragte die Mutter, was denn inzwischen passiert sei. Sie antwortete, ich erinnere mich doch sicher an den Zorn des Vaters, der unser letztes Gespräch beendet hatte. Sie seien nach Hause gefahren und dann seien Tochter und Vater im Bad aufeinander getroffen. Da habe

164 Niethammer, Gut versorgt im Kinderkrankenhausbetrieb?, 24f.

> plötzlich Ursel ihren Vater angeschrien, es sei ihm doch völlig egal, dass sie sterben müsse. Da habe er geweint und sie in den Arm genommen und ihr gesagt, dass es das Schlimmste sei, was ihm passieren könne. Und dann waren die Schmerzen verschwunden.«[165]

Die Heilung, die dieser Fallbericht bezeugt, hat verschiedene Schichten und Schattierungen. Sie betraf nicht den Tumor selbst, an dem Ursel wenig später verstarb, doch einen zentralen Aspekt ihres Leidens. Dass das intensive und unkontrollierbare Schmerzerleben so plötzlich verschwand, ist im Horizont dessen, was Cicely Saunders als *total pain* beschrieb[166], gut nachvollziehbar. Es ist, so kann vermutet werden, die Artikulation ihrer Not, es sind die Tränen des versteinerten Vaters, die Ursel von ihrem Schmerz befreien, die sie zurückfinden lassen zu einem Gott- und Lebensvertrauen, das sie in Krankheit und Tod trägt. Oder poetischer formuliert: In dem Augenblick, in dem Ursels Schreien im Herzen ihres Vaters Resonanz findet, löst sich die Not. Was ihren Schmerz heilt, ist die palliative Kraft der *compassio.*[167]

Eine Heilung ganz ohne medizinische Unterstützung? Nicht ganz: schließlich trug der Arzt dazu bei, dass diese Katharsis möglich wurde. Im Hinblick auf die Frage nach dem christlichen Heilungsauftrag lohnt es sich, einen Augenblick bei seiner spontanen und ungewöhnlichen Intervention zu verweilen. Spiritual Care wird meist assoziiert mit nicht-direktiver, empathischer Gesprächsführung. Auch in der vorliegenden Vignette findet sie sich. Schließlich nimmt der Arzt deutlich wahr, dass dieser Vater seine Tochter liebt und sich um sie sorgt. Er spricht an, was er wahrnimmt, und ermutigt ihn, seine Liebe Ursel gegenüber zum Ausdruck zu bringen. Zugleich scheut sich die ärztliche Spiritual Care, die uns hier begegnet, nicht davor, heikle Fragen anzusprechen. Die Aussage des Vaters, das sich abzeichnende Sterben sei offenbar Gottes Wille, in den man sich

165 Niethammer, Gut versorgt im Kinderkrankenhausbetrieb?, 25.

166 Saunders, Spiritual Pain.

167 Peng-Keller, Leiden, Schmerz und Compassion im Horizont von Spiritual Care. Bioethica forum 11:1 (2018), 11–13.

schicken müsse, wird nicht als eine medizinisch belanglose Information stehen gelassen, sondern aktiv aufgegriffen. Was bewog den Arzt dazu, diese religiöse Deutung in Frage zu stellen? Stand sie im Gegensatz zu seiner eigenen Glaubenshaltung? Dietrich Niethammer hat mir diese Fragen folgendermaßen beantwortet:

> »[Ich habe] wohl deutlich gemacht, dass ich nicht glaube, dass der Herrgott so gezielt im einzelnen Fall handelt. Das ist in der Tat ein Punkt, der immer wieder dazu geführt hat, dass mich Eltern nach meinem Glauben gefragt haben. Ich habe wohl immer gesagt, dass ich mit meinem Glauben immer noch kämpfe und keine klare Antwort erhalten habe. Ich habe aber auch manchmal gesagt, dass man auf den Herrgott, wenn er nach Meinung der Eltern für den Tod ihres Kindes verantwortlich ist, sicher zornig sein darf. Ein 10-jähriges Mädchen, das wusste, dass es sterben musste, sagte einmal zu mir: ›Professor, wenn ich da rauf komme (und sie zeigte mit dem Finger nach oben), dann sag ich ihm aber, wie gemein es ist, dass er uns Kinder sterben lässt!‹ Ich habe sie in der Absicht sehr bestätigt, denn gemein finde ich es ja auch.«

Die Antwort ist bemerkenswert. Sie zeigt, dass Dietrich Niethammer keine Scheu hatte, in gewissen Situationen seinen eigenen, suchenden Glauben transparent zu machen. Das konnte in zwei Formen geschehen: im Modus der Bekräftigung oder im Modus der Anfrage. Die religiöse Aussage des 10-jährigen Mädchens wird seitens des Arztes bekräftigt, während die Vorstellung, dass Gott den Tod eines Kindes verfügt, von ihm hinterfragt wird.

Der Fallbericht wirft Fragen auf, die für gesundheitsberufliche Formen, den christlichen Heilungsauftrag wahrzunehmen, zentral sind: Sollen christlich inspirierte Gesundheitsfachpersonen in ihren Gesprächen mit Patient*innen ihre eigenen Überzeugungen und Einstellungen transparent machen? Dürfen sie es? Und wenn ja: unter welchen Umständen und in welcher Form? In einem 2007 publizierten Artikel diskutiert der US-amerikanische Bioethiker Mark Kuczewski diese Fragen.[168] Er konzentriert sich dabei auf die

168 Kuczewski, Talking about Spirituality in the Clinical Setting.

ärztliche Profession, doch betrifft diese Diskussion alle beteiligten Fachpersonen. Gegen eine Offenlegung der eigenen Glaubensüberzeugung lassen sich mindestens zwei Gründe anführen: Man kann zum einen argumentieren, dass Gesundheitsfachpersonen in der Regel für die religiöse und spirituelle Kommunikation nicht ausgebildet sind; zum anderen kann man auf die Gefahr hinweisen, in einer asymmetrischen Kommunikationssituation schutzbedürftige Personen zu verletzen.

Kuczewski führt zwei Hauptgründe an, weshalb es aus seiner Sicht in bestimmten Situationen angezeigt oder sogar dringlich sein kann, Farbe zu bekennen. Es sei zum einen aus ethischen Gründen angezeigt, dass Gesundheitsfachpersonen bereit sind, ihre handlungsleitenden Werte transparent zu machen. Zum andern können Selbstoffenbarungen zur Vertrauensbildung beitragen. Wenn ein Arzt eingesteht, dass auch er mit seinem Glauben kämpfe und noch keine klare Antwort erhalten habe, verlässt er die Position des unangefochtenen Fachmanns und solidarisiert sich mit den um seinen Glauben ringenden Patient*innen. In einer in den USA durchgeführten Studie zu spirituellem Schmerz bei einer fortgeschrittenen Krebserkrankung gehört eine solche Solidarisierung zu jenen Formen von Spiritual Care, die seitens der Patient*innen als besonders hilfreich wahrgenommen wurden.[169]

Vielfalt und Einheit des christlichen Engagements im Gesundheitswesen

Kehren wir am Schluss dieses Kapitels zu seinem Anfang zurück: zum christlichen Engagement im zunehmend globalisierten Gesundheitswesen. Im Hinblick auf die Frage, was das Christentum zu globalen Entwicklungen beitragen kann, schreibt Miroslav Volf, dass die biblischen »Visionen vom Gedeihen, Aufblühen und Zusammenwachsen […] ein Kronjuwel im Schatz des christlichen Glaubens« darstellen und »eines seiner wertvollsten Geschenke an die Welt«

169 Mako/Galek/Poppito, Spiritual Pain among Patients with Advanced Cancer in Palliative Care, 1111.

sind.[170] Der christliche Heilungsauftrag, der sich nicht auf professionelle Helfer*innen beschränkt, gründet in diesem Kronjuwel. Er kann auf sehr unterschiedliche, sich ergänzende und korrigierende Weisen wahrgenommen werden. In Ahnlehnung an die weiter oben skizzierten Spiritual-Care-Modelle lässt sich grob zwischen professionellen, politischen, ehrenamtlichen und transprofessionellen Formen unterscheiden. Pneumatologisch formuliert: Gottes heilsame Kraft vermittelt sich durch therapeutisches und politisches Handeln, durch solidarische Zuwendung und durch ausdrücklich religiöse Vollzüge. Es gehört zur kirchlichen Leitungsaufgabe, die vielfältigen Formen, den christlichen Heilungsauftrag wahrzunehmen, zu fördern, zu koordinieren und den gegenseitigen Austausch anzuregen. Solche Koordination und Vernetzung sind umso wichtiger, je komplexer, spezialisierter und globaler das Gesundheitswesen ist. Auch dafür hat der Weltkirchenrat wichtige Vorarbeit geleistet. Die vom ÖRK in den letzten Jahren entwickelte *Ecumenical Global Health Strategy* sieht fünf Zielsetzungen vor. In der aktuellen Corona-Pandemie orientierte sich der ÖRK insbesondere am dritten Ziel:[171]

»1. Förderung wissenschaftlicher und ethischer Reflexion über Gesundheitsfragen aus einer christlichen Perspektive […].
2. Förderung theologischer und biblischer Reflexion über Gesundheit und Heilung […].
3. Förderung des Konzepts der gesundheitsfördernden Kirchen: Unterstützung von Kirchengemeinden als heilende Gemeinschaften, damit sie in Zusammenarbeit mit anderen Akteuren ganzheitliche Maßnahmen im Bereich Gesundheit, insbesondere Gesundheitsförderung und Krankheitsprävention, ergreifen können.
4. Stärkung […] nachhaltiger Mechanismen zur Dokumentation der Arbeit der ökumenischen Partner im Gesundheitsbereich und Heilung, um evidenzbasierte Entscheidungen auf allen Ebenen zu ermöglichen.

170 Volf, Zusammen wachsen, 9.

171 Vgl. https://www.oikoumene.org/en/resources/documents/covid-19 (16.10.2020).

5. Unterstützung [...] und Stärkung eines nachhaltigen ökumenischen Engagements im Bereich der globalen Gesundheit durch wirksame Vernetzung, Interessensvertretung und Kapazitätsaufbau auf regionaler und globaler Ebene.«[172]

Der ÖRK verbindet die internationale Perspektive mit dem Blick auf lokale Praktiken. Er knüpft an das Konzept der »heilenden Gemeinden« an, das 1964 in der ersten Konferenz in Tübingen entwickelt wurde und das in den 1990er Jahren durch das Konzept der »religious health assets« ergänzt wurde, womit gesundheitsförderliche Kapazitäten – theologisch gesprochen: »Talente« – bezeichnet werden, die kirchlichen Gemeinschaften zu eigen sind.[173] Die Klinikseelsorge kommt in diesem gemeinde- und gemeinschaftsorientierten Zugang nicht ins Wahrnehmungsfeld. Welche Rolle kommt ihr im Ganzen des christlichen Engagments im Gesundheitswesen zu? Was ist ihr Beitrag zum christlichen Heilungsauftrag? Welche Talente bringen Klinikseelsorgende ins Gesundheitswesen ein? Diesen Fragen geht das folgende Kapitel nach.

172 Van Rooyen, A New Health Impetus for WCC.

173 Cochrane, Religion, Public Health and Church for the 21st Century, 63: »The language of assets, in the context of contemporary development theories about sustainable livelihoods and people-centred development practices, points to what people have available to them, no matter how disadvantaged they may be materially, politically and in other ways«.

3 Klinikseelsorgliches Mitwirken am christlichen Heilungsauftrag

Das letzte Kapitel betonte im Anschluss an den Weltkirchenrat: Der christliche Heilungsauftrag ist nicht exklusiv auf eine bestimmte Gruppe einzugrenzen, sondern als kirchlicher Grundauftrag anzusehen. Die christliche Klinikseelsorge ist *innerhalb* dieses gemeinsamen Auftrags verortet und spezifiziert ihn. Ein solches Verständnis führt zu einer heilsamen Selbstrelativierung klinischer Seelsorge. In ihrem Bemühen, die spirituelle Dimension in einem säkular geprägten Gesundheitswesen wach zu halten, steht sie nicht alleine da. Ihr spiritueller Auftrag wurzelt im christlichen Heilungsauftrag, der der kirchlichen Beauftragung vorausgeht und sich in ihr konkretisiert. Doch was bedeutet es, die klinikseelsorgliche Aufgabe so zu verstehen? Ist es die Aufgabe von Seelsorgenden, zur Heilung von Patient*innen beizutragen? Und wenn ja: zu welcher Heilung? Ist Seelsorge therapeutisch zu verstehen?

Fallbeispiel: Seelsorge auf der Neonatologie

Um die heilsame Qualität klinikseelsorglichen Handelns ebenso hervorzuheben wie die Bedeutung einer interprofessionellen Einbettung, sei zunächst ein Fallbericht zitiert. Verfasst wurde er vom reformierten Klinikseelsorger Patrick Jinks, der ihn 2018 zusammen mit den Kommentaren von Hans Evers und Jennifer Baird veröffentlichte.[174] Im Zentrum stehen ein unter Trisomie 18 leidendes Kind, das im Bericht den Namen Sarah trägt, sowie seine Mutter Jessica James. Zur ersten seelsorglichen Begegnung kommt es kurz nach der Diagnose der Trisomie in der 30. Schwangerschaftswoche.

174 Jinks, ›She's already done so much‹. Jinks präsentiert diesen Fall auch im Rahmen eines Webinars: https://www.youtube.com/watch?v=DxLIYiRZPek (16.10.2020).

Eine Pflegefachfrau des Palliative-Care-Teams, die die religiöse Verwurzelung der Mutter wahrnimmt, involviert Jinks als zuständigen Klinikseelsorger. Frau James erzählt dem Seelsorger von ihrem biografischen Hintergrund, ihrem Glauben, ihrem dreijährigen Sohn Jackson, den beruflichen Belastungen ihres Mannes, der pfingstkirchlichen Gemeinde, die sie vermisst, und von ihrer Hoffnung, das langersehnte Kind wenigstens für eine begrenzte Zeit in den Armen halten zu können. Zum medizinischen Versorgungsteam hat sie kein Vertrauen. Sie zweifelt daran, dass es ihren Wunsch, das Kind auszutragen und lebend zur Welt zu bringen, umfassend respektiert und unterstützt. Jinks bringt diese Bedenken im Anschluss an das Gespräch in das interdisziplinäre Versorgungsteam ein, dem es schließlich gelingt, das Misstrauen zu überwinden.

Zwei Wochen nach dem Erstbesuch kommt es zu einer Frühgeburt. Dank intensivmedizinischer Maßnahmen überlebt Sarah. Bei einem gemeinsamen Besuch auf der Neonatologie teilen die Eltern dem Seelsorger mit, wie glücklich sie über die Geburt ihrer Tochter seien. In den folgenden Monaten unterstützt Jinks die Eltern bei schwierigen Entscheidungen zu einer Herzoperation und einer Tracheostomie. Bei seinen Besuchen auf der Neonatologie verbringt er regelmäßig Zeit mit Sarah: »Wenn sie wach war, sangen wir Kinderlieder oder spielten mit den Spielsachen in ihrer Krippe. [...] Aufgrund ihrer Tracheostomie und des Beatmungsgeräts war es ihr nicht möglich, die typischen Kinderlaute von sich zu geben, doch konnte sie durch Lächeln, Runzeln und Schnalzen kommunizieren. In ihrer Entwicklung war Sarah nicht ein typisches sechsmonatiges Baby. Doch war es ihr möglich, zu interagieren und Liebe und Zuneigung zu empfinden.«[175]

Im siebten Monat verschlechtert sich ihr Allgemeinzustand. In Anwesenheit des Seelsorgers und der erweiterten Familie klären die Ärzte die Eltern über die kritische Situation auf und holen die Erlaubnis ein, bei Herzstillstand auf wiederbelebende Maßnahmen zu verzichten. Nachdem sich die Ärzte verabschiedet haben, bleibt die Familie im Krankenzimmer zurück. Es herrscht eine bedrückende Stille. Nach einer Zeit des Schweigens bietet der Seelsorger

175 Jinks, ›She's already done so much‹, 62.

an, für Sarah und ihre Eltern zu beten. In einem frei formulierten Gebet erinnert er an Sarahs so sehnlich gewünschte und erhoffte Geburt, an die vielen Nöte, die sie zeichneten. Ebenso erinnerte er an die schönen Erfahrungen, mit denen Sarah die mit ihr verbundenen Menschen während ihres kurzen Lebens beschenkte. Durch das Gebet verändert sich die Atmosphäre. Es schafft einen Rahmen, einen Boden für einen letzten Schritt. Getragen von dem vergegenwärtigten Vertrauen kann die Mutter ihr Kind, das kurz darauf stirbt, in Gottes Hände legen: »Es ist in Ordnung, Sarah, Du darfst gehen.«[176]

In ihren Kommentaren machen Hans Evers und Jennifer Baird darauf aufmerksam, dass der Seelsorger in diesem hier zusammengefassten Bericht eine mehrfache Mittlerfunktion erfüllt. Er vermittelt zwischen den Eltern und dem Versorgungsteam, zwischen Sarah und der pfingstkirchlichen Gemeinde, zwischen der Welt der Lebenden und jener der Verstorbenen. Jinks selbst beschreibt sich als »Boje der Hoffnung und inkarnatorische Zusicherung von Gottes Gegenwart«.[177] Diese vermittelnde Rolle, die durch eine spezifische institutionelle und religiöse Zugehörigkeit ermöglicht wird, drückt sich auch in den Gebeten aus, die der Fallbericht dokumentiert. Sie bringen die Sorge und Not ebenso zur Sprache wie Hoffnung und Dankbarkeit. Sie öffnen einen Horizont des Trostes und des Vertrauens.

Kommen wir zurück zu den Ausgangsfragen: Ist eine seelsorgliche Begleitung, wie sie in diesem Fallbeispiel geschildert wird, aus medizinischer Perspektive als »therapierelevant« zu beschreiben? Und wenn ja: Worin liegt genau ihre heilsame Wirkung? Was macht Seelsorge heilsam und wie verhält sich eine solche Seelsorge zum medizinisch-pflegerischen Versorgungsauftrag? Die folgenden Abschnitte suchen nach Antworten auf diese Fragen.

176 Jinks, ›She's already done so much‹, 63.
177 Jinks, ›She's already done so much‹, 63.

Heilsame Seelsorge

Klinikseelsorgende sind in ihrer Arbeit geleitet von ihrem eigenen Verständnis von Krankheit, Gesundheit und Heilung und seelsorglichen Zielsetzungen. Der Wunsch, dass ihr seelsorgliches Handeln für Patient*innen und ihre Angehörigen hilfreich und heilsam sein möge, ist für ihre Arbeit konstitutiv. Umso erstaunlicher ist es, wie zurückhaltend Seelsorgende oft sind, von dieser therapeutischen Dimension ihrer Arbeit zu sprechen. Zumindest im deutschsprachigen Raum begegnet man häufig einer abgrenzenden Sprache. Therapeutisch ist das, was die anderen Professionen kennzeichnet, nicht die Seelsorge.

Fallbeispiel: Christoph Morgenthalers »Systemische Seelsorge«

Das eben Beschriebene soll exemplarisch an Christoph Morgenthalers Werk *Systemische Seelsorge* aufgezeigt werden, das sich durch eine besondere Nähe zu therapeutischen Ansätzen auszeichnet. Wie bereits der Untertitel anzeigt (»Impulse der Familien- und Systemtherapie für die kirchliche Praxis«), geht es hier um eine Seelsorge, die sich in intensiver Weise psychotherapeutisch inspirieren lässt, und sich nicht scheut, systemtherapeutische Ansätze zu integrieren. Wie die rezipierten Therapieformen sei auch eine systemisch orientierte Seelsorge »in begleitender, kurativer und präventiver Perspektive« tätig.[178] Die Seelsorge, die »auf heilende Gemeinschaft« baue, könne Veränderungsprozesse moderieren und »life-cycle ceremonies« gestalten, die mitunter eine »heilende, ja, therapeutische Funktion« haben.[179]

Das therapeutische Potenzial einer systemisch orientierten Seelsorge wird in vielen Fallbeispielen vergegenwärtigt und analysiert. Umso auffälliger ist: Obwohl das Buch die therapeutische Wirkung systemischer Seelsorge detailreich beschreibt, wird seelsorgliches Handeln *nicht* so bezeichnet. Das Begriffsfeld des Therapeutischen bleibt für medizinisches und psychotherapeuti-

178 Morgenthaler, Systemische Seelsorge, 16.

179 Morgenthaler, Systemische Seelsorge, 10, 138 und 193.

sches Handeln reserviert. Wenn es mit Blick auf die Krankenhausseelsorge heißt, sie solle sich um eine gute interprofessionelle Kooperation bemühen, um »damit eine optimale, ganzheitliche Therapie, Pflege und Begleitung« zu ermöglichen,[180] so fragt sich, ob Seelsorge nicht als Teil einer solchen ganzheitliche Therapie zu betrachten ist.

Die auffällige Zurückhaltung, die therapeutische Dimension der Seelsorge explizit zu machen, hat kirchliche und biografische Hintergründe, die Morgenthaler an einem anderen Ort benennt: »Ich studierte zuerst Theologie, dann Psychologie, was mich in Kombination mit einer Lehranalyse veränderte, ging ins Pfarramt als Theologe/Psychologe, wurde dort als Theologe beansprucht, verstand mich aber eben so sehr als Psychologe. Wenn ich aber sagte, ich sei auch Psychologe, wurde ich als Theologe nicht mehr beansprucht, die Münder schlossen sich, wohl aus Vorsichtsgründen. Ich war mir lange Zeit auch selbst nicht schlüssig, ob ich mich als Theologen mit psychologischer Weiterbildung oder als Psychologen mit theologischer Vorbildung verstehen sollte. Heute verfüge ich über eine einigermassen gefestigte Identität, verstehe mich am ehesten als durch Psychotherapie veränderten Theologen«.[181]

Eine ähnliche Spannung findet sich auch in den Leitlinien für die evangelische Krankenhausseelsorge, die die EKD 2004 veröffentlichte. Auf der einen Seite wird hervorgehoben, dass die Seelsorge im Krankenhaus keine therapeutischen Dienste leiste, während auf der anderen Seite ihr die Aufgabe zugeschrieben wird, die heilsame Zuwendung Gottes zu vergegenwärtigen und die Kraft zum Menschsein zu stärken.[182] Einen Schritt weiter geht das 1998 von dem Sekretariat der Deutschen Bischofskonferenz veröffentliche Dokument *Die Sorge der Kirche um die Kranken*, das von »heilende[r] Seelsorge«

180 Morgenthaler, Systemische Seelsorge, 290.

181 Morgenthaler, Wie hat Psychotherapie die Seelsorgelehre und -praxis verändert.

182 EKD, Die Kraft zum Menschsein stärken, 15–17.

spricht[183] und ausführt: »In der Gestalt Jesu finden Seelsorger Vorbild und Maß für ihr eigenes Verhalten, um Menschen ohne Vorurteile anzunehmen und sich ihnen ›heilsam‹ zuzuwenden.«[184] Die Seelsorge stelle einen wesentlichen Beitrag zu einer »ganzheitlichen Medizin und Pflege« dar und stehe dafür ein, dass »die ›Sorge-Struktur‹ [...] in der modernen Medizin« nicht verlorengehe.[185] Dazu bedürfe es einer guten interprofessionellen Integration der Seelsorge:

> »Wenn Medizin und Pflege heute Seelsorge in ihrem Handlungskonzept mitbedenken und die Seelsorger in das therapeutische Team des Hauses oder einzelne Stationen einbezogen werden, erlebt der Patient unmittelbar, wie die unterschiedlichen Begleiter im Krankenhaus zu seinem Wohl und Besten tätig sind. Der Seelsorger kommt ohne Instrumente zum Patienten. Im Gegensatz zu den anderen Berufsgruppen im Krankenhaus, die eine konkrete Aufgabe am Patienten haben, wie Untersuchung, Diagnose oder Behandlung, läßt sich Krankenhausseelsorge also nur bedingt funktional beschreiben. Der Seelsorger verordnet oder behandelt nicht. Er kann jeweils nur sich selbst und seine Glaubensexistenz in die Begegnung mit dem Patienten einbringen. Dabei ist er sich bewußt, daß sein Dienst im Zusammenhang des therapeutisch-pflegerischen Helfens und Handelns transparent ist für die verschiedenen Weisen der Zusage und Nähe Gottes zu uns Menschen: als Beitrag zum Heilwerden des Menschen.«[186]

Es ist unbestritten: Seelsorgliches Tun ist, gerade im Kontext interprofessioneller Zusammenarbeit, von ärztlichem, pflegefachlichem und psychotherapeutischem Handeln zu unterscheiden. Seelsorge verdoppelt nicht die Arbeit gesundheitsberuflicher Therapeutik, kann

183 Sekretariat der Deutschen Bischofskonferenz, Die Sorge der Kirche um die Kranken, 22.

184 Sekretariat der Deutschen Bischofskonferenz, Die Sorge der Kirche um die Kranken, 27.

185 Sekretariat der Deutschen Bischofskonferenz, Die Sorge der Kirche um die Kranken, 22.

186 Sekretariat der Deutschen Bischofskonferenz, Die Sorge der Kirche um die Kranken, 22.

jedoch auf ihre Weise heilsam wirken: »Das Heilende der Klinikseelsorge lässt sich [...] nur dadurch herstellen, dass das Gespräch zunächst von der Last therapeutischer Zumutungen entlastet ist.«[187] Es gibt keinen Grund, den Therapiebegriff auf gesundheitsberufliches Handeln einzugrenzen. Eine solche Eingrenzung entspricht weder der biblischen Prägung dieses Begriffs noch dem christlichen Heilungsauftrag. Sie verdeckt das therapeutische Potenzial seelsorglicher Vollzüge und verengt die Selbst- und Fremdwahrnehmung der Seelsorge. Dietrich Stollberg sah in einer solchen Festlegung eine Art Stillhalteabkommen zwischen Medizin und Seelsorge, eine Form der seelsorglichen Selbstmarginalisierung:

> »Wo der Seelsorger bereitwillig toleriert wird, solange er nicht ›therapeutisch‹ tätig werde und solange er ›Grenzüberschreitungen‹ vermeide, geschieht dies, um den Seelsorger und seine Sache unschädlich zu machen. [...] Wo es um den realen Menschen geht, sind Grenzüberschreitungen gar nicht zu vermeiden: Seelsorge hat therapeutische Relevanz, weil Seele und Leib nicht auseinanderzudividieren sind.«[188]

Dass an dieser Stelle der Name Dietrich Stollbergs nochmals auftaucht, ist kein Zufall, gehörte doch der Mitbegründer der Deutschen Gesellschaft für Pastoralpsychologie und der Klinischen Seelsorgeausbildung in Deutschland zu den prononciertesten Vertretern einer ausdrücklich therapeutischen Seelsorge. In seiner umfassenden Darstellung der amerikanischen Seelsorgebewegung hält er fest, dass diese, indem sie sich den gesprächspsychotherapeutischen Ansatz von Carl Rogers zu eigen machte, »weitgehend identisch mit ›client-centered therapy‹« sei.[189] Stollberg begnügte sich jedoch nicht damit, die starke therapeutische Ausrichtung der US-amerikanischen Seelsorgebewegung herauszuarbeiten, sondern lieferte auch die theo-

187 Nassehi/Saake/Mayr, Mit Sterbenden sprechen, 84.

188 Stollberg, Mein Auftrag, 35.

189 Stollberg, Therapeutische Seelsorge, 137. Rogers begann in den 1940er Jahren, seinen Beratungsansatz auch als Psychotherapie zu bezeichnen, um damit den psychiatrisch-psychoanalytischen Alleinanspruch im therapeutischen Feld zu durchbrechen, vgl. Myers-Shirk, Helping the Good Shepherd, 91.

logische Begründung, die er in dieser vermisste. Stollberg argumentiert sowohl anthropologisch als auch professionslogisch:

> »Der therapeutische Charakter der Seelsorge ergibt sich aus der Ganzheit des Menschen, der sich als untrennbare Einheit gemeinschaftsbezogen, körperbezogen und geistbezogen erfährt. [...] Seelsorge als Kommunikation erfasst alle ›Bereiche‹ menschlicher Existenz und wirkt daher ebenso ›leibsorglich‹, wie die (z. B. ärztliche) Leibsorge auch seelsorgliche Effekte zeitigt; schließlich beeinflusst die psychosomatische Gesamtverfassung eines Menschen die Gemeinschaft, in der er lebt, und deren Dynamik wiederum bleibt nicht ohne Auswirkung auf den Zustand ihrer einzelnen Glieder. [...] Seelsorge als ein Eingriff in dieses psychosoziale und psychosomatische Gesamtgefüge eines Menschen ist daher auf jeden Fall therapeutisch oder antitherapeutisch wirksam. Und es entspricht mitmenschlicher Verantwortung, seelsorglich gezielte Kommunikation in all ihren soziologischen, psychologischen und somatologischen Wirkungen empirisch zu überprüfen.«[190]

Stollbergs Überlegungen zum therapeutischen Charakter klinischer Seelsorge wurden – trotz allgemeiner Anerkennung der von ihm mitbegründeten KSA – nur sehr zurückhaltend aufgenommen. Die Gründe dafür liegen nicht zuletzt in der Art und Weise, wie Stollberg seinem Anliegen Geltung zu verschaffen suchte. Seine thesenhaft zugespitzte Aussage, Seelsorge sei »Psychotherapie im Kontext der Kirche«[191], provozierte nicht nur kritische Rückfragen, sondern stellte sein ganzes Programm in ein schiefes Licht. Es geriet in den Verdacht, konstitutive professionelle Unterschiede zu nivellieren. Und wenn Seelsorge als »das Sakrament echter Kommunikation« beschrieben wird, das »sich die Partner aus der mit dem Mensch-Sein geforderten ›Solidarität der Not‹ heraus (im Vollzug ihres allgemeinen Priestertums) gegenseitig spenden«,[192] dann dürfte das

190 Stollberg, Mein Auftrag, 40.
191 Stollberg, Mein Auftrag, 63.
192 Stollberg, Mein Auftrag, 63.

nicht nur auf katholischer Seite ein Unbehagen geweckt haben. Eine solche Ausweitung des Sakramentsbegriffs mag unterstreichen, dass sich im Medium seelsorglicher Gespräche Gottes heilsame Nähe vermitteln kann. Doch gilt das für jedes Gespräch?

In Auseinandersetzung mit den Grenzen von Stollbergs Entwurf entwickelten sich in den letzten Jahrzehnten sehr unterschiedliche Ansätze einer therapeutisch orientierten Seelsorge. Sie bemühten sich insbesondere darum, das seelsorgliche Profil in einem deutlicheren Gegenüber zur Psychotherapie zu schärfen.[193] Eines der entfaltetsten Konzepte wurde 2004 vom Klinikseelsorger und Psychoanalytiker Wolfgang Reuter vorgelegt. Mit Blick auf den psychiatrischen Kontext kritisiert Reuter die herkömmliche Pastoralpsychologie, die sich an psychotherapeutische Verfahren anlehne und dabei »die der Seelsorge aus sich selbst gegebene redemptive Dimension« übersehe.[194] Ähnlich wie Stollberg konstatiert auch Reuter eine unausgesprochene Konkurrenzsituation zwischen Ärzten und Seelsorgenden, die er aus psychoanalytischer Perspektive als »gegenseitige Entmächtigung«[195] beschreibt. Geklärt werden könne dieser Konflikt nur durch eine klarere Unterscheidung zwischen dem seelsorglichen und dem ärztlichen Aufgabenfeld. Reuter beschreibt Letzteres als heilend und heilkundlich, während er für Ersteres das Adjektiv »heilsam« verwendet. Seelsorge sei heilsam, doch »kein therapeutisches Verfahren«; denn sie verfolge »keine heilkundlich orientierte Intention«.[196]

Das Adjektiv »heilsam« wird von Reuter eingeführt, um eine Differenz zu markieren.[197] Seelsorge hat weder dieselbe Aufgabe wie die

193 Vgl. Baumgartner, Heilende Seelsorge in Lebenskrisen. Zu nennen ist an dieser Stelle auch Eugen Biser, der die Theologie insgesamt therapeutisch zu reformulieren suchte.

194 Reuter, Heilsame Seelsorge, 178.

195 Reuter, Heilsame Seelsorge, 234.

196 Reuter, Heilsame Seelsorge, 8.

197 Dem entspricht auch die wortgeschichtliche Herkunft dieses Adjektivs. Im Althochdeutschen wurde es gebraucht »zur Bezeichnung dessen, was der Gesundheit und dem Wohlbefinden förderlich ist«, vor allem aber auch in Entsprechung zum heutigen »Heil« (ahd. *Heil* umfasst: »Heil, Glück, Gesundheit, glücklicher Zufall«); Möllmann, Die althochdeutschen Adjektive auf *-sam*, 94–97. Ich danke Franzisca Pilgram-Frühauf für den Hinweis auf diese Etymologie.

Medizin als Heilkunde, noch ist sie mit einem bestimmten therapeutischen Verfahren zu identifizieren.[198] Das Arbeitsfeld der Klinikseelsorge unterscheidet sich in verschiedener Hinsicht deutlich von einem medizinischen oder psychotherapeutischen Setting, in dem das therapeutische Vorgehen durch einen formellen oder informellen Behandlungsvertrag festgelegt wird. Dass die Seelsorge keine Therapien anbietet, bedeutet jedoch nicht, dass sie nicht dennoch therapeutisch wirksam sein und in einem interprofessionellen Kontext nicht zu palliativen, kurativen, rehabilitativen und präventiven Zielsetzungen beitragen kann. Auch klinische Sozialarbeiter*innen tragen zu diesen Zielsetzungen bei, ohne dass ihre Arbeit als therapeutisch im engeren Sinne zu bezeichnen wäre. Dass sie hilfsbedürftigen Menschen nützt und nicht schadet, gehört nicht allein zum Berufsethos der Seelsorge, sondern ist eine Grundbedingung dafür, um in Gesundheitsinstitutionen überhaupt tätig sein zu können. Entspricht sie ihrem eigenen Anspruch, ist auch eine Seelsorge, die »keine heilkundlich orientierte Intention« verfolgt, therapeutisch wirksam und deshalb auch aus medizinischer Sicht als therapierelevant zu beschreiben.

Damit ist allerdings erst ein erster, wenn auch grundlegender Schritt gemacht. Der zweite Schritt besteht darin, zu präzisieren, wann und in welcher Weise Seelsorge heilsam wirkt. Aus Kapitel 4 bietet sich die offene Formulierung an, dass seelsorgliches Handeln dann heilsam ist, wenn es in Orientierung an den Wünschen der Patient*innen zu palliativen, rehabilitativen, präventiven oder kurativen Zielen beiträgt. In diesen weitgespannten Rahmen passt auch, was weiter oben im Anschluss an Daniel Sulmasy und andere als seelische Heilung *(healing)* beschrieben wurde. Je nach Kontext kann »heilsam« als Qualitätsmerkmal seelsorglichen Handelns Unterschiedliches heißen: Seelsorge ist heilsam, wenn Menschen zu mehr Hoffnung, Klarheit, Vertrauen und Trost finden; wenn sie

198 Im Einzelnen wirft Reuters Entwurf viele Fragen auf, die hier nicht diskutiert werden können. So wird zwar betont, dass ein »über die engen Grenzen heilkundlichen Handelns hinausgehender, erweiterter« und theologisch angemessener Therapiebegriff auch die Aspekte »des Dienens, der Begleitung und der Pflege« umfasse (Reuter, Heilsame Seelsorge, 183), gleichzeitig wird jedoch »therapeutisch« an vielen Stellen mit »kurativ« gleichgesetzt.

ihre Krankheitssituation aus einer neuen, zukunftseröffnenden Perspektive sehen können; wenn sie eine gut erwogene Entscheidung zu treffen vermögen: für eine Therapie oder für einen Verzicht darauf; wenn sie in guter Weise Abschied nehmen können voneinander; wenn sie mitten in ihrer Not auf Gott zu vertrauen vermögen usw.

Zumindest am Rande vermerkt werden muss, dass alles, was hier über heilsame Seelsorge gesagt wird, nicht nur für die Seelsorge im Gesundheitswesen gilt. Selbstverständlich kann und soll auch Gemeindeseelsorge und Seelsorge in Gefängnis, Schule, Militär usw. »heilsame Seelsorge« sein. Der Unterschied bei der Seelsorge im Gesundheitswesen ist, dass sie aufgrund ihrer Verortung die therapeutische Dimension ausdrücklicher machen und sie im Horizont heutiger Medizin verantworten muss.

Klinikseelsorgliche Zielsetzungen

Seelsorge ist nur heilsam, wenn sie sich über ihre Ziele im Klaren ist und diese gegenüber anderen (Patient*innen, Angehörigen, Gesundheitsfachpersonen, Gesundheitsinstitutionen usw.) in transparenter Weise kommuniziert. Auch eine nicht direktive Gesprächsführung und absichtsloses Dasein sind eingebettet in klinikseelsorgliche Zielsetzungen und bedürfen einer kritischen Überprüfung, ob und in welchem Maße sie im konkreten Fall tatsächlich hilfreich und heilsam waren. Welches sind die Ziele, die seelsorgliches Handeln im Gesundheitswesen leiten? Und wie verhalten sich diese Ziele zu den weiter oben diskutierten Zielen der Medizin?

Für eine unverkrampfte und offene Diskussion dieser Fragen kann es hilfreich sein, daran zu erinnern, dass auch Richard Cabot, Anton Boisen und Helen Dunbar, die Begründer der CPE, sich diesbezüglich keineswegs einig waren.[199] Geleitet von seiner spirituellen Deutung mentaler Krankheiten, vertrat Boisen entschieden die Meinung, dass diese nur geheilt werden können, wenn deren spirituelle Wurzeln erkannt und thematisiert werden. Indem sie das in fach-

199 Vgl. die Darstellungen bei Stollberg, Therapeutische Seelsorge; Myers-Shirk, Helping the Good Shepherd.

kundiger und empirisch fundierter Weise tut, kann und soll klinische Seelsorge auch in einem kurativen Sinne wirksam sein. Nicht weniger als Ärzte, mit denen sie auf Augenhöhe zusammenarbeiten sollen, haben Seelsorgende nach Boisen eine therapeutische Aufgabe.

Demgegenüber konzipierte Cabot den Auftrag der Klinkseelsorge aus ärztlicher Perspektive. Was er ihr zutraut, ist auf den ersten Blick bescheidener. Die seelsorgliche Wirksamkeit liegt nicht auf der medizinischen, sondern der spirituellen Ebene. Seelsorge soll zur »spirituellen Reifung« der ihr anvertrauten Personen beitragen, zu einer Stärkung von Mitgefühl, Mut, Ehrlichkeit und Entschlossenheit. Dunbar schließlich teilte Cabots Bemühen um eine deutliche Unterscheidung zwischen dem ärztlichen und seelsorglichen Zuständigkeitsbereich, betonte jedoch ähnlich wie Boisen, dass seelische Heilungsprozesse sich auch auf die physische Heilung und Rehabilitation auswirken.

Entsprechend unterschiedlich sind Boisens, Cabots und Dunbars Modelle der Zusammenarbeit zwischen Medizin und Seelsorge: Während es bei Boisen um eine Zusammenarbeit zwischen unterschiedlich qualifizierten Therapeuten im Hinblick auf eine gemeinsame kurative Zielsetzung geht, so geht es bei Cabot und Dunbar eher um eine Abstimmung zwischen zwei Professionen, die zeitgleich und zugleich unabhängig voneinander dieselben Patient*innen in unterschiedlicher Hinsicht unterstützen.

Die durch Boisen und Cabot verkörperten Ansätze sind für den vorliegenden Zusammenhang gerade deswegen instruktiv, weil sie zwei Pole markieren. Beide haben, wenn auch in entgegengesetzter Richtung, eine Neigung zur Spiritualisierung. Während Boisen dazu tendiert, mentale Krankheiten zu spiritualisieren und ärztliche und seelsorgliche Aufgaben miteinander zu vermischen, so ist bei Cabot die Tendenz zu beobachten, beides voneinander zu trennen und die Wirksamkeit der Seelsorge in herkömmlicher Manier auf den spirituellen Bereich einzuhegen.

Im Horizont des oben skizzierten Krankheits- und Heilungsverständnisses, das die Unableitbarkeit der spirituellen Dimension ebenso betont wie ihre Verflochtenheit mit physischen, mentalen und sozialen Aspekten, ist sowohl Boisens als auch Cabots Verständnis der klinikseelsorglichen Ziele zu revidieren. Es ist weder möglich noch wünschenswert, klinikseelsorgliches Handeln auf eine spirituelle Zone einzugrenzen. Nolens volens beeinflussen Klinikseelsorgende mit ihrem Handeln therapeutische Prozesse – positiv und negativ.

Indem die Klinikseelsorge Menschen unterstützt und begleitet, ist sie sowohl aus eigener als auch aus medizinischer Perspektive therapierelevant, kann und soll sie doch das Ihre zu palliativen, kurativen, rehabilitativen und präventiven Zielsetzungen beitragen. Klinikseelsorge ist zwar nicht Teil des ärztlichen, pflegerischen oder psychotherapeutischen Behandlungsauftrags;[200] sie kann mit ihm jedoch konvergieren und ihn unterstützen. In verlässlicher Weise ist das allein durch eine intensive interprofessionelle Zusammenarbeit zu gewährleisten.

Das Ziel klinischer Seelsorge, krankeitsbetroffenen Menschen heilsam nahe zu sein und sie in ihrer Not zu unterstützen, ist zugleich auch Maßstab für eine kritische Selbstüberprüfung, die für eine Qualitätssicherung unerlässlich ist. Bereits in ihren Anfängen entwickelte die Klinische Seelsorgeausbildung zu diesem Zwecke angepasste Formen der Dokumentation, der Selbstreflexion und der Supervision und sah eine empirische Überprüfung und Grundlegung seelsorglicher Arbeit vor. Während sich supervisorische Fallbesprechungen auf der Basis von Verbatims über Jahrzehnte halten konnten, traten die praxisbegleitende Dokumentation und Forschung während einer längeren Periode in den Hintergrund, so dass sie vor gut zweieinhalb Jahrzehnten neu entdeckt werden mussten. Damit verband sich auch die Forderung nach einer ergebnisorientierten Seelsorge.

Ergebnisorientierung als neues Seelsorgeparadigma?

Professionelles Handeln im hochgradig komplexen und in ethischer Hinsicht heiklen Feld des Gesundheitswesens bemisst sich an allgemein akzeptierten Standards und zertifizierten Ausbildungswegen.

200 Sie hat damit gegenüber dem ärztlich-pflegerischen Versorgungsauftrag eine ähnliche Position inne wie die klinische Sozialarbeit.

In dem Maße, in dem von medizinischer Seite wahrgenommen wird, dass Seelsorge therapeutisch (oder »antitherapeutisch« in Stollbergs Sinne) wirksam ist, stellt sich die Aufgabe einer auch extern nachvollziehbaren Qualitätsüberprüfung und -sicherung. Diesem Anliegen ist der Ansatz einer *Ergebnisorientierten Seelsorge (Outcome Oriented Chaplaincy)* in besonderer Weise verpflichtet.

Fallbeispiel: Arthur Lucas' Weg zur Ergebnisorientierten Seelsorge

Entwickelt wurde die Ergebnisorientierte Seelsorge in den 1990er Jahren von Arthur Lucas, der damals als Klinikseelsorger am Barnes-Jewish Hospital in St. Louis/Missouri wirkte.[201] Lucas beschreibt die Genese dieses Ansatzes als einen persönlichen und gemeinschaftlichen Lernprozess. Der methodistische Theologe hatte den üblichen Weg der CPE durchlaufen und die Roger'schen Prinzipien internalisiert. Es habe sich ihm dabei fest eingeprägt, dass ein Verzicht auf therapeutische Ziele ein konstitutives Merkmal klinischer Seelsorge sei. Gerade ihre Absichtslosigkeit ermögliche es, ganz präsent bei notleidenden Menschen zu sein. Während eines längeren Suchprozesses, der durch äußeren Druck seitens des Spitalmanagements ausgelöst wurde, habe er jedoch zusammen mit seinem Seelsorgeteam entdeckt, dass sich Präsenz- und Zielorientierung nicht ausschließen müssen: »In unseren Erkundungen kamen wir zur Erkenntnis, dass das Präsentsein bei Patienten eine informierte Intentionalität beinhalten kann.«[202]

Jegliches seelsorgliche Handeln, auch das »absichtslose« Dasein, bewegt sich im Rahmen bestimmter Zielsetzungen. Will Seelsorge heilsam sein, so muss sie sich zum einen an den Bedürfnissen von Patient*innen orientieren und zum andern selbstkritisch überprüfen, in welchem Maße ihre Angebote von diesen tatsächlich

201 Im Folgenden greife ich zurück auf meine Darstellung in: Peng-Keller, Digitale Kommunikation klinischer Seelsorge.

202 Lucas, Introduction, 5.

als unterstützend und hilfreich erfahren werden. Lucas fordert in diesem Zusammenhang zweierlei: Erstens seien die Zielsetzungen und beobachteten Auswirkungen seelsorglichen Handelns um einer kritischen Selbstüberprüfung willen systematisch zu dokumentieren und zu evaluieren; zweitens soll die Wirksamkeit seelsorglichen Tuns auch in empirischen Forschungsprojekten untersucht werden.[203] Mit seiner Forderung nach Wirksamkeitsforschung[204] trifft sich Lucas mit Klaus Grawe, der in den 1990er Jahren die neue psychotherapeutische Wirksamkeitsforschung und -orientierung initiierte sowie einen Wandel von der »Konfession zur Profession« einforderte.[205]

Lucas beschreibt die Genese der Ergebnisorientierten Seelsorge als eine Art Bekehrungsprozess, der ihm und seinem Team neue Horizonte eröffnet habe. Handelt es sich dabei um einen Paradigmenwechsel in der Geschichte klinischer Seelsorge? Auch wenn dies von Vertretern dieses Ansatzes so gesehen wird,[206] dürfte es sich doch eher um eine Reform, um eine Rückkehr zu verschütteten Ideen handeln. Was die Ergebnisorientierte Seelsorge neu zur Geltung bringt – Klärung von seelsorglichen Zielsetzungen, Dokumentation und empirische Seelsorgeforschung –, sind Anliegen, die die CPE seit ihren Anfängen begleiten.[207] Selbst wenn die Konsequenzen einer stärkeren Wirksamkeitsorientierung nicht zu unterschätzen sind, stellt sich die Frage, ob sich allein daraus ein eigener Seelsorgeansatz ableiten lässt. Das Anliegen, auf die Wirksamkeit seelsorglichen Handelns zu

203 Vgl. Cadge, Paging God, 91: »The model focuses not on documenting what chaplains do but on documenting the effects their actions have.«

204 Zur Diskussion unterschiedlicher Forschungsparadigmas vgl. Peng-Keller, ›Spiritual Care‹ im Horizont Praktischer Theologie.

205 Grawe/Donati/Bernauer, Psychotherapie im Wandel. Vgl. dazu auch: Wampold/Imel/Flückiger, Die Psychotherapie-Debatte.

206 Vgl. die Programmschrift von Hall/Handzo/Massey, Time to move forward.

207 Stollberg, Therapeutische Seelsorge, 139 konstatierte 1969, dass »die Amerikaner in Umkehrung europäischer Tendenzen zu einer Überbetonung der Empirie neigen«, was sich allerdings in der Praxis als Vorteil erweise: »Für die amerikanische Poimenik bemißt sich der Wert der Seelsorge nach dem Grad und der Qualität zwischenmenschlicher Hilfeleistung. Es besteht eine Ähnlichkeit zwischen den Bewertungsmaßstäben diakonischer und seelsorglicher Arbeit.«

achten und sie empirisch zu überprüfen, lässt sich mit sehr unterschiedlichen Seelsorgeansätzen verknüpfen. Zudem ist kritisch zu fragen, ob die Vertreter einer Ergebnisorientierten Seelsorge nicht dazu neigen, das seelsorgliche *Tun* zu stark zu gewichten bzw. dessen Standardisierbarkeit zu überschätzen[208] und die Bedeutung des *Seins* zu vernachlässigen.[209] In welchem Maße vermag die Ergebnisorientierte Seelsorge, so wie sie sich gegenwärtig präsentiert, zu integrieren, was die durch Rogers geprägte KSA auszeichnete: die Präsenz- und Prozessorientierung?

Was die Wirksamkeitsforschung im Bereich der Psychotherapie gezeigt hat – dass der entscheidende therapeutische Faktor nicht eine bestimmte Methodik, sondern die Beziehungsqualität ist –, das gilt, wie die von Kerstin Lammer 2020 veröffentlichte EKD-Studie übereinstimmend mit früheren Studien[210] belegt, auch für die Seelsorge. Die Erwartungen an Seelsorge liegen gemäß dieser Studie »eher im Bereich psychosozialer bzw. therapeutisch-zwischenmenschlicher als im Bereich religiös-spiritueller Unterstützung«.[211] Als stärkster Wirkfaktor erwies sich die interpersonale Kompetenz der Seelsorgenden sowie die Fähigkeit, kirchlich verwurzelten *und* ungebundenen Rat- und Hilfesuchenden so zu begegnen, dass diese sich verstanden und akzeptiert fühlen.[212]

> »Viele Adressat_innen teilen ihr Erstaunen darüber mit, dass sie kirchliche Traditionen als unerwartet heilsam erlebten, wenn sie ihnen im Zusammenhang mit der seelsorglichen Aufnahme ihrer psychosozialen Anliegen angeboten wurden.«[213]

208 So die kritische Anfrage von Steve Nolan, vgl. Handzo/Nolan, Outcomes in Health ans Social Care Chaplaincy.

209 Swinton, Professional Identity and Confidence, 162.

210 Vgl. VandeCreek, How satisfied are patients with the ministry of chaplains?; Winter-Pfändler/Morgenthaler, Wie zufrieden sind Patientinnen und Patienten mit der Krankenhausseelsorge?

211 Lammer, Wie Seelsorge wirkt, 321.

212 Lammer, Wie Seelsorge wirkt, 323.

213 Lammer, Wie Seelsorge wirkt, 324.

Mit Blick auf die Forderung nach einer stärker ergebnisorientierten Seelsorge lässt sich die EKD-Studie doppelt lesen: einerseits als Beleg für Sinn und Relevanz einer Wirksamkeitsforschung und -überprüfung im seelsorglichen Bereich; andererseits als Bestätigung des Kernanliegens einer nicht-direktiven, auf wohlwollender Präsenz beruhenden kommunikativen Seelsorgepraxis, die auch auf rituelle Vollzüge zurückzugreifen vermag. Seelsorge ist umso wirksamer und heilsamer, je klarer sie ihre Zielsetzungen (zu denen auch ein nicht-direktives Vorgehen gehört) auszuformulieren vermag und je stärker sie das sie auszeichnende Intentionalitätsparadox zu entfalten vermag. Es besteht in einer bewussten Selbstzurücknahme, einer intentionalen Nicht-Intentionalität. Sie gründet in einem Vertrauen auf eine wirksame Präsenz, die christlich als Heiliger Geist verehrt wird.[214] Dem soll im nächsten Abschnitt weiter nachgegangen werden.

Sinn und Präsenz: Dimensionen heilsamer Seelsorge

Was macht Seelsorge heilsam? Sucht man in der Seelsorgeliteratur nach einer Antwort auf diese Frage, stößt man auf mehrere Fährten, wobei zwei sich besonders deutlich abzeichnen: Die eine führt zu Erfahrungen *heilsamer Präsenz,* durch die Verbundenheit und Nähe erfahrbar wird; die andere läuft auf *Sinnbildungsprozesse* zu, durch die sich Sinnhorizonte und neue Lebenszusammenhänge eröffnen.[215] Einfach gesagt, geht es bei diesen beiden Spuren, auf denen sich heilsame Seelsorge bewegt, um Beziehungsgestaltung und Lebensdeutung.[216] Mit Blick auf das eingangs eingeführte Fallbeispiel, der

214 Vgl. Lammer, Wie Seelsorge wirkt, 325: »In bemerkenswert vielen Fällen und in erstaunlich hohem Maße ist die Seelsorge auch zur missionarischen Gelegenheit für die Kirche geworden – offenbar umso mehr, je weniger sie mit missionarischer Absicht und mit missionarischem Impetus daherkam.«

215 Vgl. dazu auch Swinton/Kelly, Contextual Issues, die in ihrem Plädoyer, Klinikseelsorge als Heilungs- und Gesundheitsberuf zu verstehen, beide Aspekte betonen.

216 Zum empirischen Erweis dieser beiden Grunddimensionen vgl. Winter-Pfändler/Morgenthaler, Wie zufrieden sind Patientinnen und Patienten mit der Krankenhausseelsorge?

Seelsorge auf der Neonatologie, soll versucht werden, beides genauer zu beschreiben – und dabei auch gleich die Gedankenlinien zu bündeln, die in den vorausgehenden Kapiteln entwickelt wurden. Um dabei auch den christlichen Heilungsauftrag nochmals ins Spiel zu bringen, wende ich mich zunächst einer neutestamentlichen Erzählung zu, in der sich die beiden genannten Aspekte finden lassen.

Fallbeispiel: Die Heilung des Blinden in Betsaida (Mk 8,22–26)

Versteht man, wie hier vorgeschlagen, die neutestamentlichen Heilungserzählungen als Matrix des christlichen Heilungsauftrags, so fällt an der Geschichte von der Heilung des Blinden in Betsaida besonders das Prozesshafte auf. Obwohl das von Jesus benutzte Heilverfahren aufwändiger ist als sonst – er nimmt den Blinden bei der Hand, führt ihn zum Dorf hinaus, bestreicht seine Augen mit Speichel und legt ihm die Hände auf –, gelingt die Heilung nicht auf Anhieb. Zwar beginnt der Blinde schon beim ersten Versuch, Umrisse von Menschen zu sehen, und vergleicht sie mit umherlaufenden Bäumen. Doch erst nach nochmaligem Handauflegen sieht er scharf und deutlich. Die südafrikanische Theologin Yolanda Dreyer schlug vor, dies als Hinweis auf ein komplexes, mehrstufiges Heilungsgeschehen zu verstehen, in das auch jene involviert werden, die sich diese Erzählung nahe gehen lassen und dadurch zu einer neuen Sicht der Welt finden.[217]

Blickt man auf Jesus selbst, auf sein leib- und seelsorgliches Handeln, so ist bemerkenswert, wie intensiv er den Blinden berührt. Er sucht für dieses Berührungsgeschehen einen störungsfreien und sicheren Raum. Dazu nimmt er den Blinden bei der Hand und führt ihn aus dem Getriebe hinaus. Die heilsame Berührung findet an einem abgeschiedenen Ort statt. Heilung bedarf gesammelter Präsenz. Auf die behutsame Berührung folgen wenige Worte. Für die optische Feineinstellung, die Entwicklung einer neuen Sichtweise, braucht es den Dialog. Damit verschränken sich die zwei thera-

217 Dreyer, Material poverty and the poverty of excess.

peutischen Momente, die im Folgenden näher beleuchtet werden: heilsame Präsenz und befreiende Sinnbildungsprozesse.[218]

Während im geschilderten Heilungsgeschehen – ähnlich wie in der Emmaus-Erzählung – die heilsame Nähe *vor* der dialogischen Blickschärfung steht, dreht sich im Lesen und Hören dieser Erzählung die Reihenfolge um. Im Sich-Einlassen auf die Welt dieser Erzählung kann unsere Sicht so refiguriert werden, dass wir in eine unbemerkte Präsenz hineingeführt werden. Deshalb wende ich mich zunächst dem Aspekt der sprachlich vermittelten Sinnbildung zu.

Sinnereignisse an den Bruchstellen des Lebens

Klinikseelsorgliche Kommunikation bewegt sich oft an den Rändern der Sprache, tastet sich den Bruchstellen des Sinns entlang, an denen Widersinniges einbricht und das Gefüge eines Lebens zu zerbrechen droht. Die Erzählungen, denen Seelsorgende lauschen, sind nicht selten fragmentarisch – Bruchstücke, deren Sinn sich nicht leichthin erschließt und deren Gesamtzusammenhang sich oft entzieht. So wie im folgenden Fallbeispiel eines Seelsorgers:

Fallbeispiel: »É como uma bruxa!«

»Frau F., eine 25jährige Patientin mit portugiesischen Wurzeln, kam mit einer fortgeschrittenen Krebserkrankung auf unsere Palliativstation. Obwohl sie eine hohe Dosis Morphium bekam, hatte sie immer noch Schmerzen und war bei klarem Bewusstsein. In der Begleitung, die etwas mehr als eine Woche dauerte, war ihr Ringen sehr spürbar. Sie sagte mehrfach, dass sie leben wolle. Bei unserem letzten Gespräch ein bis zwei Tage vor ihrem Tod beschrieb sie mir

218 Die drei Grundmodelle heutiger Spiritual Care, die im ersten Kapitel beschrieben wurden, akzentuieren und konfigurieren diese beiden Momente auf unterschiedliche Weise. So macht es beispielsweise einen Unterschied, ob »heilsame Präsenz« eher in der Begegnung »von Angesicht zu Angesicht« festgemacht oder als energetisierendes Handauflegen verstanden wird.

ihren Zustand mit den folgenden Worten: ›É como uma bruxa!‹ ›It's like a witch,‹ übersetzte sie es mir: ›Es ist wie eine Hexe!‹ Das war eines ihrer letzten Worte. Bei meinem letzten Besuch, bei dem ich mich von ihr verabschiedete, war sie nicht mehr bei Bewusstsein.«[219]

Was die sterbende junge Frau zunächst in ihrer portugiesischen Muttersprache formuliert, ist ein prägnanter Ausdruck ihrer »total pain«. Der Seelsorger erzählte mir, es sei nicht mehr möglich gewesen, mit Frau F. über dieses starke Bild zu sprechen und seine Bedeutungen mit ihr auszuloten. Zu müde und zu schwach war sie zu diesem Zeitpunkt. Wie sie selbst ihre Aussage verstand, bleibt deshalb ungewiss. Auch das gehört dazu. Klinikseelsorge bewegt sich im Spannungsfeld zwischen Sinnsuche und der Erfahrung des Widersinns, des Unverständlichen. Es deutet viel darauf hin, dass die metaphorischen Aussagen, die Sterbende wählen, um ihr Erleben zu beschreiben, Versuche sind, das brüchige Verhältnis zwischen Sinn und Widersinn zur Sprache zu bringen.[220] Dies ist insofern nicht außergewöhnlich, als es für menschliche Artikulation grundsätzlich zutrifft. Doris Lessing drückt es in ihrer Nobelpreisrede so aus:

> »... es ist unsere Vorstellungskraft, die uns formt, erhält, erschafft – im Guten wie im Schlechten. Es sind unsere Geschichten, die uns wiedererschaffen, wenn wir zerrissen, verwundet, ja vernichtet sind. Es ist der Geschichtenerzähler, der Träume-Macher, der Mythen-Macher, der unser Phönix ist, der dann für uns steht, wenn wir am besten und am schöpferischsten sind.«[221]

Seelsorge kann an den Bruchstellen des Sinns heilsam wirken, wenn sie Imaginations- und Erzählräume anbieten kann, wenn sie Erzählfragmente und Sprachbilder aufnimmt und würdigt, wenn sie in ihrem Sprechen in der Eigensprache der Betroffenen bewegt und so

219 Das Beispiel entstammt einem Forschungsprojekt zu imaginativem Erleben in Todesnähe, vgl. http://p3.snf.ch/project-145093 (16.10.2020).

220 Vgl. Peng-Keller, Symbolsprachen Sterbender.

221 Lessing, Nobelvorlesung.

diesen selbst nahe bleibt. Im eingangs zitierten Fallbericht aus der Neonatologie spricht der Seelsorger am Sterbebett der todkranken Sarah ein Gebet, in dem die Grenzerfahrungen der zurückliegenden Monate einen Ausdruck finden. Im Modus des Dankes vergegenwärtigt er Sarahs kurzes Leben, das Geschenk ihrer Geburt und ihres Daseins. Durch das Gebet, das er in Gegenwart der erweiterten Familie spricht, wird die Not des Abschieds lebens- und glaubensgeschichtlich gerahmt, wird der Horizont geöffnet auf eine Verbundenheit, die den Abgrund des Todes überspannt. Damit bereitet der Seelsorger einen heilsamen Raum. Sein Gebet ermöglicht der Mutter, ihr sterbendes Kind in Gottes Hände zu legen: »Es ist in Ordnung, Sarah, Du darfst gehen.«

Der schottische Theologe John Swinton sieht die prophetische Aufgabe der Seelsorge darin, in klinischen Welten eine »transformative Imagination einzubringen, die Herausforderung und Heilungspotenzial zugleich darstellt«.[222] Weil sich diese transformative Imagination besonders im Medium des Erzählens vermittelt, bestehe die seelsorgliche Hauptaufgabe in einem »narrativen Aushandeln und narrativen Heilen«.[223] Es fragt sich, ob damit die Aufgabe der Seelsorge nicht allzu interventionistisch beschrieben wird. Im folgenden Fallbeispiel entsteht die »transformative Imagination« jedenfalls in der Patientin selbst:

Fallbeispiel: Von der sich entblätternden Buche zum blühenden Paradiesbaum

»Frau O., eine ältere Patientin mit einer Krebserkrankung im Terminalstadium, weist mich während eines Gesprächs auf die große, schöne Buche hin, die sich vor ihrem Fenster im Garten des Spitals erhebt. Es ist Herbst und sie hat schon viele Blätter verloren. Frau O. sieht sich selbst darin gespiegelt. Auch sie müsse mit Verlusten fertig werden und von vielem Abschied nehmen. Wie die Buche verliere sie alle Blüten und Blätter. Sie sagt dies nicht weinerlich, sondern sehr würdevoll und gefasst. Plötzlich beginnt sie zu lächeln

222 Swinton, Afterword, 300 (eigene Übersetzung).

223 Swinton, Afterword, 302 (eigene Übersetzung).

und berichtet mir von einer Linde, die in ihrem Leben wichtig war. Dieser Lindenbaum, der mitten auf einem Feld stand, war der Ort, wo Frau O. sich mit ihrem zukünftigen Bräutigam vor der Hochzeit regelmäßig traf. Daraufhin erzählt mir Frau O., sie stelle sich vor, dass diese Linde im Paradies unendlich schön blühen und dass sie ihren verstorbenen Mann wieder unter ihr treffen werde. Als ich mich von ihr verabschiede, liegt ein leichtes Lächeln auf ihrem Gesicht.«[224]

Die Seelsorgerin stellt Frau O. einen Resonanzraum zur Verfügung, in dem sich die Kraft der Imagination entfalten und vertiefen kann. Die entblätterte Buche, das Realsymbol für das zu Ende gehende Leben, verwandelt sich im Laufe des Gesprächs in eine frühlingshafte Linde, die Erinnerungs- und Verheißungsbild zugleich ist. In tagträumerischer Imagination kommt die Tiefe dieses zu Ende gehenden Lebens ebenso zum Vorschein wie das, was Frau O. an der Todesschwelle mit (Vor-)Freude erfüllt.

Seelsorgende bewegen sich oft in Randzonen klinischer Welten, die von biomedizinischen Erfolgsgeschichten bestimmt werden. In ihren Besuchen tauchen sie ins Zwischenreich tagträumerischer Hoffnung und alltäglichen Erzählens ein, in denen die klinische Wirklichkeit imaginativ überschritten wird. Dies gilt insbesondere für jene Wirklichkeitserzählungen, die in visionären Erlebnissen gründen und die auch deshalb schwer mitteilbar sind, weil sie unter dem Verdacht des Pathologischen stehen.[225] Indem Seelsorgende durch behutsames Nachfragen zum Erzählen ermutigen, diesem Raum geben und das Mitgeteilte validieren,[226] tragen sie dazu bei,

224 Peng-Keller, Symbolische Kommunikation in Todesnähe, 133.

225 Peng-Keller, Sinnereignisse in Todesnähe.

226 Dass in solchem Erzählen die Seelsorgenden selbst zu Empfänger werden können, betont Roser, Einleitung – Seelsorge im Krankenhaus, 32: »Die Mitteilung des Evangeliums als Rede von Gott erklingt nicht erst aus dem Mund der Seelsorgeperson. Das Gegenüber erzählt von Gott in eigenen Worten, schildert individuelle Spiritualität und bringt sie ins Gespräch mit dem oder der Religionsexpert*in.«

dass sich inmitten von Krankheit Sinnhorizonte erschließen und klären können.

Was im eben zitierten Fallbeispiel als rundum tröstliche palliative Imagination erscheint, kennt auch andere, spannungsreichere und appellativere Formen, die nach einer aktiveren seelsorglichen Antwort verlangen. So in dem folgenden Beispiel einer längeren Sterbebegleitung:

Fallbeispiel: »Ich muss dringend nach Hause«

»Frau L., die zwischen 50 und 60 Jahre alt war, lag mit einer Krebserkrankung im Terminalstadium über Wochen auf der onkologischen Station. Sie war bereits stark geschwächt und konnte sich nur noch sehr undeutlich mitteilen. Die Ärzte und Pflegenden rechneten schon seit längerem mit ihrem Tod und wunderten sich, dass sie immer noch lebte. Für das Pflegepersonal war sie sehr schwierig. Ihre anhaltende Unruhe und ihr endloses und unverständliches Rufen waren äußerst belastend. Die Wort- und Satzfetzen konnten als verzweifeltes Drängen verstanden werden, nach Hause gehen zu wollen. Immer wenn Frau L. wahrnahm, dass jemand in ihre Nähe kam, begann sie, um Hilfe zu rufen.

Das war auch das erste, was ich bei ihr erlebte. Ein Dialog mit ihr war nicht möglich. Verständnisfragen kamen nach meiner Wahrnehmung nicht bei ihr an. Mir blieb nur die Möglichkeit, gut zuzuhören und zu beobachten – und gelegentlich zu bestätigen, dass ich ihr Rufen höre, aber noch nicht verstehe. Ab dem dritten Besuch wurden mir ihre Hilferufe allmählich etwas verständlicher. Ich versuchte, die Wort- und Satzfetzen in einen Zusammenhang zu bringen, was umso schwieriger war, da ich Frau L. nicht kannte und nichts über ihren Lebenshintergrund wusste. Es glich dem Zusammensetzen eines Puzzles mit fehlenden Teilen. So verstanden bedeuteten die Hilferufe: »Ich muss dringend nach Hause, um noch etwas zu erledigen, etwas in Ordnung zu bringen.« Als ich ihr mitteilte, was ich glaubte, verstanden zu haben, reagierte sie heftig, ohne sich verständlich ausdrücken zu können. Das kam bei mir so an: »Also, wenn Sie mich schon verstanden haben, dann helfen Sie mir jetzt, sofort!«

Nach der ersten Verunsicherung wurde mir klar, wie ich ihr helfen könnte, zur Ruhe zu kommen und loslassen zu können. Während der folgenden Besuche, die zwischen 45 und 60 Minuten dauerten, teilte ich ihr behutsam und in kleinen Schritten mit, was ich wahrnahm und zu verstehen meinte:

»Sie möchten unbedingt noch etwas erledigen, etwas in Ordnung bringen.«

»Es macht Ihnen große Sorgen, es macht Ihnen Angst, dass Sie es nicht erledigen können.«

»Ich stelle fest, wie sehr Sie sich verantwortlich fühlen.«

»Sie haben den guten Willen. Mehr ist in ihrer Situation nicht verlangt.«

»Sie dürfen beruhigt sein, es wird jetzt alles gut.«

Zwischen den einzelnen Aussagen versuchte ich wahrzunehmen, ob sie bei Frau L. ankamen. Tatsächlich wurde sie zunehmend ruhiger. Wie ich vom Pflegepersonal erfuhr, hielt die Wirkung am Anfang allerdings nur etwa eine halbe Stunde an. Ich besuchte Frau L. nun täglich, und was ich ihr immer in gleicher Weise sagte, wurde zu einem Ritual. Schritt für Schritt und in möglichst gleichen Worten ging ich mit ihr immer denselben Weg. Nach und nach stellte sich bei Frau L. eine dauerhaftere Ruhe ein. Sie starb gut zwei Wochen, nachdem ich sie zum ersten Mal besucht hatte.«[227]

Wie in Patrick Jinks Fallbericht ist das seelsorgliche Handeln in diesem Beispiel interprofessionell eingebettet. In Zusammenarbeit mit dem Versorgungsteam unterstützt der Seelsorger Frau L. und konzentriert sich dabei auf den schwer zugänglichen Sinn ihres dringlichen Appells. Immer deutlicher nimmt er Frau L.s Wunsch wahr, unbedingt noch etwas in Ordnung zu bringen, ebenso wie ihre Verzweiflung, genau das nicht mehr tun zu können. Die genaue Wahrnehmung von Frau L.s Not ist die Grundlage für die weiteren Schritte. Das seelsorgliche Handeln wird durch die Zielsetzung bestimmt, möglichst genau auf die wahrgenommene Not einzugehen und sie

227 Peng-Keller, Symbolische Kommunikation in Todesnähe, 135.

so zu lindern. Dazu werden mehrere längere Besuche eingeplant, in denen der Seelsorger Frau L.s Bedrängnis zunächst verbalisiert und validiert und ihr immer wieder zuspricht, dass die gute Absicht zählt und »jetzt alles gut« wird. Verspricht er ihr damit nicht weit mehr, als was aus der unmittelbaren Situation zu erschließen ist? Äußert sich in dem »jetzt wird alles gut« seine persönliche Überzeugung oder entspricht es lediglich der Erwartung, dass es die Aufgabe der Seelsorge ist, Menschen Trost zuzusprechen? Woran liegt es, dass der Trost im vorliegenden Beispiel nicht billig wirkt?

Versucht man herauszuarbeiten, was Seelsorge heilsam macht, erreicht man an dieser Stelle einen kritischen und erhellenden Punkt; denn zum einen zeigen sich an dem eben nachgezeichneten Vorgehen alle Kennzeichen einer heilsamen Seelsorge; zum anderen dürfte ein Konsens darüber bestehen, dass billiger Trost nicht heilsam ist. Wie sieht eine Seelsorge aus, die bei ihrem Bemühen, eine »transformative Imagination einzubringen, die Herausforderung und Heilungspotenzial zugleich darstellt«,[228] nicht in diese Falle tappt?

Donald Capps verdeutlicht das Problem an den Freunden Hiobs.[229] Eliphas wählt den Weg der unterstützenden Seelsorge und versucht, Hiobs spirituelle Ressourcen zu aktivieren: »Ruf doch! [...] ich würde Gott befragen und Gott meine Sache vorlegen, der Großes und Unergründliches tut, Wunder, die niemand zählen kann« (5,1.8 f.). Bildad erinnert an die Verlässlichkeit überlieferter Tradition und ermutigt Hiob, sich daran zu orientieren (8,8–10). Zofar, der am längsten schweigt, versucht Hiob mit lehrhafter Rede zu besänftigen (20,1–29). Doch weder Appell, noch Ermahnung, noch Belehrung tragen dazu bei, Hiob zu trösten. Ganz im Gegenteil: Die Reden dieser Freunde, die in ihrer Langatmigkeit noch den heutigen Leser ermüden, sind lästig, sie helfen dem Leidgeplagten nicht weiter. Durch Worte, mögen sie noch so gut sein, kann Hiob nicht getröstet werden. Was ihn zu Beginn und zu Ende seines Leidens tröstet, ist die Erfahrung heilsamer Präsenz.

228 Swinton, Afterword, 301 (eigene Übersetzung).

229 Capps, Reframing, 111 ff. Ich greife hier zurück auf Peng-Keller, Kommunikation des Vertrauens in der Seelsorge.

Heilsame Präsenz

Was Seelsorge heilsam macht, ist nicht allein in dem zu suchen, was sie *tut,* sondern ebenso in dem, was sie *ist* und was sie *präsent werden lässt.* Mehr noch als im vorangegangenen Abschnitt geht es dabei um vor- und transverbale Sinndimensionen, um »somatische, emotive oder atmosphärische Tiefenschichten [...] des Sinns«,[230] der sich sprachlich und imaginativ artikuliert. Bereits Richard Cabot und Russell Dicks waren dieser Präsenzdimension auf der Spur, als sie bemerkten, dass Stille und Gesprächspausen eine therapeutische Wirkung haben können.[231] In einer jüngeren Studie wird dies als »compassionate silence« beschrieben und von einem schweigenden Zuhören unterschieden, das den anderen zum Erzählen einladen möchte. »Compassionate silence« zeichnet sich durch achtsame und erwartungsfreie Zugewandheit aus, durch eine Haltung also, die Sicherheit und Ruhe vermittelt, jedoch seitens der Begleitperson gerade die Bereitschaft erfordert, sich selbst ganz auf den aktuellen Moment einzulassen und geduldig beim anderen zu verweilen.[232] Es ist zu vermuten, dass es im obigen Fallbeispiel genau diese zugewandte Präsenz ist, die es ermöglicht, dass die tröstlichen Worte Frau L. erreichen. Auch in Patrick Jinks Fallbericht geht dem Abschiedsgebet ein solches Schweigen voraus: »Jessica und Seve weinten beide lautlos, während die Familie in Stille um sie stand. Ich blieb präsent, verweilte still in einer Ecke, das Gewicht dieses Moments erspürend und zulassend. Sarah lag im Sterben.«[233] In diesem Moment schweigenden Daseins verdichtet sich, was Jinks selbst als Auftrag beschreibt, als Seelsorger Gottes Gegenwart zu verkörpern. Die professionelle Rolle des Klinikseelsorgers wird in diesem Moment geöffnet auf eine transprofessionelle Dimension, die in Jinks Glaubensüberzeugung gründet. Achtsam zugewandte Präsenz ist hier gleichermaßen eine professionelle Haltung *und* ein spiritueller Vollzug.

230 Angehrn, Sinn und Nicht-Sinn, 53.

231 Cabot/Dicks, The art of minstering to the sick, 207, 212.

232 Back/Bauer-Wu/Rushton/Halifax, Compassionate silence; Peng-Keller, Leiden, Schmerz und Compassion im Horizont von Spiritual Care.

233 Jinks, ›She's already done so much‹, 63.

Es ist das bleibende Verdienst Carl R. Rogers auf die therapeutische Relevanz einer solchen Grundhaltung aufmerksam gemacht zu haben. Angesichts der bleibenden (und durch die *Ergebnisorientierte Seelsorge* eher noch gesteigerte) Versuchung zu seelsorglichem Interventionismus ist dieses Rogersche Erbe nach wie vor bedeutsam, so anachronistisch eine solche non-intentionale Präsenz in funktional durchorganisierten Welten auch erscheinen mag. Man könnte darin sogar den Kern heilsamer Seelsorge sehen: Sie ist gerade dadurch therapeutisch wirksam, dass die durch eine offene Präsenz, die ganz auf den Anderen ausgerichtet ist, den »anthropologischen Passiv«[234] zur Geltung bringt und die Erfahrung unbedingten Angenommenseins vermittelt. So sehr Seelsorgende immer wieder neu auf die Bedeutung dieses qualifizierten Präsentseins hinweisen, wird seelsorgliche Professionalität genau an diesem Punkt regelmäßig in Frage gestellt. In ihrer Studie zur Seelsorge in Gesundheitsinstitutionen Londons formulierte Helen Orchard diese Anfrage in aller Schärfe. Sie bezweifelt, dass eine »›Leere-Hände-Ideologie‹ (oder Theologie)« Grundlage professionellen Handelns darstellen kann. Denn: »während jemand ein/e Expert*in in religiösen Belangen sein kann, bedarf der ›Leere-Hände-Ansatz‹ keiner Expertise«.[235] Orchards Anfrage erinnert an Arthur Lucas' kritische Revision des Rogerschen Ansatzes und der Forderung nach einer zielbewussteren und ergebnisorientierten Seelsorge. Braucht ein einfaches Dasein an einem Kranken- und Sterbebett eine professionelle Expertise? Ist dies nicht etwas, was viele familiäre und ehrenamtliche Begleitpersonen ebenso gut können? Im Hintergrund von Orchards Anfrage scheint die Vorstellung zu sein, dass professionelles Handeln im Gesundheitswesen an der Beherrschung von Techniken ablesbar ist, die sich grundsätzlich von alltäglichen Vollzügen unterscheidet. Kennzeichnend für professionelle Seelsorge ist jedoch gerade, dass sie Praktiken, die in einem religiösen Lebensvollzug verankert sind – Gebet, spirituelle Kommunikation, Schweigen usw. – in besonderer Weise kultiviert, um sie in reflexiver Weise in bestimmten professionellen Kontexten ausüben zu können.

234 Vgl. Stoellger, Passivität aus Passion.
235 Orchard, Hospital Chaplaincy, 139 (meine Übersetzung).

Das gilt in besonderer Weise auch für die eben beschriebene qualifizierte Präsenz. Die ihr innewohnende heilsame Kraft beschreibt Rogers in einem späten, 1982 gehaltenen Vortrag in persönlichen Worten:

> »Wenn ich mich sanft und achtsam in die verletzliche innere Welt eines anderen Menschen einlasse, dann ist das eine der stärksten Wachstumskräfte, die ich kenne. Wenn ich meine Ansichten, Werte und Vorurteile vorübergehend beiseite zu legen vermag; wenn ich mich einfinden kann in dem Schreck, der Sorge, dem Schmerz, der Wut, der Zärtlichkeit, der Verwirrung, die sein oder ihr Leben erfüllt; wenn ich mich in dieser inneren Welt zu bewegen vermag, ohne Urteile zu fällen; wenn ich diese Welt mit frischen, unerschrockenen Augen sehen kann: dann kann ich ein Begleiter dieser inneren Person sein und auf die gefühlten Bedeutungen dessen, was erlebt wird, hinweisen. […] Es gibt noch einen anderen, sehr feinen Faktor in der heilenden Beziehung, den ich erlebt habe und den ich Präsenz nennen würde. […] Ich stelle fest, dass, wenn ich meinem inneren intuitiven Selbst am nächsten bin, wenn ich irgendwie mit dem Unbekannten in mir in Kontakt bin, wenn ich mich vielleicht in einem leicht veränderten Bewusstseinszustand befinde, dann scheint alles, was ich tue, voller Heilung zu sein. Dann ist einfach meine Gegenwart befreiend und hilfreich.«[236]

An dieser Stelle greift Rogers auf eine Passage aus seinem 1980 erschienenen Buch *A Way of Being* zurück. Darin geht er nicht nur ausführlich auf die therapeutische Bedeutung achtsamer Präsenz ein, sondern erkennt in ihr auch eine spirituelle Dimension. Er gesteht, diese bislang zu wenig ausdrücklich berücksichtigt zu haben. Und er unterscheidet die Erfahrung achtsamer Präsenz deutlich von gedanklichen Prozessen:

> »Es scheint, dass mein innerer Geist *[spirit]* die Hand ausgestreckt und den inneren Geist des anderen berührt hat. Unsere Bezie-

236 Rogers, New World – New Person (meine Übersetzung).

hung transzendiert sich selbst und wird Teil von etwas Größerem. Tiefes Wachstum, Heilung und Energie vergegenwärtigen sich.«[237]

Die Stärke von Rogers therapeutischem Ansatz, mit dem er während des Zweiten Weltkriegs den moralistischen Charakter bisheriger Beratungs- und Seelsorgeansätze überwand[238], zeigt sich auch im Vergleich mit den achtsamkeitsbasierten psychotherapeutischen Verfahren der Gegenwart, die heilsame Präsenz ebenfalls in systematischer Weise kultivieren. Dass achtsame Präsenz als ein eigenständiger therapeutischer Wirkfaktor identifiziert wurde und dass eine solche Haltung direkt mit spirituellen Praktiken verknüpft ist und methodisch eingeübt werden kann, ist zweifellos eine Bestärkung eines klinikseelsorglichen Bemühens um eine solche Grundhaltung. Doch fehlt achtsamkeitsbasierten Therapieverfahren oft genau das, was seelsorglich entscheidend ist: die Einbettung achtsamer Präsenz in kommunikative Vollzüge.[239]

Was eine solche kommunikative Präsenz heilsam macht, lässt sich noch weiter präzisieren.[240] In einer Studie zur spirituellen Begleitung von Sterbenden unterscheidet Steve Nolan zwischen vier Formen seelsorglicher Präsenz.[241] Die erste beschreibt er als *evokativ*. Sie entspricht dem, was weiter unten als Symbolgehalt der Seelsorgerolle thematisiert werden wird, und dem damit verbundenen »Übertragungsgeschehen, das einsetzt, sobald eine Seelsorgerin in einem Krankenzimmer erscheint. Mit ihr tritt unvermittelt das ganze ›Alpenpanorama‹ von Glaube, Kirche und Christentum in den

237 Rogers, A Way of Being, 129 (meine Übersetzung); Rogers, Der neue Mensch, 80.

238 Myers-Shirk, Helping the Good Shepherd, 90–95.

239 Der Versuch, achtsamkeitsbasierte Therapieverfahren *als solche* in eine klinikseelsorgliche Praxis zu integrieren, muss sich noch bewähren. In dem bereits erwähnten *US Department of Veterans Affairs* (VA) ist die *Acceptance and Commitment Therapy* (ACT) bereits Teil der klinischen Seelsorgeausbildung, vgl. die Fallberichte von Janet Hanson und Valerie C. Sanders in: Fitchett/Nolan, Case Studies in Spiritual Care.

240 Vgl. Miller/Cutshall, The art of being a healing presence.

241 Nolan, Chaplain as ›Hopeful Presence‹; ders., Spiritual Care at the End of Life.

Raum.«[242] Heilsam ist Seelsorge nur dann, wenn sie dieses Übertragungsgeschehen wahrnimmt und bewußt damit umgeht. Dies gilt insbesondere dort, wo Seelsorgende nicht verschüttete spirituelle Ressourcen, sondern negative Erinnerungen und Gefühle wecken.

Fallbeispiel: Evokative Präsenz

In der Analyse seiner Gespräche mit Seelsorgenden bemerkt Nolan, dass auch negativ gefärbte Übertragungen Anlass für einen heilsamen Prozess sein können. Einer der befragten Seelsorger beschreibt sein Vorgehen in solchen Situationen als eine performative Korrektur von vorgefassten Vorstellungen: »Man läuft nicht davor weg ... wenn man dabei bleiben kann ... man arbeitet sozusagen in die entgegengesetzte Richtung [...] durch die Begegnung mit einer religiösen Gestalt, die als solche erkennbar ist, die anders ist und auf eine Weise handelt, die sich von der Art und Weise unterscheidet, wie sie es von einer religiösen Gestalt erwarten würden, in Bezug auf Haltung und so weiter und insbesondere in Bezug auf Akzeptanz – das mag Menschen helfen, in eine bestimmte Richtung weiterzugehen«.[243] Die Erfahrung, die sich durch einen solchen Umgang mit negativen Projektionen erschließen kann, beschreibt Nolan in einem praktischen Syllogismus:

»der Seelsorger repräsentiert Gott,
der Seelsorger akzeptiert mich, so wie ich bin,
deshalb wird Gott mich (schließlich) annehmen, wie ich bin.«[244]

Bei Wolfgang Drechsel findet sich dafür das folgende Beispiel: »Eine junge Seelsorgerin geht ins Krankenzimmer und stellt sich vor. Patientin: ›Ich brauche keine Seelsorge. Ich werde morgen sowieso entlassen.‹ Kurze Pause, dann scharf: ›Und ich bin sowieso palliativ.‹ Und ehe die Seelsorgerin auch nur ein Wort sagen kann, heftig: ›Da brauchen Sie gar nicht so zu schauen.‹ Die Seelsorgerin kann nichts

242 Morgenthaler, Wie hat Psychotherapie die Seelsorgelehre und -praxis verändert.
243 Nolan, Chaplain as ›Hopeful Presence‹, 171.
244 Nolan, Chaplain as ›Hopeful Presence‹, 172.

mehr tun. Ihr wird nicht nur das Reden verwehrt, sondern sogar das Schauen. Sie macht kurz ihre Ohnmacht zum Thema und verabschiedet sich dann. Allerdings treibt sie diese Situation danach heftig um. [...] Nach einer Supervisionssitzung am selben Tag, in der es um ein Verstehen der Situation im Sinne dieses *containment* geht, besucht die Seelsorgerin die Patientin noch einmal – gleichsam um zu dokumentieren, dass sie die Gefühlsgewalt gestern überlebt hat. ›Ich wollte nur nochmal kurz vorbeischauen, um mich zu verabschieden, wenn sie jetzt entlassen werden.‹ ›Ach, schön, dass sie nochmal kommen‹ – und sie führen ein langes, anrührendes Gespräch, in dem die Patientin ihre Krankheitsgeschichte, ihre Verzweiflung und all das entfaltet, was am Tag vorher in diesen drei Sätzen verborgen war.«[245]

Die zweite Form seelsorglicher Präsenz nennt Nolan *begleitend.* Die befragten Seelsorger*innen beschreiben sie als ein Eintreten in die Dunkelheit der von ihnen begleiteten Person, als Aushalten ihrer Not und Verzweiflung, ohne etwas Bestimmtes erwirken zu wollen. Dass die junge Seelsorgerin im eben zitierten Fall nochmals zu der Patientin gegangen ist, sich nochmals in ihre Not hineingewagt hat, ist ein Beispiel für ein solches seelsorgliches Containment. Die dritte Form seelsorglicher Präsenz, die Nolan als *tröstlich* beschreibt, gleicht jener Haltung, die weiter oben als »compassionate presence« eingeführt und am Beispiel von Patrick Jinks veranschaulicht wurde.

Fallbeispiel: Tröstliche digitale Präsenz

In seiner Darstellung geht Nolan, wie die bisherige Seelsorgeliteratur insgesamt, selbstverständlich davon aus, dass seelsorgliche Präsenz auch physische Präsenz bedeutet. Dass seelsorgliche Präsenz auch bei physischer Distanz möglich ist, belegen die vielfältigen Formen der Telefonseelsorge. Durch neue technologische Möglichkeiten und die Corona-Pandemie haben sie sich nochmals

245 Drechsel, Sterbenarrative aus der Sicht der Krankenhausseelsorge, 246.

stark erweitert.[246] In einer irischen Studie über die Begleitung von Patient*innen, die aufgrund von pandemiebedingten Restriktionen nicht mehr besucht werden konnten, beschreiben Michael Byrne und Daniel Nuzum die Erfahrungen seelsorglicher Begegnungen per Videoanruf und Tablets: »In einer Situation, in der Patient*innen alle Mitarbeiter im Schutzanzug antreffen, bestand einer der unmittelbaren Vorteile eines virtuellen Video-Seelsorgeangebots darin, dass keine Schutzkleidung getragen werden musste; der Patient kann also von Angesicht zu Angesicht sehen und gesehen werden. Der Einsatz von Technologie überwand so die unvermeidliche Barriere der Schutzkleidung und verringerte dadurch die Depersonalisierung und das ›Othering‹ sowohl des Patienten als auch der Seelsorgenden. Seelsorge hängt ja in entscheidendem Masse von unserer Fähigkeit ab, Signale auf der Beziehungsebene wahrzunehmen, Augenkontakt herzustellen, zu schweigen, zu lächeln und zu nicken, um die Patient*innen wissen zu lassen, dass sie gehört und gesehen werden.«[247]

Als *hoffnungsvolle Präsenz* schließlich umschreibt Nolan das Paradox eines gemeinsamen Ankommens und Verweilens in einer Gegenwart, die hoffnungsschwanger ist, obwohl in kurativer Hinsicht keine Hoffnung mehr besteht. Nolans Unterscheidungen und Beschreibungen, die zweifellos einer weiteren Präzisierung bedürfen, sind ein bemerkenswerter Versuch, herauszuarbeiten, inwiefern sich die Professionalität klinischer Seelsorge gerade in anspruchsvollen Lernprozessen eingeübten Formen des bewussten Nicht-Tuns und Präsent-Seins erweisen kann. Läßt sich jedoch ausweisen, dass eine solche seelsorgliche Präsenz tatsächlich heilsam ist? Die Ergebnisse der oben zitierten EKD-Studie weisen in diese Richtung. Eine nicht zu unterschätzende Quelle sind auch Krankheits- und Sterbeerzählungen von Patient*innen, in denen sich seelsorgliches Wirken abbildet. Ein Beispiel dafür ist der Bericht der Kinderrechtsaktivistin Malala Yousafzai.

246 Noth, »Teleseelsorge«.
247 Byrne/Nuzum, Pastoral Closeness in Physical Distancing (o. S.).

Fallbeispiel: Rehabilitative muslimische Seelsorge

»Am 16. Oktober, eine Woche nach dem Anschlag [vom 9. Oktober 2012 durch die Taliban], wachte ich auf. Ich war Tausende von Kilometern von zu Hause entfernt, hatte einen Schlauch im Hals, der mir beim Atmen half, und ich konnte nicht sprechen. [...] Eine nette dunkelhaarige Frau mit einem Kopftuch ergriff meine Hand und sagte: ›*Asalaamu alaikum*‹ [...]. Dann sprach sie Gebete auf Urdu und rezitierte Verse aus dem heiligen Koran. Sie sagte mir, ihr Name sei Rehanna und sie sei die muslimische Seelsorgerin[248]. Ihre Stimme war sanft, und ihre Worte schenkten mir Trost, also ließ ich mich von ihnen erneut in den Schlaf wiegen. [...] Wirklich ruhig war ich nur, wenn Rehanna bei mir war. Sie sprach Gebete zur schnelleren Heilung, und wenn ich konnte, murmelte ich einige der Worte mit. Am Ende brachte ich immer ein *amin* heraus«.[249]

Kehren wir zurück an den Anfang dieses Kapitels, das um die Frage kreiste, was Seelsorge heilsam macht. Die Antwort auf diese Frage wurde in zwei Erfahrungsdimensionen gesucht, die charakteristisch sind für seelsorgliche Begegnungen: in Sinnbildungsprozessen an Bruchstellen des Lebens und in prä- und transverbalen Erfahrungen heilsamer Präsenz. Die zitierten Fallbeispiele belegen, dass sich beide Dimensionen in vielfacher Weise miteinander verflechten. Dies gilt in besonderer Weise für rituelle Vollzüge.

248 Da im Englischen hier »chaplain« steht, habe ich die deutsche Übersetzung, die »muslimische Predigerin« wählt, an dieser Stelle angepasst.

249 Yousafzai/Lamb, Ich bin Malala, 321 f. und 325. Ich danke Dilek Uçac-Ekinci für den Hinweis auf diese Stelle. Es sei bei dieser Gelegenheit angemerkt, dass ich selbstverständlich davon ausgehe, dass es »heilsame Seelsorge« auch in muslimischen, jüdischen und weiteren Gestalten gibt.

Fallbeispiel: Aaronitischer Segen (Num 6,24–26)

Kerstin Lammer machte darauf aufmerksam, dass dort, wo der Aaronitische Segen mit weit ausgebreiteten Händen zugesprochen wird, eine humane Ursituation wachgerufen wird: das leuchtende und zugewandte Angesicht der Mutter: »Berührt sein und gehalten, angesehen werden und das Gesicht des anderen dabei leuchten sehen. Augen, die leuchten, weil sie dich sehen – ich glaube, es ist das Geheimnis des aaronitischen Segens, dass er die archaisch tiefe Sehnsucht in uns anspricht, so in Liebe angeschaut zu sein.«[250] Der Segensgestus und die damit verbundene Zuwendung verkörpert, was die Segensworte hörbar machen: die Urerfahrung des Bejahtseins und des Zu-sich-Kommens im Blick des Anderen. Lammers veranschaulicht die seelsorgliche Bedeutung dieses Segens mit dem folgenden Fallbeispiel: Eine Seelsorgerin »besucht Herrn D., Anfang 50, Leiter einer Behörde, am Vorabend einer großen Operation. Im Gespräch konzentriert sich Herr D. ganz auf die Thematik seiner Arbeit: Was er vor dem Krankenhausaufenthalt noch erledigt oder übergeben hat, was ohne ihn schwierig werden wird, wann er wieder zum Arbeitsplatz zurückkehren und was dann dort anliegen wird. Auf die bevorstehende Operation angesprochen, erläutert Herr D. scheinbar unbeteiligt technische Details und die Erfolgsstatistik derartiger Eingriffe; eigene Gefühle und Gedanken äußert er nicht. Herr D. signalisiert, dass er das Gespräch beenden möchte. Die Seelsorgerin bietet an, ihn noch zu segnen. Zu ihrer Überraschung stimmt Herr D. sofort zu. Als die Seelsorgerin ihm die Hand auflegt und spricht: ›Der Herr segne dich und behüte dich, der Herr lasse sein Angesicht leuchten über dir und sei dir gnädig, der Herr erhebe sein Angesicht auf dich und gebe dir Frieden‹ […], treten Herrn D. Tränen in die Augen. Er ergreift die Hand der Seelsorgerin. Schweigend und mit geschlossenen Augen hält er sie eine Weile lang fest. Dann öffnet er die Augen und sagt: ›Vielleicht geht es ja doch gut. Danke!‹«[251]

250 Ich zitiere aus einer unveröffentlichte erste Fassung von: Lammer, Segnen. Ich danke Kerstin Lammer für das Zur-Verfügung-Stellen dieser Fassung.

251 Lammer, Segnen, 229 f.

Rückblick und Überleitung

Im Horizont des christlichen Heilungsauftrags, dem der zweite Teil dieses Buchs gewidmet ist, stehen Klinikseelsorgende in der Mitverantwortung für eine gute und gerechte »Care«[252]. Durch ihre Arbeit können sie zu palliativen, rehabilitativen, präventiven und kurativen Zielsetzungen beitragen. Wie Gesundheit und Heilung nicht in der Alleinzuständigkeit der Medizin liegt, ist auch das Gesundheitswesen keine rein medizinische oder klinische Angelegenheit, sondern es bedarf einer gesellschaftlichen und politischen Gestaltung und ist sowohl grundrechtlichen als auch ethischen Vorgaben verpflichtet. Die Arbeit, die die Klinikseelsorge leistet, hat sich gleichermaßen an allgemeinen ethischen und therapeutischen Kriterien zu bemessen wie am eigenen Anspruch, leidenden Menschen in stärkender und tröstlicher Weise beizustehen. Es liegt in der Intentionalität klinischer Seelsorge, dass sie heilsam wirken will. Sie möchte dazu beitragen, dass schwerkranke Menschen und ihre Angehörigen in Notsituationen Trost, Klarheit und Hoffnung finden. Da es die Klinikseelsorge mit hochgradig verletztlichen Menschen zu tun hat, gehört eine kontinuierliche Selbstüberprüfung zur professionellen Verantwortung. Dass sich die Spitalseelsorge in den vergangenen Jahrzehnten weitgehend unter dem Radar der medizinisch-therapeutischen Qualitätsprüfung in einer oft »unglaublichen Unabhängigkeit«[253] bewegte, hat ihrer Glaubwürdigkeit nicht gut getan. Wie kann aber die Seelsorge überprüfen und ausweisen, dass sie ihrem eigenen Anspruch sowie den externen Erwartungen, die an sie herangetragen werden, tatsächlich genügt?

Die *Ergebnisorientierte Seelsorge* antwortet auf diese Frage, indem sie eine Klärung seelsorglicher Zielsetzungen einfordert und sich um deren empirische Überprüfung bemüht. Entgegen dem Selbstverständnis einiger ihrer Vertreter handelt es sich dabei jedoch nicht um einen Paradigmenwechsel in der Geschichte klinischer Seelsorge, sondern um eine konsequente Weiterführung der Anliegen

252 Das deutsche Wort »Gesundheitsversorgung« wirkt an dieser Stelle allzu technisch.

253 Spoerri, Spitalseelsorge als Anachronismus, 143.

der Seelsorgebewegung des 20. Jahrhunderts. Wie gezeigt wurde, waren ihre Gründerfiguren – Richard Cabot, Anton Boisen und Helen Dunbar – von der Überzeugung geleitet, dass klinisch ausgebildete Seelsorgende in spezifischer Weise zum Wohl von Patient*innen beitragen können und deshalb auch – ähnlich wie die von Cabot initiierte klinische Sozialarbeit – konsequent in die interprofessionelle Zusammenarbeit einzubeziehen sind. Das bedeutet einen Verzicht auf eine »unglaubliche Unabhängigkeit«, doch keine Aufgabe des eigenen professionellen Selbstverständnisses und spirituellen Profils. Das seelsorgliche Mitwirken als therapeutisch relevant zu erachten, bedeutet nicht, dieses medizinisch zu funktionalisieren oder zu meinen, der Sinn der Seelsorge erschöpfe sich in ihrem Beitrag zu gemeinsamen Zielsetzungen. Ebensowenig folgt daraus, dass Seelsorge zum Teil eines medizinischen Behandlungsplans und zur ausführenden Instanz ärztlicher Entscheidungen wird. Ganz im Gegenteil: je klarer die Seelsorge artikulieren kann, inwiefern sie heilsam zu wirken vermag und was sie zur interprofessionellen Care beiträgt, desto wahrscheinlicher ist es, dass sie in dem wahrgenommen und geschätzt wird, was sie selbst als ihren Auftrag erkennt.

Nicht nur in Gesundheitsinstitutionen, sondern auch in der Seelsorgeliteratur ist es überfällig, sich von der veralteten, wenn auch nach wie vor wirksamen Vorstellung zu verabschieden, die Gesundheitsversorgung liege primär in ärztlichen Händen, während die übrigen Professionen, wie Ministranten hinter Priestern, als ärztliches Hilfspersonal in der zweiten Reihe stehen und nach Bedarf hinzugezogen werden. Die Rolle von Klinikseelsorgenden im interprofessionellen Team gleicht jener klinischer Ethiker*innen und Sozialarbeiter*innen. Während erstere ihre kritisch-beratende Aufgabe nur wahrzunehmen vermögen, wenn sie eine eigenständige Position gegenüber dem behandelnden medizinisch-pflegerischen Team haben, so bemisst sich die klinische Sozialarbeit an Zielsetzungen, die von ärztlichen Zielen deutlich zu unterscheiden sind. Beides trifft auch für die Seelsorge als spezialisierte Spiritual Care zu. Damit haben wir auch schon das nächste Kapitel aufgeschlagen.

III Klinikseelsorge als spezialisierte Spiritual Care

Die Idee, mit Achatscheiben zu arbeiten, kam Sigmar Polke durch eine bekannte Illumination aus dem 13. Jahrhundert. Auf ihr entwirft die göttliche Weisheit den Kosmos mit einem Zirkel.[254] Die kreisförmige Erdscheibe, die in den Händen des göttlichen Künstlers entsteht, erinnert an die Achatschnitte, die Polke schließlich fürs Zürcher Großmünster auswählte. Aus ihnen formte der Künstler sieben farbenreiche Fenster, die zwar nach außen gehen, doch einen Blick ins Innere der Materie, in die Tiefe der Zeit eröffnen. Was im Innern dieser Steine passiert, wirkt nicht abgeschlossen. Eher hat man beim Betrachten den Eindruck, einem emergenten Geschehen beizuwohnen, in dem sich langsam die Konturen einer künftigen Wirklichkeit abzeichnen.

In ähnlicher Weise gleicht auch die derzeit zu beobachtende Entwicklung, in der sich die Klinikseelsorge mehr und mehr zu einer spezialisierten Profession im Gesundheitswesen herausbildet, einem emergenten Prozess, in dem sich feste Formen erst andeutungsweise abzeichnen. Vieles ist noch im Fluss. Was sich schon zeigt, sind keine abgeschlossenen Gestalten, sondern eher Figuren der Öffnung. Diese Figuren sollen im dritten Teil dieses Buchs nachgezeichnet und dadurch prägnant gemacht werden. Leitend ist dabei die Unterscheidung zwischen *gesundheitsberuflicher* und *seelsorglicher* Spiritual Care, die zunächst, im sechsten Kapitel, in Auseinandersetzung mit der aktuellen Seelsorgediskussion eingeführt wird. Im Horizont interprofessioneller Spiritual Care, so die zu begründende These, ist Seelsorge als spezialisierte Spiritual Care zu profilieren. Im Anschluss daran erkundet das siebte Kapitel, was es bedeutet, die Klinikseelsorge als spezialisierte Profession im heutigen Gesundheitswesen zu stärken. Im letzten Kapitel wende ich mich schließlich dem Spannungsfeld zu, das sich zwischen spiritueller Verwurzelung klinischer Seelsorge und ihrer Professionalisierung auftut.

254 Codex Vindobonensis 2554, fol. 1 v., Österreichische Nationalbibliothek.

1 Seelsorgliche und gesundheitsberufliche Spiritual Care

Mit dem Vorschlag, klinische Seelsorge als spezialisierte Spiritual Care zu verstehen, positioniert sich dieses Buch innerhalb der aktuellen Diskussion um interprofessionelle Spiritual Care.[255] Aus theologischer Perspektive fällt an dieser Diskussion zweierlei auf: Zum einen überrascht, dass die Theologie in ihr insgesamt bislang eine eher marginale Rolle spielt. Ähnlich verhält es sich in der internationalen Diskussion, die durch psychologische, medizinische und pflegewissenschaftliche Perspektiven geprägt wird. Dem entspricht zum andern, dass es in den eher spärlichen theologischen Gesprächsbeiträgen nicht selten zu einer schroffen Gegenüberstellung von Seelsorge und Spiritual Care kommt. In dieser Hinsicht unterscheidet sich die deutschsprachige Diskussion deutlich von der englischsprachigen, in der die Krankenhausseelsorge durchgehend als eine bestimmte Gestalt von Spiritual Care betrachtet wird. Wie ist es zu erklären, dass es in dem deutschsprachigen Raum zu der besagten Kontrastierung kommen konnte?

Blickt man auf den aktuellen Sprachgebrauch, könnte man zunächst vermuten, dass es sich vornehmlich um ein Sprachproblem handelt. Bereits durch eine flüchtige Internet-Recherche lässt sich feststellen, wie vielfältig die Vorstellungen sind, die sich gegenwärtig mit dem Label »Spiritual Care« verbinden. Orientiert man sich an der Herkunft des Begriffs, stößt man demgegenüber auf eine überraschende Eindeutigkeit. Bis weit ins 20. Jahrhundert bezeichnet »spiritual care« genau das, was in der deutschen Sprache Seelsorge heißt. Ein Beispiel aus der deutschen Nachkriegsgeschichte mag das belegen. Auf An-

255 In diesem Kapitel greife ich zurück auf die folgenden Vorarbeiten: Peng-Keller, Professionelle Klinikseelsorge im Horizont interprofessioneller Spiritual Care; ders., Spiritual Care und klinische Seelsorge im Horizont globaler Gesundheitspolitik.

trag des damaligen Bundeskanzlers Konrad Adenauer diskutierte der Deutsche Bundestag 1953 eine Gesetzesvorlage, die den Beitritt der Bundesrepublik Deutschland zum Genfer Rotkreuz-Abkommen ermöglichen sollte.[256] Zu diesem Zweck wurde auch der englische und französische Urtext dieses Abkommens ins Deutsche übersetzt. Der Artikel 37 lautet: »Fällt das geistliche, ärztliche und Lazarettpersonal, dem die ärztliche oder seelische Betreuung […] obliegt, in Feindeshand, so wird es geschont und geschützt«. Im englischen Original steht für »ärztliche oder seelische Betreuung«: »medical or spiritual care«. Das Dokument bezeichnet also mit »spiritual care«, dem allgemeinen Wortgebrauch folgend, den seelsorglichen Tätigkeitsbereich.

Diese Bedeutung ist in der englischsprachigen Literatur nach wie vor präsent. Spiritual Care klingt in der angelsächsischen Welt seelsorgenah. Exemplarisch dafür ist, dass das informative britische *Handbook of Chaplaincy Studies* den Untertitel trägt: *Understanding Spiritual Care in Public Places*[257] und dass die von George Fitchett und Steve Nolan herausgegebenen *Case Studies in Healthcare Chaplaincy* überschrieben sind mit: *Spiritual Care in Practice.*[258] Und in der Selbstbeschreibung des im Sommer 2017 an der Katholischen Universität Leuven neu errichteten *European Research Institute for Chaplains in Healthcare* ist zu lesen, es gehe um ein »research institute initiated by chaplains for chaplains to enhance spiritual care practice«.[259] Doch geht es tatsächlich nur um ein Sprachproblem, wenn in der deutschsprachigen Diskussion Spiritual Care und Seelsorge in ein Konstrastverhältnis zueinander gesetzt werden?

»Spiritual Care« in deutschsprachigen Seelsorgediskussionen

Im deutschsprachigen Raum ist »Spiritual Care« ein Terminus mit Migrationshintergrund. Er ist erst in den letzten zwei Jahrzehnten in

256 http://dipbt.bundestag.de/doc/btd/02/001/0200152.pdf (16.10.2020).
257 Swift/Cobb/Todd, A Handbook of Chaplaincy Studies.
258 Fitchett/Nolan, Spiritual Care in Practice.
259 http://www.pastoralezorg.be/page/erich/ (Zugriff: 22.10.2020).

das Sprachfeld von Seelsorge und Gesundheitswesen eingewandert. Seine spezifische Migrationsgeschichte, die jene des Begriffs »Spiritualität« wiederholt,[260] dürfte zumindest einer der Gründe sein, dass er in kirchlichen Kreisen bis vor Kurzem als Fremdkörper wahrgenommen wurde. Manche sahen in ihm gar ein trendiges Label für eine Entwicklung, die die Krankenhausseelsorge in ihrer bisherigen Form unterspült. Die Ansiedelung der ersten deutschsprachigen Professur für Spiritual Care an einer Medizinischen Fakultät konnte zudem als Signal gedeutet werden, dass die Medizin das Feld gesundheitsbezogener Spiritualität für sich beansprucht. Wenn darüber hinaus betont wurde, dass »Spiritual Care [...] kein Synonym für Krankenhausseelsorge und auch nicht an die Seelsorgenden delegierbar«[261] ist, lag es nahe, Spiritual Care als primär gesundheitsberufliche Aufgabe zu verstehen.

Diese Vorstellung wurde dadurch terminologisch fixiert, dass sich hüben wie drüben die uniformierende Rede von dem »Konzept Spiritual Care« einspielte. Ungeachtet der Tatsache, dass schon die beiden ersten Inhaber der Münchner Professur, Eckhard Frick und Traugott Roser, durchaus unterschiedliche Akzente setzten, legte sich der irreführende Eindruck nahe, ein solches Konzept bedeute letztlich, die traditionelle konfessionelle Seelsorge in eine gesundheitsberufliche Aufgabe zu überführen. Dazu passte, dass Eckhard Frick in seiner im Dezember 2010 gehaltenen Antrittsvorlesung eine programmatische Äußerung des Zürcher Theologen Oskar Pfister zitierte. Dieser schrieb im Jahre 1926 an Sigmund Freud:

> »Ohne Zweifel wird es ein außerkirchliches Seelsorgeamt geben, sogar ein nichtreligiöses. Wenn nur Menschen gut und glücklich gemacht werden, mit oder ohne Religion, wird der liebe Gott freundlich lächelnd dieser Arbeit zunicken.«[262]

260 Der Begriff »Spiritualität« verbreitete sich erst in der zweiten Hälfte des 20. Jahrhunderts im deutschen Sprachraum, zunächst mit einer stark katholischen Prägung. Vgl. Peng-Keller, Zur Herkunft des Spiritualitätsbegriffs; Peng-Keller, Genealogies of ›spirituality‹.

261 Frick, Wie arbeitet Spiritual Care, 68.

262 Noth, Sigmund Freud – Oskar Pfister, 220 (Brief vom 10.09.1926).

Die theologisch gebildeten Zuhörerinnen und Zuhörer dieser Antrittsvorlesung mögen sich gefragt haben, ob der Verweis auf ein »außerkirchliches Seelsorgeamt« als Geste des Wohlwollens zu verstehen war, die an die anwesenden Gesundheitsfachpersonen gerichtet war, oder ob damit programmatisch die Transformation der kirchlich verantworteten Seelsorge in eine säkulare Spiritual Care angekündigt werden sollte.

Vor diesem Hintergrund lässt sich die erste Phase der theologischen Diskussion zu Spiritual Care im deutschen Sprachraum als Reaktion auf eine vermeintliche Engführung verstehen, die man als das »Konzept Spiritual Care« zu identifizieren glaubte. Symptomatisch dafür ist Doris Nauers 2015 veröffentlichtes Buch *Spiritual Care statt Seelsorge?*. Obwohl darin zunächst eine Vielfalt sich widerstreitender Konzepte vergegenwärtigt wird, spricht Nauer dann zunehmend von »dem Konzept Spiritual Care« im Singular,[263] wobei ihr hauptsächlich die Position Eckhard Fricks vor Augen zu stehen scheint. »Spiritual Care« wird verstanden als Sammelbegriff für Entwicklungen im Gesundheitswesen (Palliative Care, medizinische Instrumentalisierung von Spiritualität, religiös ungebundene Seelsorge usw.), die allesamt in einem externen Verhältnis zu einer kirchlich beauftragten Krankenhausseelsorge stehen und aus seelsorgetheoretischer Perspektive kritisch zu befragen sind.

Gegen eine solche Konstrastierung von Seelsorge und Spiritual Care ist *erstens* einzuwenden, dass damit ein übervereinfachendes Bild der aktuellen Entwicklung gezeichnet wird. Eine derartige Gegenüberstellung mag elegant, eingängig und auch beruhigend sein. Duale schaffen klare Verhältnisse. Allerdings ist eine solche Komplexitätsreduktion nur zum Preis von Ausblendungen zu haben. Anders als die Rede von »dem Konzept Spiritual Care« es nahelegt, zeichnet sich das Forschungs- und Praxisfeld Spiritual Care, wie die vorangegangenen Kapitel belegen, durch eine Vielfalt an Modellen

263 Um nur eine Belegstelle dafür zu zitieren: »Dass dem Konzept Spiritual Care ein anthropologisches Defizit anhaftet, lässt sich gegenwärtig kaum verleugnen« (Nauer, Spiritual Care statt Seelsorge?, 100). Am Rande vermerkt sei, dass ich viele Anliegen und Anfragen Nauers teile und hier lediglich die Engführung von »Spiritual Care« auf ein bestimmtes Konzept kritisiere.

und Ansätzen aus, die sich nicht zwanglos homogenisieren lassen. Zudem ist auch der Seelsorgebegriff keineswegs eindeutig und wird seit Längerem von unterschiedlichen Akteuren auf unterschiedliche Weise in Anspruch genommen. Wie das obige Zitat von Oskar Pfister und Viktor Frankls 1948 erschienenes Buch *Ärztliche Seelsorge* zeigen, wurde bereits in der ersten Hälfte des 20. Jahrhunderts intensiv über eine säkulare Seelsorge nachgedacht.

Eine Kontrastierung von Seelsorge und Spiritual Care ist *zweitens* weder begriffsgeschichtlich noch sachlich naheliegend. Wenn *spiritual care* bereits seit Jahrzehnten als Synonym für *pastoral care* fungiert und die damit verbundenen Begriffsfelder christlich geprägt sind, gibt es keinen guten Grund, diesen Terminus nicht auch für klinikseelsorgliches Handeln in Anspruch zu nehmen. Diesen christlich durchtränkten Terminus exklusiv auf gesundheitsberufliches Handeln anzuwenden oder lediglich als organisatorischen Begriff zu benutzen, wäre auch berufspolitisch nicht besonders klug. Wenn die Kirchen in Deutschland, der Schweiz und Österreich derzeit vor einer Wahl stehen, dann nicht vor jener *zwischen* Seelsorge *und* Spiritual Care, sondern *ob* und *wie* sie die im ersten Teil beschriebenen Wandlungsprozesse im Gesundheitswesen weiter mitgestalten wollen.

Die konzeptionelle Fixierung von Spiritual Care auf ein *bestimmtes* Konzept paarte sich, wie bereits erwähnt, mit einer passenden Genealogie, die wenig hinterfragt wird. Die Ursprünge spätmoderner Spiritual Care, so das verbreitete Narrativ, seien in der modernen Hospizbewegung zu suchen. Diese Ursprungserzählung verkennt, dass spätmoderne Spiritual Care, wie im ersten Kapitel gezeigt, sehr unterschiedlichen Quellen entspringt. Spiritual Care monolinear aus der Hospizbewegung herzuleiten, bedeutet insbesondere zu übersehen, dass auch die Seelsorgebewegung des 20. Jahrhunderts und das kirchliche Engagement im Gesundheitswesen wesentlich zu dieser Genealogie gehören.

War es während der Aufbauphase der deutschsprachigen Klinikseelsorgeausbildung in den 1970er-Jahren essenziell, das Verhältnis zu Psychologie und Psychotherapie zu klären, so dürfte heute stärker die Frage im Vordergrund stehen, wie sich die Krankenhausseelsorge im langsam entstehenden Gefüge interprofessioneller Spiritual Care verortet. Durch die skizzierten Entwicklungen verändert sich das Verhältnis zwischen den beteiligten Professionen. Wenn Pflegefachpersonen, Ärztinnen oder Psychoonkologen beginnen, in ihrer Arbeit spirituelle Aspekte zu thematisieren und diese in interprofessionelle Rapporte einbringen und in digitalen Krankenakten dokumentieren, hat dies Konsequenzen für die seelsorgliche Arbeit und Berufsrolle. In welcher Weise kann und soll die Seelsorge sich an der interprofessionellen Kommunikation und Dokumentation beteiligen? Wie lässt sich gewährleisten, dass sich die beteiligten Fachpersonen fruchtbar ergänzen und Rollendiffusionen vermieden werden?

Begriffs- und berufspolitische Weichenstellungen

Sprache schafft Wirklichkeit. Begriffe präformieren Entscheidungen. Wer Seelsorge und Spiritual Care kontrastiert, setzt andere berufspolitische Akzente als jemand, der Seelsorge als eine spezialisierte Form von Spiritual Care beschreibt. Allein schon begriffs- und berufspolitisch dürfte christliche Seelsorge alles Interesse daran haben, diesen Terminus, der ihrer eigenen Tradition entstammt, auch für sich selbst zu beanspruchen.[264] Sich um der eigenen Unabhängigkeit willen aus dem interprofessionellen Lernprozess Spiritual Care herauszuhalten, hieße zudem, die Chance zu verpassen, diesen selbst mitzugestalten. Will man hingegen den längst vollzogenen Paradigmenwechsel von der Krankenseelsorge zur Kranken*haus*seelsorge unter veränderten Bedingungen weiterführen, so bedeutet dies, die interprofessionelle Zusammenarbeit zu verstärken und sich für neue Wege zu öffnen.

Aufgrund ihrer Ausbildung und ihres Selbstverständnisses sind klinische Seelsorgende nach wie vor Spezialist*innen in einem Aufgabenfeld, in dem Pflegefachpersonen, Ärztinnen und Ärzte und andere gesundheitsberufliche oder soziale Fachpersonen im besten Falle einen Grundversorgungsauftrag wahrnehmen können.

264 Genau dies tut die EKD in ihrer 2020 veröffentlichten Schrift *Spiritual Care durch Seelsorge.*

Um diese rollenspezifischen Aufgaben zu verdeutlichen, bietet sich die Unterscheidung zwischen *gesundheitsberuflicher* und *seelsorglicher* Spiritual Care an, wie sie auch vom Europäischen Netzwerk für Krankenhausseelsorge (ENHCC) vertreten wird.[265] Die Unterscheidung betont zunächst verschiedene Spezialisierungsgrade, die sich analog zu jener zwischen Allgemeinpraktikern und Fachärzten verstehen lässt.[266] Ärztinnen und Ärzte, Pflegefachpersonen und Angehörige anderer patientennaher Berufe tragen zur spirituellen Grundversorgung bei, wenn sie die spirituelle Dimension bewusst in ihre Arbeit einbeziehen. Im Unterschied zu gesundheitsberuflichen Formen von Spiritual Care, die als Teilaspekt des gesundheitsberuflichen Grundauftrags zu verstehen sind, zeichnet sich die Profession der Krankenhausseelsorge dadurch aus, dass Spiritual Care ihre primäre Aufgabe darstellt und ihre Rolle dadurch bestimmt wird.[267]

265 http://www.enhcc.eu/2014_salzburg_statement_deutsch.pdf (16.10.2020).

266 Hagen/Raischl, Allgemeine und spezielle Kompetenzen in Spiritual Care.

267 Gärtner, Krankenhausseelsorge vor der Herausforderung Spiritual Care, 56 unterscheidet im Anschluss an Jan H. Mooren zwischen einem primären und einem sekundären Referenzkader der Krankenhausseelsorge und hält fest: »Das primäre Referenzkader steuert […] die Berufsausübung. Dass darin eine bestimmte Wirklichkeitsauffassung dominant ist, schließt nicht aus, dass es sekundäre Referenzkader gibt, die ebenfalls Teil einer professionellen Identität sind.«

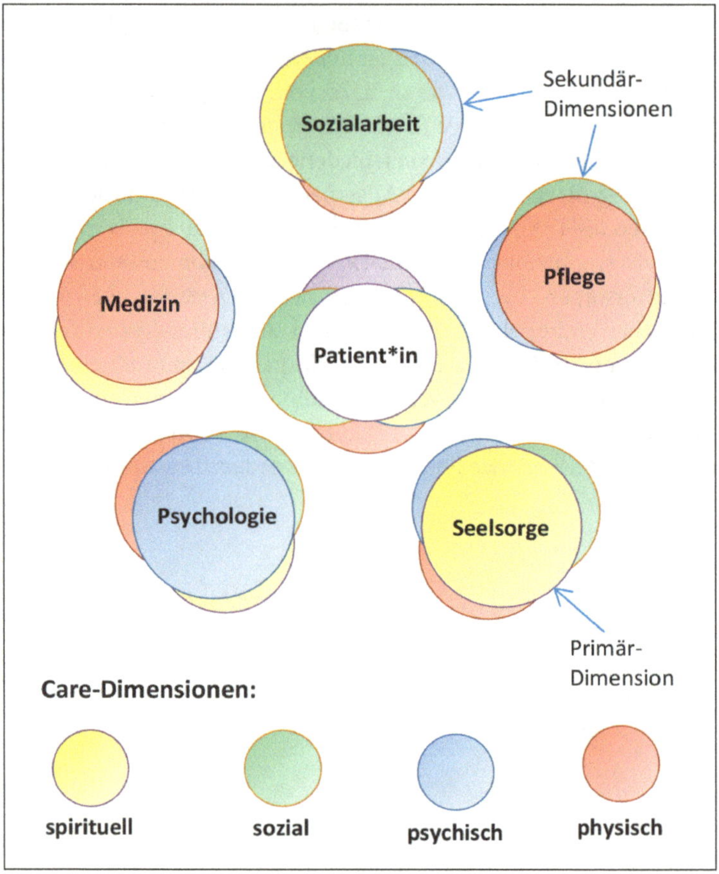

Abb. 9: Unterschiedliche professionelle Rollenprofile[268]

Die Unterscheidung zwischen *seelsorglicher* und *gesundheitsberuflicher Spiritual Care* trägt dazu bei, die sich ergänzenden professionellen Zugänge in ihren Besonderheiten im Blick zu halten und gleichzeitig aufeinander zu beziehen. Angesichts der erheblichen kommunikativen und organisationalen Herausforderungen, vor die sich die interprofessionelle Zusammenarbeit in klinischen Kon-

268 In Anlehnung an Sinclair/Chochinov, The role of chaplains within oncology interdisciplinary teams.

texten gestellt sieht, dürften der Seelsorge als spezialisierter Spiritual Care künftig weitere koordinative, beratende und qualitätssichernde Aufgaben zuwachsen. Sofern die Implementation einer interprofessionellen Spiritual Care gelingt, führt sie zur institutionellen Aufwertung der Krankenhausseelsorge.

Aus theologischer Sicht liegt der Unterschied zwischen gesundheitsberuflicher und seelsorglicher Spiritual Care jedoch nicht allein in unterschiedlichen Spezialisierungsgraden, sondern auch in einer anderen Beauftragung und einer spezifischen Repräsentationsaufgabe. Kirchlich beauftragte Seelsorgende sind religiöse »Vertrauensintermediäre«[269]. Sie zeichnen sich *ex professo* dadurch aus, dass ihre eigene Verortung im spirituellen Feld bis zu einem gewissen Grad mit der beruflichen Rolle verknüpft und damit auch auskunftspflichtig ist. Im Horizont des christlichen Heilungsauftrags repräsentieren sie in säkularen Gesundheitsinstitutionen eine bestimmte Glaubenstradition, sie sind jedoch gleichzeitig auch Ansprechpersonen für spirituell-religiöse Fragen und Anliegen im Allgemeinen. Insofern klinische Seelsorge sich als mitverantwortlich für den Auftrag einer bestimmten Gesundheitsinstitution versteht, ist sie zudem Vertrauensintermediärin im Dienste einer patientenzentrierten Medizin und Pflege, die ebenfalls auf das Vertrauen der Patient*innen angewiesen sind.[270]

Die Unterscheidung zwischen gesundheitsberuflicher und seelsorglicher Spiritual Care hat ihre Stärke darin, dass sie die gemeinsame Aufgabe ebenso betont wie die unterschiedlichen Spezialisierungsgrade. Darüber hinaus ermöglicht sie eine Differenzierung in zwei Richtungen: Während die gesundheitsberufliche Spiritual Care sich weiter ausdifferenzieren lässt in pflegefachliche, ärztliche, psychotherapeutische … Spiritual Care, so die seelsorgliche in christliche, muslimische, jüdische und weitere Varianten.

269 Vgl. Peng-Keller, Kommunikation des Vertrauens in der Seelsorge.

270 Dass ein solches Zusammenwirken zwischen Medizin und Seelsorge kein Novum in der Moderne darstellt, zeigt Nolte, Todkrank, 191. Manche Landpfarrer waren bis ins 19. Jahrhundert auch medizinisch tätig und akademische Ärzte verfassten für sie Anleitungen zur Pastoralmedizin zur medizinischen Erstversorgung und Anleitung zu gesundem Lebensstil. Nicht zuletzt wurde von Seelsorgern erhofft, das Vertrauen gegenüber Ärzten zu stärken.

2 Klinikseelsorge als Profession im Gesundheitswesen

Wenn gegenwärtig von einer Professionalisierung klinischer Seelsorge gesprochen wird, liegt es nahe, verwundert zurückzufragen, ob denn diese nicht schon längst eine Profession darstellt. Bezweckte die Seelsorgebewegung des 20. Jahrhunderts, die auch die hießigen Ausbildungen hervorgebracht hat, nicht genau eine solche Professionalisierung? Läßt sich denn bezweifeln, dass Klinikseelsorger*innen, die ein mehrjähriges Studium und eine spezialisierte Fortbildung hinter sich haben, professionell arbeiten? Die britische Theologin und Gesundheitsmanagerin Helen Orchard wirft in ihrem 2000 publizierten Bericht *Hospital Chaplaincy: Modern, Dependable?* kritische Fragen auf. Auf der Basis einer umfangreichen Feldstudie in London, die im Zusammenhang der weiter oben skizzierten Reformen der New-Labor-Regierung steht (s. Kap. 2), verweist sie u. a. auf eine wenig standardisierte Praxis, die fehlende Rechenschaftspflicht der Seelsorgenden, eine mangelhafte Ausbildung und eine unklare professionelle Selbstbeschreibung.[271] In eine ähnliche Richtung weist Wendy Cadges US-amerikanische Studie, in der zwischen professionellen und traditionellen Seelsorgeeinheiten unterschieden wird.[272] Wenn die Seelsorgebewegung des 20. Jahrhunderts eine erste Professionalisierung klinischer Seelsorge darstellte, so lässt sich mit Blick auf die aktuelle Entwicklung von einer zweiten Phase einer Entwicklung sprechen, die durch die eingangs beschriebenen Faktoren neuen Schwung erhalten hat: *Time to move forward …*[273] Um diese Entwicklung näher zu beschreiben, kann auf die sozialwissenschaftliche Professions-

271 Orchard, Hospital chaplains. Für eine Würdigung und Kritik dieses Berichts vgl. Swift, Hospital Chaplaincy in the Twenty-fist Century, 60–62 und 184.

272 Cadge, Paging God, 115–121.

273 Hall, Handzo, Massey, Time to move forward. Vgl. zum Folgenden auch Graf, Dokumentation und Professionalität in der Spitalseelsorge.

forschung zurückgegriffen werden. Auf dem Hintergrund einer langjährigen Beschäftigung mit diesem Thema arbeitet Michaela Pfadenhauer drei Kennzeichen heraus, die eine Profession charakterisieren:

> »1) das berufsbezogene, mithin ›professionelle‹ – teilweise als ›theoretisches‹ spezifizierte – Wissen, 2) die eindeutige, meist formalrechtliche Definition des Tätigkeitsfeldes im Verbund mit einer Monopolisierung dieses Tätigkeitsfeldes auf Basis dieses Wissens, oftmals in seiner institutionalisierten Form (Bildungstitel), sowie 3) die Herausbildung von Berufsverbänden zur Selbstverwaltung der Profession, ihrer typischen Wissensbestände und Praktiken der Berufsausübung und/oder eine (teils altruistisch verstandene) Gemeinwohlorientierung«.[274]

Um in einem sich rasch verändernden und zunehmend komplexer werdenden Umfeld als Profession anerkannt zu werden (oder anerkannt zu bleiben), muss die Krankenhausseelsorge ihre Expertenrolle spezifizieren und in einem interprofessionellen Kontext verorten.[275] Die besondere Befähigung für Spiritual Care lässt sich sowohl durch ein Experten*wissen* als auch durch *praktische Kompetenzen* ausweisen. Umstritten ist vor allem letzteres: Welche praktischen Kompetenzen sind es, die die Seelsorge im Gesundheitswesen als Profession charakterisieren?

Rollendifferenzierung und Integrationsaufgabe

Das Aufgabenfeld klinischer Seelsorge hat sich in den letzten Jahrzehnten stark diversifiziert.[276] Brigitte Amrein, die uns bereits im zweiten Kapitel begegnet ist, zählt in ihrem 2007 veröffentlichten Beitrag die folgenden Aufgaben auf, die zu seelsorglichen Gesprächen mit Patient*innen und Angehörigen hinzukommen:

---

274 Pfadenhauer/Sander, Professionssoziologie, 362.

275 Mieg 2005.

276 In diesem Abschnitt greife ich zurück auf Peng-Keller, Spitalseelsorge und Spiritual Care im Schweizer Gesundheitswesen.

»Gestaltung von Feiern für Patientinnen und Patienten sowie Mitarbeitende, in Zusammenarbeit mit der Pflege, Rekrutierung, Ausbildung und supervisorische Begleitung der so genannten ›Sitznachtwachen‹, Unterricht an den Schulen für Gesundheitsberufe, Erwachsenenbildung, Ausbildung von Theologinnnen und Theologen, Öffentlichkeitsarbeit. Neu hinzugekommen ist für uns die Ausbildung in Notfallseelsorge und Debriefing.«[277]

Seither haben sich die Aufgaben der Spitalseelsorge weiter vervielfältigt. Zu nennen ist insbesondere die zunehmende Mitarbeit in der Ethikberatung, in Ethikkomitees und weiteren Arbeitsgruppen. Wo liegt das organisierende Zentrum, die lebendige Mitte in dieser Fülle von heterogenen Tätigkeiten? Ist die Vielfalt klinikseelsorglicher Aufgaben eher ein Indiz für ein ungeklärtes Rollenprofil oder gerade umgekehrt der Beleg dafür, wie nützlich sich die der Seelsorge innewohnende Flexibilität für zunehmend komplexer werdende Gesundheitsinstitutionen erweist? Die Ausdifferenzierung und Diversifizierung des klinikseelsorglichen Aufgabenfelds hat insofern paradoxe Züge, als diese »Spezialseelsorge« sich in der Breite ihrer Aufgaben der Gemeindeseelsorge angleicht.[278] Wie lassen sich die unterschiedlichen klinikseelsorglichen Aufgaben und (Teil-)Rollen so miteinander verbinden, dass sie zu einer Stärkung und nicht zu einer Schwächung des professionellen Profils führen?

Damit die seelsorglichen Kernkompetenzen und das damit verbundene Expertenwissen nicht hinter der Vielfalt von Tätigkeiten verschwindet, bedarf es einer reflektierten Integration der *nicht* professionsspezifischen Aufgaben in das primäre Tätigkeitsfeld. Es besteht, so wurde in den vorangehenden Kapiteln zu zeigen versucht, in einem spezifischen Beitrag zum präventiven, rehabilitativen, palliativen und kurativen Auftrag der Gesundheitsversorgung. Angesichts der Vervielfältigung ihrer Aufgaben benötigen Klinikseelsorgende (ähnlich wie Angehörige anderer Professionen im

277 Amrein, Entwicklung der Spitalseelsorge seit 1960, 26f.

278 Der Vorschlag, Klinikseelsorge als eine besondere Form von Gemeindeseelsorge zu konzipieren, ist vor diesem Hintergrund ebenso konsequent wie diskutabel, vgl. Richter, Klinikseelsorge oder Krankenhausgemeinde?.

Gesundheitswesen) eine übergeordnete Kompetenz, in reflektierter Weise zwischen unterschiedlichen Teilrollen und Bereichen hin und her wechseln zu können und die Spannungen, die zwischen diesen auftreten, kreativ zu gestalten. Dazu gehört insbesondere die Fähigkeit, zwischen unterschiedlichen religiös-spirituellen Diskursformen, Ansprüchen und Vorstellungswelten zu vermitteln. In säkularen und pluralistischen Kontexten bedürfen Klinkseelsorgende der Fähigkeit eines reflektierten Code-Switching, das eine klare Selbstverortung nicht überflüssig macht, sondern gerade voraussetzt.

Etwas vereinfacht formuliert, lässt sich das klinikseelsorgliche Aufgabenfeld in eine Mikroebene (Begleitung von Patient*innen und Angehörigen) und eine Mesoebene (systemische Verantwortung) unterscheiden. Es gehört zu den zentralen Einsichten der letzten Jahrzehnte, zum Wechsel von der Kranken- zur Krankenhausseelsorge,[279] dass sich die seelsorgliche Aufgabe nicht auf das Gespräch am Krankenbett beschränken kann, sondern auch eine institutionelle Mitverantwortung trägt. Nur in dem Maße, als sie sich auch auf institutioneller Ebene einbringt, kann sie den Wandel im Gesundheitswesen mitgestalten und verhindert, dass sie selbst schließlich aus Gesundheitsinstitutionen verdrängt wird. Die Corona-Pandemie hat drastisch vor Augen geführt, was es bedeutet, als Seelsorgende plötzlich vor verschlossenen Türen zu stehen – und was es bedeuten kann, sich auf systemischer Ebene einzubringen.[280]

Fallbeispiel: Seelsorge auf der COVID-19-Intensivstation

Wie anderswo auf dieser Welt musste sich auch die Spitalseelsorge am Universitätsspital Zürich Anfang März 2020 innerhalb kurzer Zeit auf eine Notfallsituation einstellen. Die aus Bergamo und anderen Krisenregionen eintreffenden Berichte und Bilder alarmierten: An COVID-19 erkrankte Menschen verschwanden in Intensivstationen, um dort einen einsamen Tod zu sterben, ohne seelsorgliche Beglei-

279 Klessmann, Von der Krankenseelsorge zur Krankenhausseelsorge.

280 Vgl. die Beiträge des diesem Thema gewidmeten Sonderhefts der Zeitschrift SPIRITUAL CARE (Peng-Keller/Roser, Spiritual Care im Zeichen von COVID-19).

tung, ohne sich von den Menschen, die ihnen lieb waren, verabschieden zu können. Ihre Leichen wurden in Plastiksäcke gepackt, ohne dass ihre Angehörigen sie nochmals sehen konnten. Sie wurden in anonyme Aufbahrungshallen gebracht, bis sie in Militärlastwagen in ein fernes Krematorium überführt werden konnten. Die Urnenbestattung erfolgte oft ohne Anwesenheit der Familie, ohne religiöses Begräbnis, ohne Segen. Die schockierenden Erfahrungen weckten den Impuls, sich von seelsorglicher Seite in die Vorbereitung auf die sich abzeichnende Krisensituation einzubringen und sich darum zu bemühen, dass auch auf den neu eingerichteten Intensivstationen für COVID-19-Patient*innen eine gute seelsorgliche Begleitung und die Möglichkeit für einen würdigen Abschied gewahrt bleibt. Die leitende Spitalseelsorgerin Susanna Meyer Kunz erinnert sich: »Ich habe [...] den für die betreffende Intensivstation verantwortlichen Arzt [...] angesprochen. Wie ist das eigentlich, wenn jetzt Menschen auf dieser Station an Covid-19 sterben? Wie ist der Abschied vorgesehen? Er sagte mir: ›Eigentlich ist da kein Abschied vorgesehen. Die Verstorbenen kommen in diese Body-Bags. Und dann gibt es einen Abschied am geschlossenen Sarg.‹ Weil ich weiter Fragen stellte, bin ich schließlich für die interprofessionelle Task-Force angefragt worden, die diese organisatorischen Fragen zu klären hatte. Wie werden die Angehörigen informiert? Wie ist das mit dem Abschied, wenn jemand stirbt? Wie wird Seelsorge einbezogen?« Dass es schließlich möglich wurde, Angehörigen den Abschied am Sterbebett zu ermöglichen, ist das Ergebnis eines längeren Ringens und wäre ohne beharrliches Insistieren und den Verweis auf WHO-Leitlinien nicht möglich geworden. »Schließlich haben wir drei Szenarien entwickelt. Wenn bis zu fünf Menschen pro Tag sterben, ist nun eine Aufbahrung und ein Abschied auf der Abteilung möglich. Wenn mehr sterben, würde es vom Ablauf her schwierig die Qualität einer würdigen Begleitung aufrecht zu erhalten. Da wären wir wahrscheinlich auf weitere fachliche Unterstützung von außen angewiesen.« Anfang April erreichte die Pandemiewelle das Universitätsspital Zürich. »Da kamen auch die Ärzte und die Pflegenden an ihre Grenzen. Es gab viele Reanimationen, und man merkte plötzlich: jetzt wird's ernst. Bis dahin hatte ich das Gefühl, es trifft wahrscheinlich nur Risikopatienten. Doch kamen plötzlich diese schlimmen Verläufe. Das machte Angst. Man merkte auch, dass man mit dem Beatmen sehr vorsichtig sein musste.« Dank der klaren Regelung konnten die Patient*innen auf der COVID-19-Intensivstation von Beginn an seelsorglich begleitet werden. Und auch den Angehörigen konnte niederschwellig seelsorgliche Unterstützung angeboten werden: »Mir kommt ein älterer Mann in den Sinn, dessen Zustand zunächst relativ stabil war, sich dann aber sehr schnell verschlechterte. Ich war in regelmässigem Kontakt mit seiner Ehefrau. Ihre größte Sorge war zunächst, dass sie das Handy von ihrem Mann brauchte, um die Rechnungen zu bezahlen. Da konnte ich eine Brückenfunktion übernehmen. Ich habe mit ihr einen Termin vereinbart, um ihr das Handy zu übergeben. Und so haben wir uns das erste Mal getroffen. Sie hat mir beschrieben, was sie durchmacht. Und dann kam eben dieser Tag. Der Zustand ihres Mannes verschlechterte sich dauernd, und wir waren regelmäßig in telefonischem Kontakt. Ich habe auch Sprachnachrichten von ihr und Freunden überbracht, so wie ich es schon regemäßig gemacht hatte. Einmal wollte sie auch, dass ich den Psalm 23 betete. Sie war reformiert, ihr Mann aus der Kirche ausgetreten und ohne Bekenntnis. Dann kam die Situation, dass man ihr telefonisch mitteilte, dass die Organe versagten und man die Therapie einstellen müsse, dass ihr Mann sterben würde. Es war anspruchsvoll für sie, zu entscheiden, ob sie kommen wollte oder nicht, und wir telefonierten mehrfach und ich ermutigte sie, zu kommen. Schließlich entschied sie sich dazu, und war dann im Nachhinein sehr froh über diesen Entscheid. Dann gingen wir hinein. Sie war ja noch nie da. Wie bei anderen Angehörigen habe ich ihr geholfen, die Schutzkleidung anzuziehen und bin mit ihr ans Bett ihres Mannes gegangen. Sie konnte ihn dort auch berühren, was ich selbst nie gemacht habe. Mir ist noch in den Ohren, dass sich die Pflege entschuldigte, weil sie keine Kerzen hatten. Am Sterbebett ihres Mannes hat die Frau von ihren gemeinsamen Erfahrungen erzählt. Auch die Söhne, die im Ausland leben, haben wir noch zugeschaltet. Und sie konnten so ihrem Vater noch etwas zum Abschied sagen. Religiöse Rituale wollten sie nicht unbedingt, aber sie wünschten ein Gebet. Weil sie mir zuvor erzählt hatte, dass ihr Mann die Musik von Reinhard Mey liebte, habe ich ihr ganz intuitiv vorgeschlagen, wir könnten doch

›Über den Wolken muss die Freiheit wohl grenzenlos sein‹ singen. Zwei Assistenzärzte haben mitgesungen. Es war eine sehr dichte Atmosphäre.« Im Hinblick auf die Frage, was die in den vergangenen Monaten gesammelten Erfahrungen für die weitere Entwicklung der Spitalseelsorge bedeuten, meinte die reformierte Seelsorgerin: »Es hat sich gezeigt in bestimmten Alters- und Pflegeheimen, in denen Seelsorgende [...] zu ungebetenen Gästen wurden. Gäste kann man ausladen. Das ist für mich die zentrale Frage, die zu klären ist: Sollen wir zum Behandlungsteam dazugehören? Oder stehen wir außerhalb? Diese Frage muss auch seitens der Kirchen geklärt werden. Es braucht auch eine Verständigung auf Konzepte. Das hat sich in dieser Krisensituation ebenfalls gezeigt. Ich war sehr, sehr froh, dass ich ein Konzept hatte, das ich einbringen konnte, weil auch alle anderen Professionen ihre Konzepte in diese Leitlinien einbrachten. Wir brauchen auch Instrumente wie das Indikationen-Set[281], das sich als sehr hilfreich in dieser Krisensituation erwies.«[282]

In ihrem »prophetischen« Auftrag, enthumanisierenden Tendenzen in ökonomisierten und biomedizinisch dominierten Gesundheitsinstitutionen entgegen zu treten, sind Seelsorgende in dem Maße wirksam, als sie als ernstzunehmende Profession im Gesundheitswesen wahrgenommen werden. Bedeutet dann Professionalisierung der Seelsorge, sich in einen Gesundheitsberuf zu verwandeln?

Klinikseelsorge: ein Gesundheitsberuf?

Im deutschsprachigen Raum wird die Klinikseelsorge rechtlich nicht zu den Gesundheitsberufen gezählt. Nach dem Schweizerischen Gesundheitsberufsgesetz bräuchte es dazu u.a. eine Anerkennung der Ausbildungswege und Berufstitel. Soll sich die Seelsorge im Gesundheitswesen um eine solche Anerkennung bemühen und

281 Vgl. Aebi/Mösli/Roser, Indikationen-Set für Spiritual Care und Seelsorge.
282 Peng-Keller/Meyer Kunz, Seelsorge auf der Covid-19-Intensivstation des Universitätsspitals Zürich.

sich als Gesundheitsberuf verstehen? In diese Richtung weist das Plädoyer der beiden Schottischen Theologen John Swinton und Ewan Kelley, die Seelsorge als einen »einzigartigen und wichtigen Gesundheits- und Sozialberuf« zu beschreiben.[283] Dass dies nicht auf eine Anpassung der Seelsorge an die Bedürfnisse eines ökonomisierten Gesundheitssystems hinausläuft, markieren Swinton und Kelley dadurch, dass sie die Aufgabe der Seelsorge gerade auch darin sehen, für ein holistisches Verständnis von Gesundheit einzustehen. Nur, wenn man ein biomedizinisches Gesundheitsverständnis theologisch als normativ akzeptiert, ist es unpassend, die Klinikseelsorge als Gesundheitsberuf zu bezeichnen. Versteht man Gesundheit und Heilung als dichte und spirituell reichhaltige Phänomene, ist es nicht allein legitim, sondern geboten, das Prädikat eines Gesundheitsberufs selbstbewusst für die Klinikseelsorge in Anspruch zu nehmen. Denn: »Ohne Spiritualität wäre die Gesundheits- und Sozialversorgung ein sehr einsamer, leerer und dünner Ort für Kranke und Sterbende.«[284] Oder positiv formuliert:

> »Zu den wichtigsten Beiträgen der Seelsorge im Gesundheitswesen gehört es, dieses dabei zu unterstützen, die Tiefe und Spannbreite von Gesundheit und die abgründige Komplexität von Krankheit anzuerkennen. In der Tat: Es könnte sein, dass gerade ein solcher Zugang zu Gesundheit und Wohlbefinden das Potenzial in sich birgt, zu ermöglichen, dass die Seelsorge als ein wirklich wertvoller Gesundheitsberuf im tiefsten und heilsamsten Sinne des Wortes anerkannt wird.«[285]

Doch muss man rechtlich als Gesundheitsberuf anerkannt sein, um sich als Profession im Gesundheitswesen zu verankern? Schaut man die Liste der anerkannten Gesundheitsberufe an, so fällt auf, dass es Berufe gibt, die im Gesundheitswesen eine wichtige Rolle spielen,

283 Swinton/Kelly, Contextual Issues, 175.
284 Swinton/Kelly, Contextual Issues, 177 (meine Übersetzung).
285 Swinton/Kelly, Contextual Issues, 184 (meine Übersetzung). Der gesundheitspolitische Kontext dieser Äußerungen wurde weiter oben dargestellt: Im Vereinigten Königreich gehört die Klinikseelsorge zum staatlichen Gesundheitssystem (NHS).

ohne selbst im rechtlichen Sinne Gesundheitsberufe zu sein, z. B. die Sozialarbeit und die klinische Ethik. Aufgrund ihres Profils passt die Seelsorge gut in die Gruppe dieser Berufe, die nicht in einem engeren Sinn als »therapeutisch« gelten, jedoch bedeutsame Beiträge zur Gemeinwohlorientierung des Gesundheitswesens und zu seinen kurativen, palliativen, präventiven und rehabilitativen Zielsetzungen leisten. Es dürfte also auch für die Klinikseelsorge genügen, sich als eigenständiger *Beruf im Gesundheitswesen* zu verstehen. Ihre Zugehörigkeit folgt einem ähnlichen Muster wie jene der Sozialarbeit, die in ihrem professionellen Selbstverständnis ebenfalls nicht vom Gesundheitswesen bestimmt ist und in denselben Bereichen tätig ist wie die Seelsorge (neben dem Gesundheitswesen auch im Gefängnis, dem Asylwesen etc.).

Im Schnittpunkt dreier Beauftragungen

In einer Bestandesaufnahme über Krankenhausseelsorge in Europa verortet die flämische Theologin Anne Vandenhoeck diese in einem doppelten Spannungsfeld:

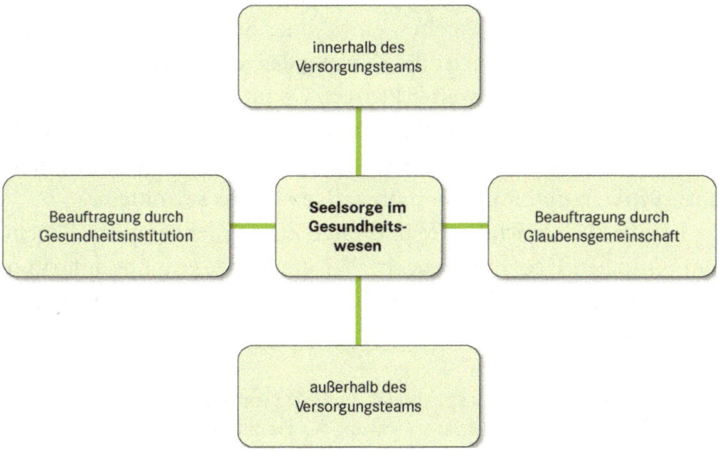

Abb. 10: Krankenhausseelsorge im Spannungsfeld[286]

286 Vandenhoeck, Chaplains as specialists in spiritual care.

Was ihre Rolle betrifft, sind Seelsorgende einerseits Spezialist*innen für eine bestimmte Aufgabe im Gesundheitswesen, andererseits Repräsentant*innen von Glaubensgemeinschaften. Nach Vandenhoeck gehören diese Spannungsfelder konstitutiv zur Rolle klinischer Seelsorge.[287] Sie sind nicht aufzulösen, sondern kreativ zu gestalten. Um nicht ins Niemandsland zwischen Glaubensgemeinschaften und Gesundheitsinstitutionen zu geraten, ist ein Brückenbau in beide Richtungen nötig. Die im Folgenden noch näher zu bedenkenden Fragen haben mit dieser doppelten Beauftragung zu tun: Woher bezieht die Klinikseelsorge ihr Berufsethos? Wem sind die Seelsorgenden unterstellt und wem sind sie auskunfts- und rechenschaftspflichtig? Auch wo die Seelsorge gänzlich von Gesundheitsinstitutionen finanziert wird, hat sie meist eine Sonderposition innerhalb der organisationalen Hierarchie, die ihr deutlich mehr Spielräume lassen, als sie Gesundheitsfachpersonen haben.

Das Bild wäre jedoch nicht vollständig, wenn nicht noch eine dritte auftraggebende Instanz genannt würde: die Patient*innen und ihre Angehörigen. Der konkrete seelsorgliche Auftrag geht letztlich von ihnen aus. Da bei aufsuchender Seelsorge die besuchten Patient*innen sich meist nicht vorab überlegt haben, ob und wofür sie eine seelsorgliche Unterstützung in Anspruch nehmen möchten, und sie vom Auftauchen eines/einer Seelsorger*in zunächst überrascht sein mögen, ist die Klärung des seelsorglichen Auftrags ein subtiler und stufenweiser Prozess. Ob und in welcher Tiefe sich jemand auf ein Gespräch einlässt, hängt von vielen Faktoren ab, doch nicht zuletzt auch von dem ersten Eindruck, den Seelsorgende durch ihr Auftreten und ihre kommunikative Präsenz vermitteln.

Reinhold Gestrich führte in diesem Zusammenhang den Begriff der »initialen Übertragung« ein.[288] Demnach kommt es aufgrund der Rollensymbolik und persönlichen Erfahrungen in der (Erst-)Begegnung zu einem Übertragungsvorgang, zu einer Rollenzu-

287 In eine ähnliche Richtung geht der Vorschlag von Traugott Roser, Seelsorge als Hybrid zu verstehen, um »sowohl das Fremde als auch das Integrative von Seelsorge im Gesundheitswesen gelten zu lassen und gerade darin das Oszillierende zu erkennen, das die Differenz erhält« (Roser, Seelsorge im Krankenhaus, 20).

288 Gestrich, Am Krankenbett, 19.

schreibung durch Patient*innen/Angehörige, die dann der Ausgangspunkt für eine Klärung des konkreten seelsorglichen Auftrags bildet. Besonders bei einer längeren Begleitung muss dieser immer wieder neu ermittelt werden.[289]

Fallbeispiele: Seelsorgliche Beauftragung und Auftragsklärung

In den vorgängigen Fallbeispielen sind uns unterschiedliche Formen der Auftragsklärung begegnet: Im Beispiel der Seelsorge auf der COVID-19-Intensivstation übernimmt die Seelsorgerin zunächst den Auftrag, der Ehefrau des Patienten das Mobiltelefon zu übergeben. Aus diesem Erstkontakt ergeben sich dann weitere Aufträge.[290] Weit komplexer gestaltet sich die Beauftragung und Auftragsklärung bei der seelsorglichen Begleitung auf der onkologischen Station.[291] Der Seelsorger wird hier auf Bitte des Pflegeteams aktiv und verwendet viel Mühe und Zeit darauf, herauszufinden, welche Unterstützung Frau L. benötigt.

Patient*innen und ihre Angehörigen als die primären Auftraggeber klinischer Seelsorge zu betrachten, bedeutet, sich im eben skizzierten Spannungsfeld flexibel und adressatenorientiert zu bewegen. Die Aufträge, die klinische Seelsorgende von ihren unmittelbaren Bezugspersonen bekommen (und manchmal auch ablehnen), können sehr Unterschiedliches umfassen. Nicht immer sind Seelsorgende als Personen gefragt, die eine bestimmte Glaubenssprache verstehen und zu sprechen vermögen. Doch manchmal ist genau dies wichtig. Die bereits erwähnte Fähigkeit des Code-Switchings ist die kommunikative Kompetenz, die es braucht, um in komplexen und oft auch ambivalenten Situationen heilsam seelsorglich tätig sein zu können.

289 Morgenthaler, Systemische Seelsorge, 164ff.
290 Fallbeispiel »Seelsorge auf der COVID-19-Intensivstation« (Kap. III.7, 166ff.).
291 Fallbeispiel »Ich muss dringend nach Hause« (Kap. II.5, 137f.).

Die dreifache Beauftragung klinischer Seelsorge aus systemischer Perspektive

Aus der Perspektive systemischer Seelsorge beschreibt Christoph Morgenthaler die Tätigkeit der Krankenhausseelsorge als Arbeit »an den Schnittstellen von drei grossen Typen von Systemen: dem Krankenhaus als System mit seinen Subsystemen, dem Angehörigensystem mit seinen Subsystemen und der Kirche als System, die das Subsystem Krankenhausseelsorge ausgebildet hat.«[292] Daraus ergibt sich die prägnante Umschreibung: »Seelsorgebegegnungen sind professionell verantwortete und gestaltete Begegnungen im genannten Überschneidungsbereich der Systeme.«[293] Der Gewinn einer solchen Beschreibung liegt darin, dass sie die Komplexität dessen, was in einer seelsorglichen Begegnung im klinischen Kontext geschieht, vergegenwärtigt und die damit verbundenen Ambivalenzen thematisierbar und damit auch gestaltbar macht. Dazu passt das Plädoyer für eine ambivalenzverträgliche Seelsorge: »offen zu sein für die Gleichzeitigkeit emotional entgegengesetzter Tendenzen bei Einzelnen, in den Angehörigensystemen und im System Krankenhaus, ja, Anwalt von Ambivalenzen zu sein [...], ohne Reduktion von Komplexität, sondern auf Gott als ›complexio oppositorum‹ bezogen«.[294]

Die Herausforderungen, die sich aus der dreifachen Beauftragung klinischer Seelsorge ergeben, zeigen sich in drei Bereichen in besonderer Deutlichkeit: in der Frage nach der Art und Weise interprofessioneller Zusammenarbeit, im ethischen Bereich und in inter- und transreligiösen Konstellationen. Die folgenden Abschnitte wenden sich diesen Themenfeldern zu.

292 Morgenthaler, Systemische Seelsorge, 287.
293 Morgenthaler, Systemische Seelsorge, 289.
294 Morgenthaler, Systemische Seelsorge, 293.

Interprofessionelle Zusammenarbeit

In hoch arbeitsteiligen Gesundheitsinstitutionen ist Kooperation und Koordination unerlässlich. So hält die Konferenz für Krankenhausseelsorge in der EKD fest: »Dass die Zuwendung zu den Patienten koordiniert und kooperativ stattfinden muss, ist sicherlich unstrittig.«[295] Die klinische Seelsorge ist in hohem Maße auf den Kontakt und den Austausch mit den verantwortlichen Gesundheitsfachpersonen angewiesen.[296] Im Zusammenhang mit den beschriebenen Entwicklungen bahnt sich derzeit ein Übergang von multiprofessioneller zu interprofessioneller Kooperation an.

Von Multiprofessionalität zu Interprofessionalität

Obwohl die Seelsorgebewegung des 20. Jahrhunderts, wie oben skizziert, aus einem *inter*professionellen Experiment hervorging, orientiert sich die Zusammenarbeit zwischen Seelsorgenden und Gesundheitsfachpersonen bislang weitgehend an einem *multi*professionellen Modell, nach dem zwar eine gute Koordination der Tätigkeiten, nicht jedoch eine intensive Zusammenarbeit vorgesehen ist. Innerhalb des Gesundheitswesens setzt sich seit geraumer Zeit die Einsicht durch, dass dieser multiprofessionelle Ansatz zwar dem Autonomiewunsch und den Machtansprüchen einzelner Professionen entspricht,[297] nicht jedoch den komplexen Aufgabenstellungen in heutigen klinischen Welten. Die WHO definierte Interprofessionalität als

> »eine Art und Weise des Interagierens, das Individuen mit unterschiedlichen (professionellen) Hintergründen zu einem gemeinsam geteilten Verständnis bringt, eines, das sie vorher noch nicht

295 EKD, Die Kraft zum Menschsein stärken, 29 f.

296 Moos et al., Ethik in der Klinikseelsorge, 192–199.

297 Vgl. Sottas, Interprofessionalität, 24: »Profession hat mit Status zu tun. Profession hat einen Bezug zu ›liberalen Berufen‹ des 19. Jahrhunderts, die Autonomie einforderten.«

hatten und zu dem sie ohne einander nicht hätten kommen können.«[298]

Was es bedeutet, auch im Bereich der Spiritual Care sich von Multiprofessionalität zu Interprofessionalität zu entwickeln, zeichnet sich gegenwärtig erst in Umrissen ab.[299] Zu klären ist dabei zunächst die grundlegende Frage nach den kommunikativen Gefäßen: Wo und in welcher Weise findet der gemeinsame Austausch statt?

Gegenwärtig lassen sich mindestens vier zentrale Gefäße benennen: interprofessionelle Rapporte, ethische Fallbesprechungen, Weiterbildungen und klinische Dokumentation. Letzteres scheint zunächst von nachgeordneter Bedeutung zu sein, erweist sich jedoch bei näherer Betrachtung als eine Art Scharnierstelle, an der sich die eingangs beschriebenen Entwicklungen in besonderer Deutlichkeit zeigen. Ich konzentriere mich deshalb auf dieses Thema.

Digitale Dokumentation interprofessioneller Spiritual Care

In der interprofessionellen Dokumentation klinischer Seelsorge in digitalen Patientendossiers verdichten sich die in den vorangegangenen Kapiteln beschriebenen Entwicklungstendenzen und Problemstellungen, wobei ein weiterer Faktor hinzukommt: die Digitalisierung der Gesellschaft und des Gesundheitswesens. In zunehmend komplexer werdenden Gesundheitsinstitutionen geschieht die interne Kommunikation und Organisation zunehmend über elektronische Klinikinformationssysteme. Über kurz oder lang wird die Seelsorge nicht darum herumkommen, sich auch an dieser Kommunikation zu beteiligen und ihre Arbeit digital zu dokumentieren. Wie das weiter oben zitierte Beispiel aus Nairobi belegt, beschränkt sich diese Entwicklung nicht auf westlich geprägte Länder und Universitätsspitäler.

298 WHO, Framework for Action on Interprofessional Education & Collaborative Practice, 36; dt. Übers. nach: SAMW, Interprofessionelle Zusammenarbeit in der Gesundheitsversorgung, 7.

299 Gratz/Roser, Spiritual Care in Qualifizierungskursen für nicht-seelsorgliche Berufe, 21 f.; Aebi/Mösli, Interprofessionelle Spiritual Care; palliative ch, Spiritual Care in Palliative Care.

Exkurs: Seelsorgedokumentation in den Anfängen der CPE

Die Idee, dass Klinikseelsorgende ihre Arbeit für die interprofessionelle Zusammenarbeit dokumentieren sollen, ist keineswegs neu. Sie findet sich bereits in den Anfängen der Seelsorgebewegung des 20. Jahrhunderts. Bereits im weiter oben genannten Buch, das Elwood Worcester zusammen mit Richard Cabot und Isador Coriat 1908 veröffentlichte, wird auf eine solche Dokumentationspraxis hingewiesen, die im Rahmen der Emmanuel-Bewegung enstand.[300] Diese frühen Impulse gingen später in die von Cabot 1925 mitbegründete *Clinical Pastoral Education* ein. Gemeinsam mit dem protestantischen Theologen Russell L. Dicks veröffentlichte Cabot 1936 ein Grundlagenwerk zur Klinikseelsorge, das ein ausführliches Kapitel zur seelsorglichen Dokumentation enthält.[301]

Es ist kaum zu bestreiten, dass die wachsenden Dokumentationspflichten im Gesundheitswesen ambivalente Züge haben. Fehlt die Zeit, die für die Dokumentation eingesetzt werden muss, am Ende nicht anderswo? Und gerät die Seelsorge nicht in den Strudel dieser Ambivalenzen, wenn sie nun auch selbst interprofessionell zu dokumentieren beginnt? Sie verliert zweifellos etwas von der »unglaublichen Unabhängigkeit«[302], die sie in den letzten Jahrzehnten genoß. Dokumentation schafft mehr Transparenz. Es wird ersichtlich, was Seelsorgende tun, wo sie involviert sind und wo nicht. Das macht sie angreifbarer und kritisierbarer; doch macht es ihre Arbeit auch sichtbarer. Es wird deutlicher, was sie zur Linderung des Leidens und zur Verbesserung der Lebensqualität von kranken, sterbenden und trauernden Menschen beitragen, wie sie die »Kraft zum Menschsein stärken«.[303] Die Klinikseelsorge tritt damit in die Verantwortung für das, was sie tut. Und das ist gut so. Sie muss sich nicht verstecken.

300 Vgl. Worcester/McComb/Coriat, Religion and medicine, 6.
301 Vgl. Cabot/Dicks, The art to minstering to the sick, 244–261.
302 Spoerri, Spitalseelsorge als Anachronismus, 143.
303 So der programmatische Titel der 2004 von der EKD veröffentlichten Leitlinien für die evangelische Krankenhausseelsorge.

Sie vollzieht damit nach, was in den 1970er Jahren mit dem Wechsel von der *Kranken*seelsorge zur *Krankenhaus*seelsorge begann und wozu auch eine Übernahme an systemischer (Mit-)Verantwortung gehört: Seelsorgende tragen mit ihrer Tätigkeit bei zum Gesamtauftrag der Gesundheitsinstitution, in der sie tätig sind.

Im Brennglas der Dokumentationsfrage zeigen sich somit die zentralen Herausforderungen, die mit dem derzeitigen Wandel der Klinikseelsorge verbunden sind. Die eigene seelsorgliche Arbeit so zu dokumentieren, dass dadurch die interprofessionelle Zusammenarbeit gestärkt wird und vertrauliche Informationen geschützt bleiben, ist eine Kunst, die der Schulung und der Supervision bedarf. In nordamerikanischen CPE-Ausbildungsgängen wird deshalb der Erwerb einer Expertise in Dokumentation zunehmend stärker gewichtet. Schauen wir uns, um einen Eindruck dieser neuen Dokumentationspraxis zu bekommen, ein Beispiel näher an.

Digitale Dokumentation klinischer Seelsorge in Québec

Im zweiten Kapitel wurden die unterschiedlichen Faktoren beschrieben, die dazu führten, dass 2010 die Verantwortung für die Klinikseelsorge den Gesundheitsinstitutionen übertragen wurde, die nun von Rechts wegen dazu verpflichtet sind, auf die spirituellen Bedürfnisse ihrer Patient*innen zu achten. Als Folge dieser Entwicklung sind Klinkseelsorgende in Québec seither verpflichtet, ihre Arbeit zu dokumentieren. Um dem in einer Weise nachkommen zu können, die seelsorglichen Zielsetzungen entspricht, wurde eine Arbeitsgruppe erfahrener Seelsorgenden damit beauftragt, ein passendes Instrument zu entwickeln.[304] Die Entwicklung umfasste drei Phasen: Zunächst wurde auf der Basis einer Literaturrecherche und vorgängiger Erfahrung ein Pilotmodell entworfen, das dann probeweise im klinischen Alltag eingesetzt wurde. In einer dritten Phase wurde eine angepasste Version des Instruments validiert. Ziel war es, ein flexibles Werkzeug zu entwickeln, das einem seelsorglichen Verständnis von krankheitsbezogener Spiritualität entspricht und

304 Zum Folgenden vgl. Bélanger et al., The Quebec model of recording Spiritual Care.

die seelsorgliche Dokumentation erleichtert und standardisiert. Bemerkenswert ist, dass sich die Arbeits- und Forschungsgruppe dabei an der christlichen Anthropologie Michel Fromagets orientierte, die durch die klassische Unterscheidung zwischen Körper, Seele (âme) und Geist (esprit) bestimmt ist. Die spirituelle Dimension wird so anthropologisch gefasst und konzeptionell von der psychischen Dimension unterschieden. Inhaltlich wird sie einerseits durch Sinnbezug charakterisiert, der menschliches Leben insgesamt umfasst, andererseits durch Transzendenzerfahrungen, die angesichts von Krankheit, Sterben und Tod bedeutsam sind: »Wir erkennen drei Hauptpfade, die zu einer Erfahrung von Transzendenz führen können: erstens das Gefühl der Liebe, zweitens das Staunen angesichts der Schönheit und drittens – für den Gesundheitsbereich besonders wichtig – die Krise oder das Herannahen des Todes.«[305] Schließlich verknüpft das Modell Sinn- und Transzendenzerfahrung mit vier Bezugsfeldern, die gleichsam Fundorte solcher Erfahrungen darstellen: signifikante Beziehungen, Werte und Verpflichtungen, Überzeugungen und Praktiken sowie Hoffnungen. Die dyamische Verschränkung dieser Erfahrungsfelder wird mittels einer einprägsamen Graphik veranschaulicht, die auch als Erinnerungs- und Wahrnehmungshilfe dient.

Bemerkenswert ist, dass nach dieser Graphik die Transzendenzerfahrung das organisierende Zentrum der vier sinnbezogenen Lebensaspekte darstellt. Damit verdeutlicht das Instrument, worin sich Seelsorge von psychosozialen Diensten unterscheidet, die es auf ihre Weise ebenfalls mit Beziehungen, Werten, Überzeugungen und Hoffnungen zu tun haben: die Orientierung an einer Transzendenz religiöser und nicht-religiöser Art. Mit Blick auf die Frage nach der therapeutischen Dimension klinischer Seelsorge könnte man sagen, dass gemäß diesem Modell seelsorgliches Tun auf die heilsame Kraft ausgerichtet ist, die sich Transzendenzerfahrungen – oder allgemeiner: Transzendenzbezügen – verdankt.

305 Bélanger et al., The Quebec model of recording Spiritual Care, 59 (meine Übersetzung).

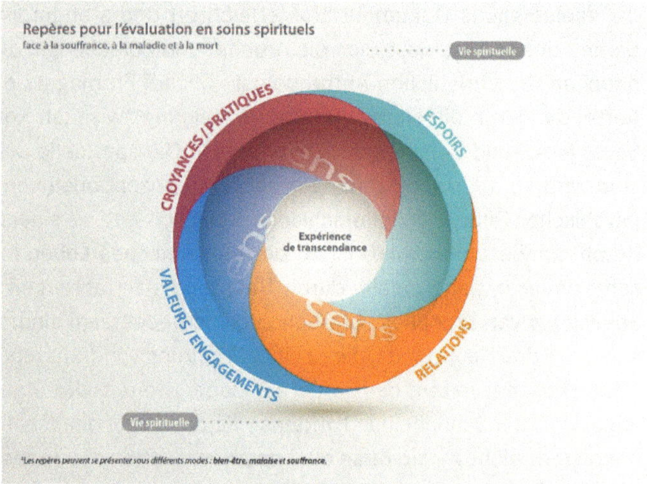

Abb. 11: Orientierungsmodell für seelsorgliche Dokumentation in Québec. Die Transzendenzerfahrung, die im Zentrum angesiedelt wird, vermittelt sich in vielfältigen Sinngestalten.

Das Dokumentationsinstrument orientiert sich an diesem Modell und umfasst die folgenden Bereiche:

1. Kontext des Gesprächs
   1.1 Grund für das Treffen
   1.2 Zustand des Patienten, der Patientin
   1.3 Soziodemographische Daten
2. Exploration von Ressourcen/Nöten
   2.1 Überzeugungen/Praktiken
   2.2 Hoffnungen
   2.3 Beziehungen
   2.4 Werte/Verpflichtungen
   2.5 Transzendente Erfahrungen
3. Fachliche Analyse/Einschätzung
4. Aktivitäten
   4.1 Ergebnisse
5. Weitere Planung

Die Feinstruktur des Instruments sieht vor, die vier Orientierungfelder in zwei Richtungen zu explorieren: Inwiefern finden Patient*innen in ihnen Ressourcen für den Umgang mit ihrer Situation? Und wo liegen die Blockaden und Belastungsmomente, die den Umgang erschweren? Wie das derart Erkundete schriftlich festgehalten wird, wird an einem Beispiel veranschaulicht. In einem exemplarischen Eintrag zu einem Gespräch mit einer 81-jährigen Witwe ist zu lesen:
Überzeugungen/Praktiken: Sagt, sie habe ihren Glauben eher »geerbt«, als ihn selbst gewählt zu haben. Allerdings betet sie manchmal und bittet Gott um seine Unterstützung. Während des Treffens sprach sie auch direkt mit Gott und der Jungfrau Maria. Sie glaubt an ein anderes Leben, an Ruhe und Frieden. Sie stellt viele existentielle Fragen in Bezug auf Gott und das Leben.
Hoffnung: Sie fühlt sich bereits tot. Sie blickt sehr pessimistisch in die Zukunft, mit viel Leid, das ihre Lieben ertragen müssen. Sie glaubt, dass nur ein Wunder die Probleme lösen könnte. Möchte keine Behandlung: würde sich vielleicht dafür entscheiden, einfach »loszulassen«. Die Frage des assistierten Suizids wurde kurz angeschnitten.
Beziehungen: Spricht von ihrem Ehemann, den sie während seiner unheilbaren Krankheit unterstützt hat; von ihren Kindern, denen sie viel geholfen hat (insbesondere ihrem Sohn, der immer bei ihr gelebt hat); von ihren Geschwistern und Freunden.
Werte/Verpflichtungen: Sagt, dass sie immer aus Pflichtgefühl gehandelt hat, wie ihre Mutter auch schon. Beschreibt ihre Aufgabe so, dass sie sich in den Dienst anderer (ihrer engen Familie, ihrer Freunde) gestellt hat, ohne Fragen zu stellen, und akzeptiert hat, an zweiter oder sogar dritter Stelle zu stehen. Sie ist sich bewusst, dass ihre Kinder nicht die gleichen Werte haben, und hat deshalb Angst, verlassen zu werden und allein zu sein.

Das kanadische Dokumentationsinstrument beeindruckt durch seine Differenziertheit und Klarheit. Doch wird dabei das Seelsorgegeheimnis hinreichend geschützt? Oder allgemeiner gefragt: Wie lässt sich bei (intra- und) interprofessionellen Dokumentationspraktiken in digitalen Medien gewährleisten, dass das Seelsorgegeheimnis gewahrt bleibt?

Eine Antwort auf diese Frage hat konzeptionelle, rechtliche und organisatorische Fragen zu bedenken. Als Eckpunkte lassen sich nennen:[306]

(1) Wo seitens der Seelsorge dokumentiert wird, bedarf es klarer Leitlinien, die vorgeben, was in welcher Weise für wen dokumentiert werden soll.

(2) Dokumentation kann mehr oder weniger entfaltet sein. In der Minimalform beschränkt sie sich auf organisatorische Essentials, etwa die Angabe, wer seitens der Seelsorge involviert ist und was weiter geplant ist.

(3) Soll die seelsorgliche Dokumentation auch dazu dienen, die seelsorgliche-spirituelle Perspektive in den interprofessionellen Austausch einzubringen, kann sie sich nicht auf das Organisationale beschränken. Hilfreich für eine interprofessionelle Spiritual Care ist es, wenn die Seelsorge dokumentiert, was sie wahrnimmt und tut. Sie kann ihre Einschätzungen festhalten, ohne Gesprächsinhalte preiszugeben.

(4) Seelsorgliche Dokumentation kann auf zwei grundsätzlich verschiedene Weisen geschehen: einerseits in Form von Freitexteinträgen in eigenen Worten, andererseits im Rückgriff auf vorgegebene Stichworte allgemeiner Art, wobei sich diese sowohl auf Einschätzungen als auch auf Handlungen beziehen können. Beide Formen haben ihre Vorzüge und Nachteile.[307] Während frei formulierte Einträge tendenziell lesefreundlicher und informativer sind, ist es bei standardisierten Formulierungen einfacher, das Seelsorgegeheimnis zu wahren.

(5) Aus theologischer Sicht ist das Seelsorgegeheimnis vom Beichtgeheimnis zu unterscheiden.[308] Nicht jedes Seelsorgegespräch stellt ein Beichtgespräch dar. In Gesundheitskontexten stellt letzteres die Ausnahme dar und kann deshalb nicht als Paradigma gelten.

(6) Das Seelsorgegeheimnis ist das Berufsgeheimnis der Seelsorge. Es ist mit der professionellen Identität verknüpft und Teil des Berufs-

306 Zum Folgenden vgl. die Beiträge in: Peng-Keller/Neuhold/Kunz/Schmitt, Dokumentation als seelsorgliche Arbeit und Peng-Keller/Neuhold, Charting Spiritual Care.

307 Vgl. zum Folgenden: Mösli/Neuhold/Wey-Meier, Ankreuzen oder Erzählen.

308 Dass diese Unterscheidung nicht allein für die katholische Seelsorge und nicht nur für die Seelsorgepraxis, sondern auch für die Seelsorgeforschung bedeutsam ist, zeigen Moos et al, Ethik in der Klinikseelsorge, 26.

ethos, während das Beichtgeheimnis mit einer spezifischen seelsorglichen Aufgabe verknüpft ist und insofern ein Spezialfall des Seelsorgegeheimnis darstellt.

(7) Interprofessionelle Zusammenarbeit im Gesundheitswesen setzt ein geteiltes Berufsgeheimnis voraus. Nur dadurch kann eine gute Versorgung gewährleistet werden. Auch innerhalb der Gesundheitsberufe bedeutet ein geteiltes Berufsgeheimnis nicht, dass die beteiligten Professionen alle Informationen miteinander teilen.

(8) Ob die Seelsorge an diesem geteilten Berufsgeheimnis partizipieren kann, muss sowohl von seelsorglicher als auch von gesundheitsberuflicher Seite beantwortet werden. Von beiden Seiten ist auch eine gestufte Beteiligung denkbar. So haben in gewissen Institutionen Seelsorgende nur ein eingeschränktes Zugangsrecht zu den Patientendossiers und beschränken sich ihrerseits auf elementare Informationen.

(9) Die Legitimität und Notwendigkeit seelsorglicher Beteiligung an interprofessioneller Kommunikation und Dokumenation hängt von der Frage ab, ob die klinische Seelsorge als Profession betrachtet wird, die zum Versorgungsauftrag beiträgt, oder als ein davon unabhängiger externer Dienst. Im ersten Fall ist eine seelsorgliche Dokumentation notwendiger Teil der Qualitätssicherung, während sie im zweiten Fall lediglich aufgrund der Notwendigkeit einer organisatorischen Abstimmung legitim ist.

(10) Die interprofessionelle Dokumentation in elektronischen Patientendossiers wird künftig auch dadurch beeinflusst werden, dass Patient*innen zunehmend von der Möglichkeit Gebrauch machen, in ihre Akten Einblick zu nehmen. Dokumentation wird so zur indirekten Kommunikation mit Patient*innen. Für die Praxis ergibt sich daraus die Regel, so zu dokumentieren, dass die Betroffenen sich bei einer nachträglichen Lektüre wahr- und ernstgenommen fühlen.

Seelsorge im Feld klinischer Ethik

Die Herausforderungen, die sich im Zusammenhang einer interprofessionellen Vernetzung der Seelsorge zeigen, verdichten sich im Bereich klinischer Ethik. Die zu beobachtende Tendenz, dass

Seelsorgende vermehrt in diesem Feld engagiert sind, steht vor dem Hintergrund einer wechselvollen und spannungsreichen Geschichte. Durch die Aufnahme des Rogerschen Modells einer nichtdirektiven Gesprächsführung verabschiedete sich die Klinische Seelsorgeausbildung bereits während des Zweiten Weltkriegs von der Vorstellung, dass Seelsorgegespräche in direkter Weise zur moralischen Orientierung beitragen sollten. In den Vordergrund rückte das Anliegen, leidende Menschen nicht mit Normen zu konfrontieren, sondern ihnen die Erfahrung zu vermitteln, unbedingt angenommen zu sein. Wie das weiter oben zitierte Beispiel von Steve Nolan belegt, können Seelsorgende diese Aufgabe umso wirkungsvoller wahrnehmen, als sie, ohne es zu wollen, als Repräsentant*innen moralischer Normen und Erwartungen wahrgenommen werden. Durch »compassionate presence« an die Grenzen moralischer Bewertungen zu erinnern, unterläuft auf wirksame Weise eingespielte Erwartungen. Für das Ethos heutiger klinischer Seelsorge ist die Relativierung moralischer Fragen konstitutiv:

> »Nicht die Moralfähigkeit ist die Spitze unseres Menschseins, sondern unsere Heilsbedürftigkeit. Darauf hinzuweisen ist immer wieder die Aufgabe der Spitalseelsorgenden, durch das schlichte Dasein und Anteilnehmen, durch Wort und Zeichen.«[309]

Vor diesem Hintergrund ist es alles andere als selbstverständlich, dass sich die Klinikseelsorge seit einigen Jahren wieder vermehrt ethischen Fragen und Aufgaben zuwendet. Die Gründe dafür liegen auf der Hand. Die stetig wachsenden diagnostischen und therapeutischen Möglichkeiten und der damit verbundene Zwang, zwischen vielfältigen Optionen entscheiden zu müssen, erhöhen den Bedarf an ethischer Beratung. Er wird abgedeckt durch klinische Ethiker*innen, geschulte Gesundheitsfachpersonen und eben auch durch Seelsorgende. Ethikberatung gehört zu den erwähnten neuen Aufgabenfeldern, die der Klinikseelsorge in den letzten zwei Jahrzehnten zugewachsen sind. In Deutschland wurde diese Entwicklung dadurch gefördert, dass sich der evangelische und der katholische

309 Zimmermann-Acklin, Bioethik und Spitalseelsorge, 53 f.

Krankenhausverband bereits 1997 dazu verpflichteten, eine Ethikberatung nach US-amerikanischem Vorbild zu implementieren.[310]

In Antwort auf die neue Nachfrage etablierten sich in den letzten Jahren gleich mehrere Weiterbildungsangebote, die Seelsorgenden spezifische ethische Kompetenzen vermitteln.[311] Diese Entwicklung begünstigt zweifellos eine stärkere Integration von Seelsorgenden ins gesundheitsberufliche Feld – oder anders herum betrachtet: Die Klinikseelsorge kann sich diesem neuen Aufgabenfeld nur in dem Maße widmen, als sie bereit ist, sich in verbindlicher Weise auf institutionelle Prozesse in Gesundheitsinstitutionen einzulassen. Ähnlich wie das Dokumentationsthema zwingt diese Entwicklung die Seelsorge dazu, ihr Selbstverständnis, ihre Position, ihre (Selbst-)Verpflichtungen und Abhängigkeiten zu klären. Dazu ist zu eruieren, in welchen Situationen und welcher Form die Seelsorge gegenwärtig in ethischer Hinsicht angegangen wird oder sich aktiv einbringt. Zwei jüngere empirische Studien geben darüber Auskunft.

Empirische Studien zu Seelsorge und klinischer Ethik

Die erste Studie, die an der Forschungsstätte der Evangelischen Studiengemeinschaft (FEST) in Heidelberg durchgeführt wurde, befragte 31 evangelische Seelsorger*innen und eine katholische Seelsorgerin auf ihre Tätigkeiten im ethischen Bereich und die damit verknüpften Herausforderungen.[312] Darin zeigte sich zunächst, dass dieser Bereich nicht auf klinisch-ethische Entscheidungssituationen engzuführen ist. Auch die Organisationskultur und rituelle Vollzüge werfen ethische Fragen auf. Am häufigsten werden Seelsorgende mit ethischen Themen jedoch im Zusammenhang von medizinischen Entscheidungen am Lebensanfang und Lebensende einbezogen, wobei sie nicht allein Entscheidungsprozesse begleiten, son-

310 Deutscher Evangelischer Krankenhausverband/Katholischer Krankenhausverband Deutschlands, Ethik-Komitee, 5.

311 Vgl. den Zertifizierungskurs Medizinethik in der Klinikseelsorge an der Goethe Universität in Frankfurt a. M. und das in Moos et al., Ethik in der Klinikseelsorge, 313–333 beschriebene »Heidelberger Modul«.

312 Moos et al., Ethik in der Klinikseelsorge.

dern die Beteiligten, zu denen auch die Behandlungsteams gehören, auch im Nachgang unterstützen.

In der zweiten Studie, die von der Arbeitsstelle Medizinethik in der Klinikseelsorge der Goethe Universität Frankfurt durchgeführt wurde, wurden 15 katholische und 4 evangelische Seelsorger*innen auf ihre Erfahrungen im ethischen Feld befragt.[313] Die Ergebnisse stimmen weitgehend mit der FEST-Studie überein. Die befragten Seelsorger*innen weisen auf eine Dominanz der medizinischen Perspektive hin sowie auf das Spannungsverhältnis zwischen ihrer seelsorglichen und medizinethischen Rolle, wobei diese konfliktuöse Spannung teilweise von außen erzeugt wird – durch spezifische Erwartungen, Zuschreibungen und Vorurteile bzgl. der seelsorglichen Aufgabe –, teilweise jedoch auch einen internen Konflikt darstellt. Der kirchliche Auftrag kann sich beschränkend auf medizinethische Aufgaben auswirken. Eine nur partielle institutionelle Einbindung führt gemäß den Befragten zu einem Informationsdefizit, das die seelsorglichen Einflussmöglichkeiten erschwert. Gleichzeitig wird auf Situationen hingewiesen, in denen die Seelsorge selbst organisationsentwickelnd tätig ist und z. B. neue Gefäße initiiert. Schließlich macht die Studie darauf aufmerksam, dass die Seelsorge im medizinischen Bereich nur in dem Maße auf Anerkennung hoffen darf, als sie auch entsprechende Kompetenzen ausweisen kann. Als Ergebnis wird festgehalten: »Damit Klinikseelsorger*innen diese medizinethischen und organisationsethischen Rollen ausüben können, bedürfen sie nicht nur der Anerkennung im Krankenhauskontext, sondern auch in ihren Kirchen. Kirchenseitig ist ein klares Commitment zur Rolle der Klinikseelsorge als medizinethische Akteurin erforderlich, das auch die erforderlichen Ressourcen einschließt.«[314]

313 Mandry/Sperneac-Wolfer/Wanderer, Klinikseelsorgerinnen und Klinikseelsorger als medizinethische Akteure.

314 Mandry/Sperneac-Wolfer/Wanderer, Klinikseelsorgerinnen und Klinikseelsorger als medizinethische Akteure, 17.

Klinikseelsorgliches Berufsethos: Selbstverpflichtung zu therapeutischer Professionalität

Die ethische Frage betrifft Klinikseelsorgende nicht nur in Gestalt medizinethischer Problemstellungen, sondern sie wendet sich auf sie selbst zurück: Was heißt es, eine gute Klinikseelsorgerin, ein guter Klinikseelsorger zu sein? Dieser Frage geht Peter Sedgwick in einem Beitrag zu Seelsorge und Ethik nach.[315] Die eben gestellte Frage ist doppeldeutig. Sie kann sich sowohl auf das seelsorgliche Berufsethos beziehen als auf die Qualitätskriterien, an denen seelsorgliches Handeln zu bemessen ist. Beides ist enger miteinander verknüpft, als es zunächst scheinen mag. Sedgwick konzentriert sich auf Ersteres und konstatiert, dass Seelsorgende einem doppelten Ethos verpflichtet sind: demjenigen der anstellenden Institution und demjenigen ihrer religiösen Gemeinschaft. So unproblematisch es auch sein mag, diese beiden Wertsphären auf einer grundsätzlichen Ebene zu harmonisieren, so unausweichlich dürfte es sein, dass diese doppelte Verbindlichkeit im klinikseelsorglichen Alltag immer wieder zu Spannungen führt. Die Frage, ob und in welcher Form eine seelsorgliche Begleitung bei einem assistierten Suizid angeboten werden darf und soll, ist ein Beispiel dafür.[316] Allerdings: Spannungen zwischen unterschiedlichen professionellen Verpflichtungen sowie zwischen institutionellen und persönlichen Wertsystemen treten nicht nur in der Klinikseelsorge auf, sondern ebenso im medizinischen, pflegefachlichen und psychotherapeutischen Berufsfeld.[317] Ethische Kompetenz bedeutet deshalb auch, mit solchen Spannungen in reflektierter Weise umzugehen.

Doch auch der zweite Sinn der obigen Frage hat eine ethische Dimension. Ein klinikseelsorgliches Berufsethos hat heute – neben

315 Sedgwick, Chaplaincy and Ethics.

316 Vgl. Morgenthaler/Plüss/Zeindler, Assistierter Suizid und kirchliches Handeln.

317 Mohrmann, Ethical Grounding for a Profession of Hospital Chaplaincy, 20 erwähnt als Beispiel die Spannung zwischen der ärztlichen Verpflichtung der Patientenorientiertheit und jener zur Ausbildung angehender Fachpersonen. Vgl. auch Trachsel/Gaab/Biller-Andorno, Psychotherapie-Ethik.

vielem anderen[318] – auch eine Verpflichtung zu therapeutischer Professionalität zu umfassen. Da Seelsorge zwar Gutes bewirken möchte, doch auch negative Wirkungen zeitigen kann, unterliegt sie in klinischen Kontexten den weltweit geltenden medizinethischen Grundprinzipien der Schadensvermeidung (non-maleficence) und des Patientenwohls (beneficence).[319] Das bedeutet auch, dass Seelsorgende ihre Tätigkeit nicht allein gemäß allgemeinen Kriterien professioneller Sorgfalt auszuüben haben, sondern, wie Angehörige anderer Berufe im Gesundheitswesen, auch in empirisch fundierter Rechenschaft über die Auswirkungen des eigenen Tuns. Seelsorge darf die ethischen und professionellen Ansprüche, die in Gesundheitsinstitutionen gelten, nicht unterschreiten.[320] Die Pflicht zur therapeutischen Wachsamkeit, zu kritischer Selbstüberprüfung und Selbstbegrenzung ist umso dringlicher, als die Kirchen durch dilettantische und übergriffige Seelsorge in den letzten Jahren und Jahrzehnten viel Vertrauenskapital verspielt haben.[321] Das bereits zitierte EKD-Dokument aus dem Jahre 2004 spricht dieses Desiderat deutlich aus:

> »Auch für die Krankenhausseelsorge ist es enorm hilfreich, wenn sie die wesentlichen Prozesse und Strukturen ihrer fachlichen und wirtschaftlichen Organisation systematisch ins Gespräch bringt, sie an ihren Zielen ausrichtet, ihre Merkmale am Maßstab der Ziele prüft und sich anhand der Ergebnisse einer kontinuierlichen Qualitätsentwicklung widmet. So kann nachhaltig und phantasievoll aus Erfahrung gelernt und soziale Wirklichkeit gestaltet werden. Es wird nicht erst abstrakt das Bewusstsein verändert und dann das Handeln, vielmehr erweitern sich beim wachen und sorgfältigen Vorgehen auch die Mentalitäten! Die Initiative sollte diesbezüglich bei der Krankenhausseelsorge selbst liegen.«[322]

318 Vgl. bspw. Müller/Rosenberger/Schaupp/Wolbert, Ethikkodex professioneller Seelsorger.
319 Beauchamp/Childress, Principles of Biomedical Ethics.
320 Leget, Spiritual Care als Zukunft der Seelsorge.
321 So auch Mader, Professionelle Krankenhausseelsorge, 187.
322 EKD, Die Kraft zum Menschsein stärken, 32.

Gemäß Margaret Moormann unterliegt klinikseelsorgliches Handeln einer »ethic of accountability«. Seelsorgende haben Rechenschaft darüber abzulegen, was sie mit welchen Zielsetzungen tun, woran sich ein gutes seelsorgliches Handeln bemessen lässt und wie eine verbindliche Qualitätssicherung durchgeführt wird.[323] Nimmt man dies im Rahmen der im Gesundheitswesen geltenden Standards ernst, so hat dies drei gewichtige Konsequenzen:

1. *Evidenzbasiertheit klinikseelsorglichen Handelns:* Im Gesundheitswesen tätige Seelsorgende können nicht einfach voraussetzen, dass ihre Angebote (und sie selbst) den von ihnen begleiteten Personen gut tun, sondern sie müssen das auch ausweisen können und bereit sein, sich in ihrem Handeln am aktuell verfügbaren Wissen auszurichten und durch neue Evidenz korrigieren zu lassen. Eine professionelle Klinikseelsorge setzt eine Seelsorgeforschung voraus, die untersucht, welche Formen von Seelsorge für welche Kontexte hilfreich sind und welche nicht.
2. *Evidenzbasiertheit klinikseelsorglicher Ausbildung:* Dasselbe gilt ebenso für die Seelsorgeausbildung. Um der Glaubwürdigkeit der von ihnen zu verkörpernden Botschaft willen und um den im Gesundheitswesen geltenden ethischen Grundprizipien und professionellen Standards genügen zu können, müssen auszubildende Seelsorgende mit empirisch fundierten Seelsorgemodellen vertraut werden und Formen der kritischen Selbstüberprüfung des eigenen Handelns erlernen. Die im letzten Jahrhundert entwickelte klinische Seelsorgeausbildung hatte eine solche Professionalität im Sinne, die sich nun unter veränderten Bedingungen zu bewähren hat.
3. *Qualitätsüberprüfung klinikseelsorglicher Arbeit:* Die klinikseelsorgliche Tätigkeit wird sich aus den genannten Gründen künftig einer intensiveren Qualitätsüberprüfung unterziehen lassen müssen, als dies bisher der Fall war. Sie tut gut daran, die Mittel dafür proaktiv selbst zu entwickeln. Dazu gehören nicht zuletzt geeignete Dokumentationsinstrumente. Denn ohne gute Doku-

323 Mohrmann, Ethical Grounding for a Profession of Hospital Chaplaincy, 20.

mentation, die seelsorgliche Aktivitäten in transparenter Weise festhält, ist keine Qualitätsüberprüfung möglich.[324]

Ethikberatung und Seelsorgeauftrag

Wie die zitierten Studien der Heidelberger FEST und der Frankfurter Arbeitsstelle Medizinethik in der Klinikseelsorge belegen, sind Klinikseelsorgende in vielfältiger Weise in der Ethikberatung involviert: sei es direkt mit Patient*innen und ihren Angehörigen in oft fluiden Situationen, sei es in mehr oder weniger institutionalisierter Weise in interprofessionellen Besprechungen und klinischen Ethikomitees. Die Grundsatzfrage, ob Ethikberatung überhaupt eine klinikseelsorgliche Aufgabe darstellen kann, hat sich längst erübrigt. Dennoch sind viele Fragen offen: Wie verhält sich Ethikberatung zu den anderen klinikseelsorglichen Aufgaben? Wie fügt sie sich ins Ganze der professionellen Identität ein? An welchen Modellen kann sich die Seelsorge bei dieser neuen Aufgabe orientieren? Und an welchen Gütekriterien bemisst sich klinikseelsorgliches Handeln in diesem Feld?

Ohne auf diese Fragen an dieser Stelle näher eingehen zu können, lässt sich mit Blick auf das Thema dieses Buchs festhalten: Die wachsende seelsorgliche Beteiligung bei Therapieentscheidungen und deren Verarbeitung stellt ein weiteres Indiz dafür dar, dass die Klinikseelsorge sich zunehmend als Profession im Gesundheitswesen etabliert, die in interprofessioneller Zusammenarbeit auf ihre Weise zur Erreichung von dessen Zielen beiträgt. »Unter der Erwartung, dass sie sich mit Ethik doch auskennt, wandelt sich das Berufsbild der Klinikseelsorge.«[325] Konsens dürfte auch sein, dass Klinikseelsorgende eine besondere Rolle einnehmen, wenn sie im Rahmen einer Ethikberatung tätig sind, und darauf zu achten haben, diese nicht mit ihren anderen Rollen zu vermischen. Schließlich ist in der zitierten Literatur unstrittig, dass es angesichts der Komplexität medizinethischer Entscheidungen für eine seelsorgliche Beratungstätigkeit in

324 Ein weiterer Weg ist die Befragung von Patient*innen, vgl. Snowden/Telfer, The Story of the Scottish Patient Reported Outcome Measure.

325 Moos, Ethik als Herausforderung der Klinikseelsorge, 605.

diesem Bereich zusätzlicher Qualifikationen bedarf. Klinikseelsorgende können nicht alles und nicht alles zugleich. Deshalb haben sie immer wieder neu zu klären, in welcher Rolle sie jeweils gefragt und tätig sind und welche Voraussetzungen sie dafür benötigen.

Doch sind sie nicht selbst dann, wenn sie in deklarierter Weise beraterisch tätig sind, etwa in einer ethischen Fallbesprechung, anders als klinische Ethiker*innen, in einer Doppelrolle? Nämlich einerseits als klinische Expert*innen für religiös-spirituelle Fragen und andererseits als Repräsentant*innen eines religiös geprägten Ethos? Gilt nicht auch für die Mitarbeit im klinischen Ethikkomitee: »Der Seelsorger kann […] weder als Medium (Spiegel) noch als unbeteiligter Zuschauer agieren, sondern er ist beteiligt als Repräsentant«[326]? Es ist naheliegend, gerade in dieser Doppelrolle den spezifischen seelsorglichen Beitrag zur klinischen Ethikberatung festzumachen. Was Seelsorgende einbringen, ist nicht allein eine theologisch-ethische Fachexpertise, sondern die Perspektive einer Glaubenstradition, die zumindest von einem Teil der Patient*innen und der in der jeweiligen Institution tätigen Gesundheitsfachpersonen geteilt wird und bei einem kirchlichen Krankenhaus auch institutionell verankert ist. In den Leitlinien für klinikseelsorgliche Aufgaben im medizinethischen Feld, die die US-amerikanische Association of Professional Chaplains 2000 veröffentlichte, wird diese Doppelrolle – Expert*in und Repräsentant*in – in Formulierungen wie der folgenden festgehalten: »Die Seelsorge dient als Anwalt für die spirituellen Werte und religiösen Überzeugungen des Patienten, auch wenn diese Werte und Überzeugungen nicht die des/der Seelsorgenden sind.«[327]

Um diese Unterscheidung machen zu können, muss den Beteiligten klar sein, für welche Werte und welches Ethos der/die Seelsorgende einsteht. So wie die Transparenz bezüglich einer allfälligen Interessensbindung ein wesentlicher Punkt heutiger Forschungsethik ist, gehört es zu den ethischen Grundstandards für die Klinikseelsorge, dass sie darüber Auskunft zu geben vermag, welchen Werten

326 Körtner, Seelsorge und Ethik, 100.

327 Association of Professional Chaplains, Guidelines for the Chaplain's Role in health care Ethics, 2.

und welcher (Glaubens-)Gemeinschaft sie verpflichtet ist – finanziell und ideell. Dies führt uns zum nächsten und letzten Thema dieses Kapitels.

Seelsorge in inter- und transreligiösen Konstellationen

Klinische Seelsorge, so der Leitgedanke dieses Buchs, ist als spezialisierte Form interprofessioneller Spiritual Care zu verstehen. In ihren religiösen und weniger offkundig religiösen Varianten ist Spiritual Care das Kernstück klinikseelsorglicher Tätigkeit und Identität. Klinikseelsorgende sind, anders als Gesundheitsfachpersonen, Spezialist*innen in Sachen Spiritual Care. Doch hat jede Spezialisierung ihre Grenzen. Auch noch so gut und umfassend ausgebildete Klinikseelsorgende haben ihre Schwerpunkte und kennen sich keineswegs in *allen* Fragen und Vollzügen gelebter Spiritualität gleichermaßen aus. Diese Begrenzung hat nicht nur mit der Vielschichtigkeit und Pluralität heutiger Spiritualität und persönlichen Grenzen zu tun, sondern mit etwas viel Grundsätzlicherem: der Positionalität der Seelsorgenden selbst. Sie verkörpern keinen Blick von Nirgendwo, sondern stehen an einem bestimmten Ort, haben einen je eigenen Werdegang hinter sich und gehören einer bestimmten Kultur[328] und Glaubensgemeinschaft an, wobei diese Zugehörigkeit – wie jene zur eigenen Familie – mehr oder weniger intensiv und spannungsreich sein mag. Aufgrund dieser Zugehörigkeit werden bestimmte Formen seelsorglicher Kommunikation möglich: die spontane Formulierung eines christlichen oder muslimischen Gebets, eine Taufhandlung, eine rituelle Waschung etc. Die Zugehörigkeit zu einer bestimmten Glaubensgemeinschaft, die Seelsorgende (in unterschiedlicher Weise) repräsentieren, bedeutet zugleich eine Limitation. Sie zeigt sich an Ritualen wie einer katholischen Krankensalbung oder Beichte am deutlichsten, bestimmt jedoch die seelsorgliche Kommunikation insgesamt. Die Idee einer

328 So sind aus chinesischer Perspektive westlich geprägte Spiritualitätskonzepte teilweise schwer nachvollziehbar, vgl. Kwan, Negotiating the meaning of spirituality.

spezialisierten Spiritual Care, die konfessionsneutral wäre, ist eine spätmoderne Chimäre – oder eine Strategie, die eigene Positionalität im Kleid einer angeblichen Universalität und Nicht-Konfessionalität zu verbergen. So ist auch eine humanistische Seelsorge positional, einem mehr oder weniger klar und verbindlich ausformulierten humanistischen Credo verpflichtet und mit dem Anspruch verbunden, eine bestimmte gesellschaftliche Gruppe zu repräsentieren. Da die Pluralisierung religiös-spiritueller Identitäten nicht nur die Patient*innen und ihre Angehörige betrifft, sondern auch die Seelsorgenden selbst,[329] ist allerdings auch an dieser Stelle mit komplexen Konstellationen zu rechnen. Aus der offiziellen und persönlichen Positionalität der Seelsorgenden ergeben sich verschiedenartige inter- und transreligiöse Konstellationen, spannungsarme und spannungsreiche, ebenso wie vielfältige Lern- und Gestaltungsaufgaben.

Im Rahmen einer reflektierten Positionalität und Repräsentativität sind vielfältige Gestalten einer inter- und transreligiösen Seelsorge möglich und längst schon erprobt.[330] Im vorliegenden Rahmen interessiert insbesondere die Frage, was »heilsame Seelsorge« in inter- und transreligiösen Kontexten bedeutet und zur Gesundheitsversorgung beitragen kann. Ich werfe dazu einen Blick auf zwei exemplarische Fallberichte, die von der evangelischen Pfarrerin und Supervisorin Ulrike Mummenhoff stammen:

Fallbericht: Der dreifache Segen

»In einem Vierbettzimmer habe ich an einem Vormittag drei Seelsorgegespräche mit drei christlichen alten Damen. Zwei sind evangelisch, eine katholisch. Alle drei Gespräche sind von Leid und Tränen geprägt. Eine von ihnen bittet mich um das Abendahl am nächsten Tag und die zwei anderen beschließen, mitzufeiern. Auf dem vierten Bett sitzt eine muslimische Frau. Ich gehe auch zu ihr, reiche ihr die Hand und wir können, da sie kein Deutsch spricht,

329 Vgl. Mezger, Religion, Spiritualität, Medizin.

330 Vgl. Weiß/Federschmidt/Temme, Handbuch Interreligiöse Seelsorge; Noth/Wenz/Schweizer, Seelsorge und Spiritual Care in interkultureller Perspektive; Schneider-Harpprecht, Interkulturelle Seelsorge.

leider nur unsere Namen austauschen. Trotzdem ist dieser Kontakt sehr warmherzig. Am nächsten Tag komme ich zur Abendmahlsfeier. Ich begrüße alle vier und gestalte die Abendmahlrunde. Zum Schluss der Feier lege ich den drei Teilnehmerinnen die Hände auf und segne sie. Als mein Blick zu der muslimischen Dame hinübergeht, winkt sie mich zu sich, nickt und beugt den Kopf, auch sie will gesegnet werden. Ich segne sie. Wenige Tage später wird sie entlassen. Ich begegne ihr auf dem Flur in Begleitung ihres Sohnes. Sie nimmt mich in die Arme, segnet mich und sagt etwas zu ihrem Sohn, der an mich weitergibt: ›Meine Mutter sagt, Sie sind eine gute Frau und wünscht Ihnen Allahs Frieden.‹«[331]

In diesem Fallbericht kommt es zu einer zweifachen Ausweitung des Seelsorgeangebots. Zunächst findet eine ökumenische Öffnung statt, erst im Gespräch, dann in der evangelischen Abendmahlsfeier, an der auch die katholische Patientin teilnimmt. Die zweite Öffnung wird initiiert durch die muslimische Patientin, die als stille Zeugin den tränenreichen Seelsorgegesprächen beiwohnte. Es kommt zu einem ersten herzlichen, beziehungsstiftenden Kontakt. Er bereitet den Boden für den nächsten Schritt. Am nächsten Tage wiederholt sich die Konstellation, wobei die drei christlichen Patientinnen zusammen mit der Pfarrerin nun eine Mahlgemeinschaft bilden. Die muslimische Patientin hält sich respektvoll im Hintergrund, ergreift jedoch nach dem Schlusssegen wieder die Initiative. Auch wenn sie die Worte nicht versteht, weiß sie aus ihrer eigenen religiösen Tradition, was es heißt, gesegnet zu werden. In gestischer Sprache bittet sie die evangelische Pfarrerin um ihren Segen. Damit erhält diese einen seelsorglichen Auftrag, der über ihre kirchliche Beauftragung hinausgeht. Wie hat sie das erlebt? Im Kommentar zum Fallbeispiel ist zu lesen: »Ich war über ihren Wunsch nach dem Segen im ersten Moment überrascht. Zugleich merkte ich, dass es Ausdruck des gemeinsam Erlebten war und ich sie gerne segnete.«[332] Die Seelsorgerin nimmt wahr, dass die muslimische Mitpatientin der Abend-

331 Mummenhoff, Interreligiöse Seelsorge im Arbeitsfeld Krankenhaus, 245 f.
332 Mummenhoff, Interreligiöse Seelsorge im Arbeitsfeld Krankenhaus, 246.

mahlsfeier beiwohnt. Sie ist Teil der Solidaritätsgemeinschaft in diesem Krankenzimmer und schließlich auch der gemeinsamen Feier. Gottes Segen verbindet. Und am Ende wird auch die Seelsorgerin selbst transreligiös gesegnet. Sie spürt, »dass dieser Segen der muslimischen Frau aus ganzem Herzen kam und mir als Person und Mensch galt und ich habe ihn gerne entgegengenommen«.[333] Der Segen überschreitet sprachliche und religiöse Grenzen und macht erfahrbar, dass Seelsorge ein responsives Geschehen ist, in dem die Gebenden selbst Empfangende sind.

Fallbericht: Interreligiöse Konstellationen im Familiensystem

In einem weiteren Fallbericht schildert Ulrike Mummenhoff die Begleitung einer Familie aus dem asiatischen Raum. Der Vater ist schwer krank und wird palliativ behandelt. Er ist katholisch und wird auch von einem externen Priester begleitet, der aus demselben Land kommt wie er. Am Ende eines Gesprächs mit dem Mann und dessen Frau und Tochter bietet die Seelsorgerin an, ein Gebet zu sprechen, was dieser nach einem kurzen Zögern annimmt. Die Atmosphäre während des Gesprächs ist angespannt. In einem späteren Gespräch mit der Tochter erfährt die Seelsorgerin, dass die Mutter Buddhistin ist und auch eine weitere Tochter sich in Richtung Buddhismus orientiert, während der Sohn areligiös und ein Schwiegersohn muslimisch ist. Später zeigt sich im Gespräch mit der Mutter, dass diese ein an Gott gerichtetes Gebet tatsächlich irritiert. Ein an Maria oder Jesus adressiertes Gebet sei für sie jedoch völlig in Ordnung. Die Seelsorgerin erkennt, wie sich die innerfamilären Spannungen mit jenen zwischen unterschiedlichen (a)religiösen Bekenntnissen und Praktiken verkoppeln und wie die Familie zugleich unterschiedliche »interreligiöse Kompromisse« gefunden hat. Während in der christlich-islamischen Konstellation (Vater, Tochter, Schwiegersohn) von Gott gesprochen wird, verständigt sich die Familie im christlich-buddhistischen Gespräch, indem sie sich an Jesus und Maria orientiert. Das Wissen um diese beson-

333 Mummenhoff, Interreligiöse Seelsorge im Arbeitsfeld Krankenhaus.

deren familiären Konstellationen ermöglicht eine gut angepasste seelsorgliche Begleitung.[334]

Das Fallbeispiel ist für den vorliegenden Zusammenhang gleich in mehrfacher Hinsicht erhellend. Es veranschaulicht, was es für die seelsorgliche Arbeit bedeutet, dass religiös-spirituelle Zugehörigkeiten und Identitäten in zunehmendem Maße fluid und hybrid sind. Entgegen der nach wie vor vorherrschenden Tendenz, von eindeutigen Zugehörigkeiten und Identitäten auszugehen, ist seelsorglich damit zu rechnen, dass Mehrfachzugehörigkeiten und Kombinationen von Praktiken und Überzeugungen aus unterschiedlichen Traditionen inzwischen eher der Normalfall als die Ausnahme darstellen. Hinzu kommt, dass religiöse *und* kulturelle Zugehörigkeiten, Überzeugungen und Normen zwar oft schwer zu unterscheiden sind, doch gleichwohl nicht zu vermischen sind. Spirituelle Pluralisierung findet nicht zuletzt auch innerhalb der großen religiösen Traditionen und traditionell orientierten Milieus[335] statt, was zu wachsenden intra-religiösen Differenzen führt, die seelsorglich zu beachten sind. Die Unterschiede zwischen Personen, die nominell zur selben Religion gehören, sind manchmal größer als die interreligiösen Differenzen.

Das zitierte Fallbeispiel erinnert auch daran, dass in inter- und transreligiösen Konstellationen die systemische Perspektive besonders wichtig ist. Klinische Seelsorge hat es nicht nur mit Einzelnen zu tun, sondern immer auch mit An- und Zugehörigen und den sie verbindenden Beziehungsgefügen. Und in diesen potenziert sich die Hybridität, die bereits in persönlichen Lebensentwürfen aufscheint. Das zitierte Fallbeispiel zeigt, wie bedeutsam es ist, unterschiedliche Zugehörigkeiten innerhalb eines Angehörigensystems zu beachten.

Das Fallbeispiel zeigt schließlich auch: Inter- oder transreligiöse Seelsorge ist nicht nur dort angezeigt, wo ein konfessionelles Angebot aus organisatorischen Gründen nicht zur Verfügung steht.

334 Mummenhoff, Interreligiöse Seelsorge im Arbeitsfeld Krankenhaus, 253.
335 Das zeigt z. B. Candy G. Browns Studie zu Heilungspraktiken in evangelikanischen Milieus der USA: Brown, The Healing Gods.

Sie ist nicht nur eine Notlösung, sondern oft die passendste Form. Helmut Weiß gab in diesem Zusammenhang zu bedenken, dass es manchmal hilfreich sein kann, »wenn Seelsorge von ›außen‹, also aus einer anderen Glaubenstradition kommt, um religiöse Festlegungen zu verflüssigen«.[336] Eine ähnliche Sicht vertritt auch die jüdische Rabbinerin Melinda Michelson-Carr:

> »Die Annahme, dass Personen aus der eigenen Gruppe einem immer am besten dienen könnten, stimmt nicht. Auf der Basis des gemeinsamen Glaubens kann es zu guten Beziehungen kommen; doch spielen dabei stets auch noch andere Faktoren einer Rolle. [...] Manche Menschen können sich eher ausgeliefert fühlen, wenn sie von jemandem aus der gleichen Glaubensgemeinschaft betreut werden. Will man bestimmte Fragen erörtern, kann ein Gespräch mit einem Fremden dafür angenehmer und freier sein.«[337]

Als Spezialistin im Feld von Spiritual Care hat sich klinische Seelsorge in religiös komplexen Konstellationen zu bewähren. Zur Professionalität inter- und transreligiöser Seelsorge gehört die Fähigkeit des Übersetzens zwischen unterschiedlichen religiös-spirituellen Welten, das bereits bei der Klärung der seelsorglichen Aufgabe beginnen kann. Ein mögliches Ziel eines interreligiösen Seelsorgegesprächs könnte nach Eberhard Hauschild sein:

> »Wenn beide das Gespräch so in das Licht ihrer Religion halten können, dass daraus ein Bild entsteht, das sie selbst als Bild ihrer eigenen Religion anerkennen können, wenn beide in diesem Sinn ihr ›religionsspezifisches Credo‹ wiederzuerkennen vermögen, dann hat die interreligiöse Seelsorge als interreligiöse Kommunikation ihr Ziel erreicht.«[338]

336 Weiß, Grundlagen interreligiöser Seelsorge, 95.

337 Michelson-Carr, Begleitung auf spirituellen Reisen, 374 f.

338 Hauschild, Sprache, 161.

Zur seelsorglichen Professionalität gehört ebenso, die Grenzen des eigenen Verstehens und Einfühlen-Könnens wahrzunehmen und achtsam damit umzugehen.[339]

Unter den Bedingungen wachsender weltanschaulicher und religiös-spiritueller Pluralität erhöhen sich die Ansprüche an eine interprofessionelle Spiritual Care und machen eine spezialisierte Profession umso dringlicher. Als solche erweist sich Klinikseelsorge nicht durch eine Scheinneutralität in religiös-spiritueller Hinsicht, sondern durch ihre Fachexpertise und einen reflektierten Umgang mit ihrer unausweichlichen Positionalität. Gerade daraus ergeben sich in einem komplex strukturierten Feld vielfältige Möglichkeiten der Anknüpfung, Vermittlung und Vertiefung. Die Legitimät zu einer inter- und transreligiösen Seelsorge gewinnt eine spezialisierte Spiritual Care jedoch nicht aus ihrer Positionalität, sondern aus ihrer fachlichen Kompetenz und ihrem Beitrag zu den konkreten und übergreifenden Zielen des Gesundheitswesens, denen auch die Professionen verpflichtet sind, die in diesem Feld arbeiten. Nur in dem Maße, in dem sie ihre therapeutische Qualität ausweist, wird Klinikseelsorge als eigene Profession in diesem Umfeld anerkannt und unterstützt. Im letzten Kapitel soll vor diesem Hintergrund skizziert werden, was es für die Klinikseelsorge bedeuten könnte, sich auch als *spirituell* qualifizierte Profession zu verstehen.

339 Schneider-Harpprecht, Interkulturelle Seelsorge.

3 Klinikseelsorge als spirituelle Profession

Die Herausforderung, von psychotherapeutischen Ansätzen zu lernen, ohne selbst zur Psychotherapie zu werden, begleitet die Klinische Seelsorge seit ihren frühsten Anfängen. Die Meinungen über diesen Balanceakt zwischen Spiritualität und Psychologie waren immer schon geteilt. Viele der Anfragen, mit denen sich in den 1970er Jahren die deutschsprachigen Pioniere der Pastoralpsychologie auseinanderzusetzen hatten, kehrten in den vergangenen Jahren mit Blick auf die in diesem Buch skizzierten Entwicklungen wieder. Selbst wenn dabei deren Komplexität oft unterschätzt wird, machen diese Anfagen auf ein grundsätzliches Problem aufmerksam, das zwar nicht neu ist, doch in neuer Deutlichkeit hervortritt: die Angleichung der Klinikseelsorge an die therapeutischen Berufe. Geht dadurch nicht verloren, was sie auszeichnet: die Fokussierung auf die spirituelle Dimension? Führt die Betonung des therapeutischen Charakters der Klinikseelsorge, das Plädoyer für eine »heilsame Seelsorge«, letztlich nicht zu einer Verstellung ihres spirituellen Profils? Oder präziser gefragt: Wie lässt sich verhindern, dass genau dies geschieht?

Um mich einer Antwort auf diese kritischen Fragen anzunähern, lasse ich mich von dem Gedanken leiten, dass sich das spirituelle Profil klinischer Seelsorge aus mehreren Momenten zusammensetzt und nicht auf ein einzelnes reduziert werden sollte:

- die spirituelle Grundhaltung;
- die Beauftragung durch eine Glaubensgemeinschaft;
- die Symbolizität der seelsorglichen Rolle;
- die Kompetenz zu sprituellen Vollzügen in klinischen Kontexten.

Spirituelle Grundhaltung als professionsspezifisches Kennzeichen

Zum Selbstverständnis christlicher Seelsorge gehört es, dass seelsorgliches Tun und Lassen in dem Maße heilsam ist, als es zum Medium der göttlichen Geistkraft wird. Die heilsame Präsenz, die Seelsorge vermitteln möchte, bezieht sie nicht aus ihr selbst. Sie empfängt und bezeugt sie vielmehr als Wirklichkeit, die sie selbst zu dem werden lässt, was sie ist. Das radikale Bewusstsein dafür, nichts Eigenes anbieten zu können und alles geschenkt zu bekommen, ist selbst Gabe und nicht etwas, was Seelsorger*innen ein für allemal besitzen können. In dem Maß, als es immer wieder neu geweckt und genährt wird, wird dieses Bewusstsein lebensbestimmend und handlungswirksam. Deshalb setzt Seelsorge eine persönliche Gebets- und Meditationspraxis voraus, die begünstigt, dass seelsorgliche »Akteur*innen« immer wieder neu zu Empfangenden werden. So verstanden stellt die Verankerung im Gebet ein professionelles Alleinstellungsmerkmal dar.[340]

So selbstverständlich es für Seelsorgende grundsätzlich auch sein mag, eine so oder anders zu umschreibende spirituelle Grundhaltung als unerlässlich zu erachten – aus professionstheoretischer Perspektive stellen sich gewichtige Fragen. Die Aussage, dass eine spirituelle Grundhaltung ein konstitutives Kennzeichen einer professionellen Klinikseelsorge darstellt, ist paradox, denn sie macht ein transprofessionelles Moment zum Wesensmerkmal einer professionellen Rolle und unerläuft damit die konstitutive Trennung zwischen beruflichem und privatem Bereich.[341] Diese Paradoxie lässt sich durch eine Präzisierung abmildern: Professionelle Seelsorge zeichnet sich dadurch aus, dass sie die transprofessionellen Grundlagen ihrer Tätigkeit in professioneller Weise reflektiert und verantwortet. Anders als ehrenamtliche Helfer*innen sind Klinikseelsorgende verpflichtet, bei Bedarf über die transprofessionellen Aspekte ihres Tuns in differenzierter Weise Auskunft zu geben.

340 So Meyer-Blank, Das Gebet, 57.

341 Das verbindet die Klinikseelsorge mit dem Gemeindepfarramt und anderen kirchlichen Berufen, vgl. Wiedekind, Wertewandel im Pfarramt.

Gewiss: All das gilt nicht nur für klinische Seelsorge, sondern für professionelle Seelsorge überhaupt, wo auch immer sie angesiedelt ist: in der Gemeinde, im Gefängnis, im Asylwesen usw. Doch sich unterscheidende Seelsorgekontexte erfordern nicht nur besondere Expertisen und Feldkompetenzen, sondern auch unterschiedliche spirituelle Fokussierungen. Für den klinischen Kontext heißt das, die eigene spirituelle Grundhaltung in auskunftsfähiger Weise mit therapeutischen Fragen zu verknüpfen. Mehr als ihre in anderen Feldern tätigen Berufskolleg*innen sind Klinikseelsorgende gefordert, in ihrer Tätigkeit eine Spiritualität des Heilens zu entwickeln, die auch auf die eigene Heilungsbedürftigkeit reflektiert. Eine solche Selbstverortung gehört zu jenem professionellen und spirituellen Lernprozess, der als Aneignung eines persönlichen Seelsorgekonzepts beschrieben wurde.[342] Die Fülle neutestamentlicher Heilungsgeschichten und die wachsende Zahl klinikseelsorglicher Fallberichte[343] bieten dafür eine reiche Matrix.

Rückbindung an eine Glaubensgemeinschaft

Wenn eine spirituelle Grundhaltung die subjektive Voraussetzung dafür ist, die Klinikseelsorge als spirituelle Profession zu bezeichnen, so markiert die Rückbindung an eine Glaubensgemeinschaft die objektive Seite. Diese kommt in einer offiziellen Beauftragung zum Ausdruck, auf die ich mich hier konzentriere, doch umfasst sie einiges mehr: eine innere Verbundenheit mit dieser Gemeinschaft.

Der Sinn einer kirchlichen Beauftragung lässt sich mehrfach begründen. Sie bindet die Klinikseelsorge an die Ortskirche und die lokalen Gemeinden zurück und fördert die Durchlässigkeit zwischen klinischen und nicht-klinischen Seelsorgesphären. Sie verortet die Klinikseelsorge innerhalb des vielgestaltigen kirchlichen Engagements im Gesundheitswesen und ermöglicht es, dass Seel-

342 Morgenthaler, Seelsorge, 73.

343 Vgl. Bobbert, Zwischen Parteilichkeit und Gerechtigkeit, 2015; Fitchett/Nolan, Case Studies in Spiritual Care; Kruizinga et al., Learning from Case Studies in Chaplaincy.

sorgende im Namen einer konkreten Glaubensgemeinschaft sprechen und handeln können, wodurch sie diese nicht nur amtlich vertreten, sondern auch spirituell vergegenwärtigen. In den Worten Eberhard Hauschildts:

> »Von der Person, die Seelsorge erhält, wird ihr Gegenüber als eines erfahren, das Teilhabe gibt an einer sozialen Gemeinschaft (im Fall christlicher Seelsorge: der sichtbaren Kirche) und einer transzendenten Gemeinschaft (der unsichtbaren Kirche, des Reiches Gottes).«[344]

Die kritische Frage, ob es für eine klinische Seelsorgetätigkeit in säkularen Institutionen in jedem Fall auch einer kirchlichen Beauftragung bedarf bzw. ob eine solche noch angemessen ist, stellt sich insbesondere dort, wo die Seelsorge durch Gesundheitsinstitutionen selbst oder das staatliche Gesundheitswesen finanziert wird, was nicht nur in den USA, Kanada, Australien, dem Vereinigten Königreich und den Niederlanden die Regel ist, sondern in Zukunft auch in deutschsprachigen Ländern zunehmend der Fall sein dürfte. Diese Frage betrifft nicht nur das potenziell konfliktträchtige Zusammenspiel unterschiedlicher Interessens- und Rechtssphären. In ihrer bereits zitierten Analyse der US-amerikanischen Entwicklung formuliert Winnifred F. Sullivan die Anfrage in ebenso prägnanter wie scharfer Weise:

> »Eine solche [kirchliche] Beauftragung [...] widerspricht dem verallgemeinernden und auf Gleichheit bedachten Impuls, professionelle Seelsorgende in einem breiten Sinne dazu zu beglaubigen, ihren Dienst allen Menschen anzubieten, die einer spirituellen Unterstützung [spiritual care] bedürfen, ohne Rücksicht auf die Besonderheiten einer bestimmten religiösen Tradition.«[345]

---

344 Hauschildt, »Spiritual Care«, 87.

345 Sullivan, A Ministry of Presence, 128 (meine Übersetzung). Sullivans Argumentation ist von Gerichtsprozessen geleitet, in denen es um die Frage der (Nicht-)Diskriminierung bei der Anstellung von Seelsorgenden ging. Dieses Problem war auch einer der Gründe, weshalb in den Niederlanden

Das Argument taucht gegenwärtig in vielen Varianten auf und bedarf deshalb einer sorgfältigen Erwägung: Wenn von Gesundheitsinstitutionen oder vom Staat finanzierte Klinikseelsorgende die Aufgabe haben, Patient*innen und Angehörige mit unterschiedlichen weltanschaulichen und (nicht-)religiösen Hintergründen zu begleiten und zu unterstützen, ist es dann noch legitim (im strengen Sinne des Wortes), eine Beauftragung durch eine bestimmte Glaubensgemeinschaft zu einem maßgeblichen Anstellungskriterium zu machen? Ist es, wie Sullivan meint, ein Anachronismus, dass dies in den USA nach wie vor die Regel ist?

Sullivan argumentiert vor dem Hintergrund eines egalitären und universalistischen Ethos, das die Verfassung der USA ebenso prägt wie die Allgemeine Erklärung der Menschenrechte. Einem solchen Universalismus entspreche, so wird nahegelegt, eine nicht-konfessionelle Seelsorge, die von den Besonderheiten bestimmter religöser Traditionen abstrahiert. Doch ist dieser Schluss alles andere als zwingend. Zum einen kann man bezweifeln, dass es eine Seelsorge »ohne Rücksicht auf die Besonderheiten einer bestimmten religiösen Tradition« gibt. Zum andern gilt: Wenn Spiritualität immer in konkreten – und das bedeutet auch: partikularen – Formen auftritt, dann beziehen sich religionsrechtliche Bestimmungen auf solche. Das Recht auf freie Religionsausübung, das sowohl individuell als auch kollektiv zu verstehen ist,[346] beinhaltet in Situationen besonderer Abhängigkeit (Krankenhaus, Psychiatrische Klinik, Gefängnis, Armee usw.) die Verpflichtung einer aktiven Unterstützung und die Ermöglichung von konkreten Formen religiös-spiritueller Praxis.

Wenn die Zürcher Regierung in den letzten Jahren die Etablierung einer muslimischen Krankenhausseelsorge unterstützte und nicht eine konfessionsungebundene »Wohlsorge«, dann folgte sie diesem grundrechtlichen Imperativ.[347] Bemerkenswerterweise förderte sie,

---

seit 2013 auch Klinikseelsorgende ohne Rückbindung an eine Glaubensgemeinschaft anerkannt werden können. Vgl. Vlasblom, Developments in Healthcare Chaplaincy in the Netherlands and Scotland.

346 So auch Sullivan, A Ministry of Presence, 129: »Ecclesiastical endorsements also preserve the notion that legally protecting the free exercise of religion has an organizational, as well as an individual, aspect to it«.

347 Kanton Zürich, Stellungnahme zur Anfrage »Wohlsorge für alle Patienten«.

gemeinsam mit der Katholischen und Reformierten Kirche, nicht allein die Entwicklung einer qualifizierten Ausbildung, sondern ebenso einer muslimischen Trägerinstitution, die die Rückbindung an die muslimischen Gemeinschaften vor Ort gewährleistet.[348]

Doch sind es nicht allein grundrechtliche und pragmatische Gründe, die es rechtfertigen, eine klinikseelsorgliche Beauftragung durch eine Glaubensgemeinschaft[349] auch unter veränderten Bedingungen zu gewichten. Wenn es im spirituell-religiösen Feld keine neutralen Standpunkte gibt und Klinikseelsorgende unter dem Anspruch stehen, ihre spirituelle Verwurzelung und Herkunft in professioneller und auskunftsfähiger Weise zu reflektieren, so sind Gesundheitsinstitutionen gefordert, mit Blick auf das Patient*innenwohl zweierlei zu gewährleisten: zum einen, dass die spirituellen Traditionen, die ein Seelsorgeteam kompetent zu adressieren vermag, den Bedürfnissen der Patient*innen und ihrer Angehörigen entspricht. Es mag in gewissen US-amerikanischen Institutionen passend sein, einen Wicca-Priester als Seelsorger anzustellen[350] – in einem Schweizer Spital wäre dies gegenwärtig kaum zu rechtfertigen. Zum anderen kann die Aufgabe, die spirituelle Qualifizierung und gemeinschaftliche Rückbindung zu überprüfen, nicht von den Gesundheitsinstitutionen selbst geleistet werden. Wer käme dafür in Frage, wenn nicht die Glaubensgemeinschaften selbst? Eine mögliche Alternative sind intermediäre Organisationen, die von den Glaubensgemeinschaften akzeptiert und mandatiert werden.[351]

348 Dieser Prozess ist dokumentiert in: Schweizerisches Zentrum für Islam und Gesellschaft, Muslimische Seelsorge im Kanton Zürich.

349 Der Begriff der Glaubensgemeinschaften ist in diesem Zusammenhang insofern passend, als er die Möglichkeit offen lässt, dass auch nicht-religiöse Gruppierungen sich als eine solche formieren. Das ermöglicht in den Niederlanden und den USA die Ausbildung und Anstellung humanistischer Klinikseelsorger*innen.

350 Vgl. folgenden Erfahrungsbericht: https://wildhunt.org/2016/04/healing-for-the-spiritpagan-hospital-chaplains.html (22.07.2020).

351 Ein Beispiel dafür ist die für die Qualitätssicherung muslimischer Seelsorge im Kanton Zürich verantwortliche Organisation, vgl. http://islam-seelsorge.ch/ueber-uns/ (16.10.2020).

Symbolgehalt der seelsorglichen Berufsrolle

Das spirituelle Profil der Klinikseelsorge verdankt sich nicht allein der spirituellen Grundhaltung professioneller Seelsorger*innen und ihrer Beauftragung durch eine Glaubensgemeinschaft. Hinzu kommt ein Drittes, das weiter oben als »initiale Übertragung«[352] beschrieben wurde: die Rollenzuschreibung durch Patient*innen und Angehörige. Eine solche Zuschreibung ergibt sich aus kulturell geformten und sozial vermittelten Vorstellungen und Rollenerwartungen, die selten klar artikuliert und oft auch spannungsreich oder gar widersprüchlich sind. Aus der mutmaßlichen Patient*innenperspektive lässt sich in aller Vorsicht formulieren: Vor dem Hintergrund komplexer historischer Entwicklungen beschränkt sich die Rolle von Klinikseelsorger*innen in (post-)säkularen Institutionen nicht darauf, eine spezifische religiöse Tradition und Gemeinschaft zu vertreten, sondern sie verkörpern den Bezug zu einem letzten Sinnhorizont, zu einer transzendenten Wirklichkeit. In ihrer Rolle sind sie personale Zugangspunkte zur »spirituellen Dimension«, Ansprechpersonen für religiös-spirituelle Fragen, Sehnsüchte und Nöte aller Art.

Die spirituelle Professionalität klinikseelsorglichen Handelns liegt in diesem Zusammenhang darin, solche initialen Übertragungen und Beauftragungen wahrzunehmen und in reflektierter Weise darauf einzugehen. Oder um eine von Erhard Weiher eingeführte Begrifflichkeit aufzunehmen: es geht um einen bewussten Umgang mit der Symbolwirkung der professionellen Rolle. Nach Weiher vergegenwärtigen Seelsorger*innen in ihrer professionellen Rolle die Dimension des Heiligen:

> »Der Unterschied zwischen der Seelsorge und anderen Berufen (z. B. auch Psychotherapie und -onkologie) liegt vor allem im Sinnhorizont, in dem jede Profession zuhört, Resonanz gibt und würdigt. Seelsorge würdigt durch ihre Rolle immer – aber nicht immer explizit – im Horizont eines transzendenten Heiligen: vor Gott und von Gott her.«[353]

352 Gestrich, Am Krankenbett, 19.

353 Weiher, Seelsorge – das machen doch alle, 245.

Seelsorgliche Kommunikation, so der zentrale Punkt dieser Überlegungen, ist von diesem Sinnhorizont (man könnte auch von einer Rahmung sprechen) auch dort bestimmt, wo er nicht ausdrücklich zur Sprache kommt. Der damit vollzogene Übergang vom Symbolgehalt der klinikseelsorglichen Rolle zu einer spezifischen Form der Kommunikation führt zu einem weiteren Moment, das Klinikseelsorge als spirituelle Profession kennzeichnet.

Kompetenz zu reflektierter spiritueller Kommunikation und Ritualisierung in klinischen Kontexten

Um die Bedeutung dieses vierten Moments herauszuarbeiten, greife ich nochmals die Leitfrage dieses Buchs auf: In welchen Formen und unter welchen Bedingungen ist klinische Seelsorge heilsam? In den vorausgehenden Abschnitten wurde die heilsame Qualität klinikseelsorglichen Handelns und Daseins nicht allein in ihrem Beitrag zur psychosozialen Unterstützung festgemacht, die von anderen Gesundheitsberufen ebenfalls wahrgenommen wird, sondern ebenso in einer Vergegenwärtigung der spirituellen Dimension: Gottes Gegenwart. Durch eine spirituelle Grundhaltung, die Rückbindung an eine Glaubensgemeinschaft und die Symbolwirkung der seelsorglichen Berufsrolle kann eine solche Vergegenwärtigung selbst dann geschehen, wenn sie nicht ausdrücklich zur Sprache kommt. Eine solche unthematische Vergegenwärtigung der spirituellen Dimension lebt jedoch davon, dass die Beteiligten wissen, dass diese Dimension zur Sprache kommen kann und darf.

So unterschiedlich die Erwartungen an Klinikseelsorgende auch sein mögen, sie dürften sich in der Grundannahme treffen, dass diese zu bestimmten Praktiken spiritueller Art befähigt und befugt sind: zu einem Gebet oder Ritual, zu einem beratenden Gespräch zu religiösen Fragen usw. Die Professionalität in der Ausübung dieser Praktiken besteht in mehreren, sich gegenseitig bedingenden Kompetenzen. Zu nennen sind:

- *Wahrnehmungs- und Unterscheidungskomptenz:* die Fähigkeit, die spirituelle Dimension der Belastungssituation einzelner oder

ganzer Familien differenziert und vielschichtig erfassen und artikulieren zu können;
- *Kommunikativ-sprachliche Kompetenzen:* die Fähigkeit, spirituelle Belastungen und Ressourcen differenziert anzusprechen und Erzählräume zu öffnen;
- *Rituelle Kompetenzen:* die durch persönliche Einübung erworbene Vertrautheit mit bestimmten Formen des Betens, Feierns, Kommunizierens usw.[354] Rituell kompetente Klinikseelsorgende haben beispielsweise wichtige Gebete und Segensformeln so verinnerlicht, dass sie spontan gesprochen werden können.
- *Feldkompetenz:* Sie besteht in einer sich auf all das bisher Genannte auswirkenden Vertrautheit mit klinischen Kontexten und den spezifischen Bedürfnissen und Einschränkungen von kranken, sterbenden und trauernden Menschen.

Kompetenzkataloge lesen sich manchmal wie Wunschlisten, die mit der Realität wenig zu tun haben. Deshalb ist auch an die vorliegende die Frage nach ihren Limitationen zu stellen. Wenn sich professionelles Handeln auch darin erweist, die Grenzen fachlicher Kompetenz und Zuständigkeit zu kennen und zu benennen, so gilt dies in diesem Zusammenhang in besonderer Weise. Eine erste Grenze ergibt sich aus der unausweichlichen Positionalität und der damit verbundenen Zugehörigkeit und Beauftragung, die gewisse spirituelle Vollzüge ermöglicht, während andere dadurch gerade nicht zugänglich sind. Um zwei extreme Beispiele zu nennen: Eine humanistische Seelsorgerin kann einem katholischen Patienten keine Krankensalbung spenden und ein evangelischer Seelsorger vermag gegenüber einer muslimischen Familie, die sich bezüglich einer medizinethischen Frage uneins ist, nicht die Rolle eines Rechtsexperten einzunehmen, selbst wenn er sich in islamischen Rechtsfragen gut auskennen würde. Ohne Rückbindung an eine Glaubensgemeinschaft – und eine gute Vernetzung zu Vertreter*innen anderer Glaubensgemeinschaften – stehen Klinikseelsorgenden nicht mehr, sondern weniger Möglichkeiten zur Verfügung.

354 Nach Meyer-Blank, Das Gebet, 55 ist das »öffentlich beten lernen« ein Kennzeichen einer pastoralen Ausbildung.

Hinzu kommen Grenzen fachlicher oder persönlicher Art. Ein im vorliegenden Zusammenhang nicht unbedeutendes Beispiel dafür ist die in den letzten Jahren auch von klinikseelsorglicher Seite wiederentdeckte Praxis des therapeutischen Handauflegens.[355] Mit Blick auf die biblischen Grundlagen und die kirchliche Tradition spricht theologisch viel dafür, das Handauflegen im Rahmen christlicher Klinikseelsorge neu zu kultivieren. Doch dürfte dies nur dann zu einem heilsamen Geschehen werden, wenn sich Seelsorgende die Möglichkeiten einer solchen Praxis für sich erschließen und dabei auf persönliche und situative Grenzen achten. Professionelle Qualitätssicherung ist das eine; eine gute Verankerung beruflich praktizierter Vollzüge in der persönlich gelebten Spiritualität ist das andere, entscheidende Merkmal spezialisierter Spiritual Care.

355 Vgl. Eglin, Handauflegen mit Herz und Verstand.

Rückblick und Ausblick

Kehren wir nochmals zurück zu den Achatfenstern, durch die Sigmar Polke 2009 die Lichtverhältnisse im Zürcher Großmünster umgestaltete. Das prächtigste von allen ist die halbrunde Lünette über dem Ausgangsportal.[356] Die Achatsschnitte sind hier teilweise symmetrisch gespiegelt, recht und links von der Mitte angeordnet. Verweilt man betrachend vor diesem Fenster, kann es passieren, dass einem plötzlich zwei große schwarze Augen entgegenblicken, gebildet aus zwei großen und dunklen Steinen. In dem sonst so hellen und farbenfrohen Mosaik wirken sie fremdartig, irritierend. Sind es die Augen eines Schwellendämons, der diesen Ein- und Ausgang bewacht? Wie auch immer man diese Augen deutet, sie machen aufmerksam auf die Gefahren und Ängste, die Schwellensituationen begleiten – auch jene, der dieses Buch gewidmet ist: der Übergang klinischer Seelsorge zu einer spezialisierten Profession im Gesundheitswesen.

Führen wir uns zum Schluss die in diesem Buch ausgezogenen Linien nochmals vor Augen. Am Anfang stand eine Analyse der gegenwärtigen Situation und die Beobachtung, dass es sich um mehrere, sich gegenseitig verstärkende Wandlungsprozesse handelt: die Wiederentdeckung und Reintegration der spirituellen Dimension im globalen Gesundheitswesen, die weltanschauliche und religiös-spirituelle Pluralisierung der Gesellschaft sowie die Entstehung neuer, postsäkularer Rahmenbedingungen für klinikseelsorgliche Arbeit. Stand der erste Teil im Zeichen von globalen Umwälzungen, so der zweite in jenem des christlichen Heilungsauftrags. Im Rückgriff auf den aktuellen Diskussionsstand wurde argumentiert, dass dieser Auftrag, der zu den frühsten Überlieferungen der neutestament-

356 Vgl. https://www.grossmuenster.ch/de/das-grossmunster/kunst-am-bau/polke-fenster/ (27.08.2020).

lichen Literatur zählt, noch heute wesentlich zur kirchlichen Sendung gehört. Gezeigt wurde zudem, dass er sich nicht auf die diakonische Zuwendung zu kranken, gebrechlichen, sterbenden und trauernden Menschen beschränkt, sondern auch differenzierbare Formen therapeutischen Wirkens umfasst, die auf Leiden aller Art bezogen sind: somatische, seelische, soziale und spirituelle. Unter gegenwärtigen Bedingungen umfasst dieser Auftrag die Mitverantwortung für eine gute und gerechte Gesundheitsversorgung, ohne dabei in deren institutionalisierten Gestalten aufzugehen. Die christliche Mitgestaltung des Gesundheitswesens kann dieses »von Innen heraus« transformieren.

In der Verständigung über die Ziele der Gesundheitsversorgung zeigt sich, so der weitere Gedankengang, die christliche Differenz in dreifacher Hinsicht: in der motivationalen Einbettung des Engagements für eine gute und humane Gesundheitsversorgung, in der Konkretion und Spezifikation therapeutischer und gesundheitspolitischer Ziele sowie in spezifischen Überzeugungen bezüglich therapeutischer Wirkfaktoren. Entgegen der Tendenz, Heilung biomedizinisch auf die kurative Dimension engzuführen, ist das Verständnis von Heilung und Gesundheit aus medizinischer und theologischer Perspektive zu differenzieren. Zu den Zielen heutiger Gesundheitsversorgung, so betont der Hastings Center Report, gehören auch solche palliativer, präventiver, rehabilitativer und ethischer Natur. Um die zentrale Passage nochmals zu zitieren:

> »Der Heilungsauftrag *[healing function]* der Medizin umfasst sowohl Therapie *[curing]* als auch Versorgung *[caring]*; eine Heilung *[healing]* im weiteren Sinne kann dann sogar in solchen Fällen möglich sein, in denen die Medizin nicht therapieren *[cure]* kann. Sie kann auch heilen, indem sie einem Menschen hilft, wirklich mit seiner andauernden Krankheit zu leben.«[357]

In einem komplexen, global vernetzten Gesundheitswesen, kann der christliche Heilungsauftrag in vielfältigen Gestalten wahrgenommen werden: durch professionelles Engagement ebenso wie durch politi-

357 Allert, Ziele der Medizin, 51.

schen Einsatz oder ehrenamtliche Unterstützung. Er ist nicht auf eine dieser Formen einzugrenzen, sondern lebt vom Zusammenwirken unterschiedlicher Expertisen und Fähigkeiten. Die christliche Klinikseelsorge ist *innerhalb* des gemeinsamen Auftrags verortet und spezifiziert ihn. Sie wird dadurch heilsam relativiert. In ihrem Bemühen, die spirituelle Dimension in eine säkular geprägte Gesundheitsversorgung einzubringen, steht sie nicht alleine da.

Um die therapeutische Qualität klinischer Seelsorge vor dem Hintergrund des christlichen Heilungsauftrags und mit Blick auf das heutige Gesundheitswesen näher zu bestimmen, habe ich an die zentrale Einsicht Dietrich Stollbergs angeknüpft, dass seelsorgliches Handeln, ob gewollt oder nicht, therapeutische Prozesse beeinflusst, positiv oder negativ. Allein schon aus ethischen Gründen sind Seelsorgende deshalb verpflichtet, auf die Auswirkungen ihres Tuns zu achten, sie zu überprüfen und zu verantworten. Damit ist die therapeutische Qualifizierung der Klinikseelsorge gleich doppelt begründet: durch ihren Auftrag ebenso wie durch ihre Wirkungen. Anders als das ehrenamtliche Engagement steht die Klinikseelsorge unter dem Anspruch der Professionalität.

So deutlich dieser Anspruch sich gegenwärtig auch artikuliert, so offen ist die Antwort auf die Frage nach der professionellen Gestalt einer »heilsamen« Seelsorge. In Auseinandersetzung mit einer verstärkt ergebnisorientierten Seelsorge wurde vorgeschlagen, den klinikseelsorglichen Beitrag zu therapeutischen Prozessen in zwei Momenten zu sehen, die behelfsmäßig mit »Sinn« und »Präsenz« umschrieben wurden. Durch die Eröffnung von Räumen sinnbildender Kommunikation ebenso wie durch heilsame Präsenz können Seelsorgende wesentlich dazu beitragen, dass palliative, rehabilitative, präventive und kurative Zielsetzungen der Gesundheitsversorgung erreicht werden.

Ging es im zweiten Teil darum, die Klinikseelsorge innerhalb des christlichen Heilungsauftrags zu lokalisieren und ihre therapeutische Qualität herauszuarbeiten, so wurden im dritten Teil die eingangs skizzierten Transformationsprozesse im Gesundheitswesen in den Blick genommen. Sie führen zu einer mehrfachen Neuverortung der Klinikseelsorge. Je stärker Spiritual Care als interprofessionelle Aufgabe wahrgenommen wird, desto wichtiger ist es, sich seelsorglich zu vernetzen und als Profession auszuweisen, die genau für dieses Feld spezialisiert ist. Um sich als eigenständiger Beruf im Gesundheitswesen zu etablieren, bedarf es einer weiteren Klärung des professionellen Profils und Ethos. Aus der Ausdifferenzierung und weltanschaulich-religiösen Pluralisierung des klinikseelsorglichen Arbeitsfelds ergibt sich, so wurde gezeigt, unter anderem die Aufgabe, unterschiedliche Subrollen zu integrieren und die professionellen Möglichkeiten und Grenzen neu zu bestimmen. Die am Ende des dritten Teils skizzierten Herausforderungen, die sich aus vielfältigen inter- und transreligiösen Konstellationen ergeben, führten schließlich zur Frage zurück, wie gewährleistet werden kann, dass das, was die Klinikseelsorge auszeichnet, im Zuge einer weiteren Professionalisierung nicht nur erhalten bleibt, sondern an Deutlichkeit gewinnt: die Fokussierung auf die spirituelle Dimension.

Unter den Bedingungen einer postsäkularen Gesellschaft und einer wachsenden Pluralisierung des religiös-spirituellen Felds sind Expert*innen gefragt, die sich in diesem unübersichtlichen Feld zu orientieren und in Konfliktsituationen zu vermitteln vermögen. Vor diesem Hintergrund gewinnt die Klinikseelsorge als spirituell profilierte Profession gegenwärtig neu an Bedeutung. Im Horizont des christlichen Heilungsauftrags ist das Proprium der Seelsorge nicht durch eine scharfe Abgrenzung gegenüber der therapeutischen Aufgaben der (anderen) Heilberufe zu gewinnen, sondern dadurch, dass sie innerhalb eines gemeinsamen Tätigkeitsfelds ihr spirituelles und professionelles Profil schärft.

Wegmarken zur Klinikseelsorge als spezialisierter Spiritual Care

1901 W. James veröffentlicht *The Varieties of Religious Experiences* und wird damit zum Mitbegründer der empirischen Religionsforschung.

1905 In der Emmanuel-Gemeinde in Boston wird ein interprofessionelles Versorgungszentrum errichtet, das zur Keimzelle der gleichnamigen Bewegung und der *Clinical Pastoral Education* (CPE) wird.

1925 R. Cabot und A. Boisen initiieren in Boston die CPE.

1930 H. Dunbar wird die erste Präsidentin des *Council of the Clinical Training of Theological Students.*

1932 W. E. Hocking veröffentlicht den Bericht *Re-Thinking Missions: A Laymen's Inquiry after One Hundred Years.*

1942 C. Rogers legt in *Counseling and Psychotherapy* die Grundlagen für eine Neuausrichtung der CPE.

1943 R. Gautier entwift, inspiriert durch die soziale Medizin und H. Sigerist, die Gesundheitsdefinition der künftigen Weltgesundheitsorganisation (WHO).

1946 Gründung der WHO: Übergang von der internationalen Gesundheitspolitik zur Idee der »globalen Gesundheit«.

1964 Erste Tübinger Konsultation zur Zukunft des christlichen Engagments im globalen Gesundheitswesen.

1967 C. Saunders eröffnet das St Christopher Hospice in London.

1968 Der ÖRK setzt die *Christian Medical Commission* (CMC) ein.

1969 D. Stollberg publiziert seine Dissertation *Therapeutische Seelsorge* und initiiert damit die deutschsprachige Rezeption der CPE. Durch ein Seminar mit Heje Faber an der Universität Bern erreicht diese auch die Schweiz.

1972 Gründung der Deutschen Gesellschaft für Pastoralpsychologie.

1978 J. A. Shelly u. S. Fish publizieren das für interprofessionelle Spiritual Care wegweisende Buch *Spiritual Care. The Nurse's Role.*

1982 Der ÖRK publiziert das grundlegende Dokument *The Search of a Christian Understanding of Health, Healing and Wholeness.*

1984 Die WHO verabschiedet eine Resolution zur spirituellen Dimension der Gesundheitsversorgung.

1989 Die WHO veröffentlicht den Report *Cancer pain relief and palliative care*, der Spiritual Care als wesentliche Dimension von Palliative Care beschreibt.

1998 Mit Unterstützung der Templeton Foundation gründet H. Koenig das *Center for Spirituality, Theology and Health* an der Duke University.

2001 A. Lucas publiziert sein Plädoyer für eine ergebnisorientierte Seelsorge; mit Unterstützung der Templeton Foundation gründet Ch. Puchalski an der George Washington University das *Institute for Spiritualiy & Health;* die fünf größten Seelsorgevereinigungen der USA veröffentlichen das White-Paper *Professional Chaplaincy: Its Role and Importance In Healthcare.*

2003 Das britische Gesundheitsministerium gibt die Leitlinien *Meeting the Religious and Spiritual Needs of Patients and Staff* heraus.

2004 An der University of Aberdeen gründet J. Swinton das *Center for Spirituality, Health and Disability.*

2005 Die *Bangkok Charta für Gesundheitsförderung in einer globalisierten Welt* geht von einem bio-psycho-sozio-spirituellen Gesundheitsmodell aus.

2009 Veröffentlichung des US-amerikanisches Konsenspapier *Improving the Quality of Spiritual Care* und des Dokument *Spiritual Care Matters* des Schottischen Gesundheitsministeriums.

2010 Québecs Gesundheitsministerium überträgt die Verantwortung für die Klinikseelsorge den Gesundheitsinstitutionen.

2011 Errichtung der ersten Professur für Spiritual Care im deutschsprachigen Raum an der Medizinischen Fakultät der LMU München.

2015 Errichtung der ersten Professur für Spiritual Care in der Schweiz an der Theologischen Fakultät der Universität Zürich; Start der Initiative *Transforming Chaplaincy* zur Förderung der Seelsorgeforschung.

2016 Start des holländischen Forschungsprojekts zur Förderung seelsorglicher Fallstudien.

2017 Start des *European Research Institute for Chaplaincy in Healthcare* (ERICH) in Leuven, Belgien; Errichtung der Professur für Spiritual Care an der Medizinischen Fakultät der Universität Odense/Dänemark.

2019 In einem Urteil, das die Finanzierung der Seelsorge im Rahmen der palliativen Komplexbehandlung befürwortet, betrachtet das Sozialgericht Karlsruhe die seelsorgliche Arbeit als Teil des Versorgungsauftrags.

Literatur

Offizielle Texte und Arbeitspapiere

Association of Professional Chaplains, Guidelines for the Chaplain's Role in health care Ethics, approved by the APC Board of Directors 10/2000, https://bcci.professionalchaplains.org/files/application_materials/guidelines_for_chaplains_role_in_healthcare_ethics.pdf (27.06.2020).

Bouchard, Gérard, Charles Taylor, Fonder l'avenir. Le temps de la conciliation. Rapport de la Commission de consultation sur les pratiques d'accommodement reliées aux différences culturelles, Québec 2008.

Bundesamt für Statistik, Religiöse und spirituelle Praktiken und Glaubensformen in der Schweiz. Erste Ergebnisse der Erhebung zur Sprache, Religion und Kultur 2019, Neuenburg 2020.

Deutsche Bischofskonferenz, Die Sorge der Kirche um die Kranken. Seelsorge im Krankenhaus. Pastorale Handreichung. Zu einigen aktuellen Fragen des Sakramentes der Krankensalbung, Bonn 1998.

Deutscher Evangelischer Krankenhausverband, Katholischer Krankenhausverband Deutschlands (Hg.), Ethik-Komitee im Krankenhaus: Erfahrungsberichte zur Einrichtung von Klinischen Ethik-Komitees, Freiburg i. Br. 1999.

Evangelische Kirche in Deutschland, Konferenz für Krankenhausseelsorge (Hg.), Die Kraft zum Menschsein stärken. Leitlinien für die evangelische Krankenhausseelsorge. Eine Orientierungshilfe, Hannover 2004, https://www.ekd.de/ekd_de/ds_doc/leitlinien_krankenhausseelsorge_ekd_2004.pdf (23.06.2020).

Evangelische Kirche in Deutschland, Spiritual Care durch Seelsorge. Zum Beitrag der evangelischen Kirche im Gesundheitswesen. Eine Handreichung der Ständigen Konferenz für Seelsorge in der EKD, Hannover 2020, https://www.ekd.de/handreichung-spiritual-care-durch-seelsorge-60948.htm (26.11.2020).

Kanton Zürich, Staat und Religion im Kanton Zürich. Eine Orientierung des Regierungsrats des Kantons Zürich, Zürich 2017.

Kanton Zürich, Stellungnahme zur Anfrage »Wohlsorge für alle Patienten«, Protokoll des Regierungsrates des Kantons Zürich Sitzung vom 19. Dezember 2018.

NHS/National Health Service, Chaplaincy, Meeting the religious and spiritual needs of patients and staff. Guidance for managers and those involved in the provision of chaplaincy-spiritual care, London 2003, http://data.parliament.uk/DepositedPapers/Files/DEP2008-0777/DEP2008-0777.pdf (09.04.2020).

NHS/National Health Service, Caring for the Spirit. A strategy for the chaplaincy and spiritual healthcare workforce, South Yorkshire 2003, https://www.merseycare.nhs.uk/media/1856/caring-for-the-spirit.pdf (03.08.2020).

NHS/National Health Service Scotland, Spiritual Care Matters. An Introductory Resource for all NHS Scotland Staff, Edinburgh 2009, https://www.nes.scot.nhs.uk/media/3723/spiritualcaremattersfinal.pdf (26.08.2020).

palliative ch, Empfehlungen zu Palliative Care und Spiritualität, Bigorio 2008, https://www.palliative.ch/fileadmin/user_upload/palliative/fachwelt/E_Standards/E_12_1_bigorio_2008_Spiritualitaet_de.pdf (26.08.2020).

palliative ch, Spiritual Care in Palliative Care. Leitlinien zur interprofessionellen Praxis, Bern 2018, https://www.palliative.ch/fileadmin/user_upload/palliative/fachwelt/C_Fachgesellschaft/Fachgruppe_seelsorge/Broschuere_Leitlinien_Spiritual_Care_in_Palliative_Care_de_RZ_low.pdf (26.08.2020).

SAMW/Schweizer Akademie für Medizinische Wissenschaften, Projekt »Zukunft Medizin Schweiz«. Ziele und Aufgaben der Medizin zu Beginn des 21. Jahrhunderts, Bern 2004.

SAMW/Schweizer Akademie für Medizinische Wissenschaften, Christof Schmitz, Gina Atzeni, Peter Berchtold, Interprofessionelle Zusammenarbeit in der Gesundheitsversorgung. Erfolgskritische Dimensionen und Fördermassnahmen Differenzierung, Praxis und Implementierung, Bern 2020.

Sozialgericht Karlsruhe, Urteil S 9 KR 1621/17 vom 28.02.2019 (rechtskräftig), in: Spiritual Care 9 (2020), 45–48.

WCC/World Council of Churches, The Healing Church. The Tübingen Consultation, in: World Council Studies 3 (1965), 34–43, https://difaem.de/fileadmin/Dokumente/Publikationen/Dokumente_AErztliche_Mission/tuebingenI_englisch.pdf (24.07.2020).

WCC/World Council of Churches, Christian Medical Commission/CMC, The Search of a Christian Understanding of Health, Healing and Wholeness, Genf 1982.

WCC/World Council of Churches, The Healing Mission of the Church, in: Jacques Matthey (Hg.), Come Holy Spirit, Heal and Reconcile! Called in Christ to be Reconciling and Healing Communities. Report of the WCC Conference on Word Mission and Evangelism, Athens, Greece May 9–16, 2005, Genf 2008, 91–112; dt. Übers.: Der Heilungsauftrag der Kirche, https://www.oikoumene.org/de/resources/documents/other-meetings/mission-and-evangelism/preparatory-paper-11-the-healing-mission-of-the-church (07.04.2019).

WCC/World Council of Churches, Witnessing to Christ today. Promoting health and healing for all, Tübingen 2010.

WHO/World Health Organization, Ottawa-Charta zur Gesundheitsförderung, Genf 1986, http://www.euro.who.int/__data/assets/pdf_file/0006/129534/Ottawa_Charter_G.pdf?ua=1 (19.10.2020).

WHO/World Health Organization, Building From Common Foundations. The World Health Organization and Faith-Based Organizations in Primary Healthcare, Genf 2008.

WHO/World Health Organization, Frame-work for Action on Interprofessional Education & Collaborative Practice, Genf 2010.

WHO/World Health Organization, Practical considerations and recommendations for religious leaders and faith-based communities in the context of COVID-19 (Interim guidance: 7 April 2020).

Sekundärliteratur

Aebi, Renata, Pascal Mösli, Interprofessionelle Spiritual Care. Im Buch des Lebens lesen, Bern 2020.

Aebi, Renata, Pascal Mösli, Traugott Roser, Indikationen-Set für Spiritual Care und Seelsorge, in: Pflegezeitschrift 72 (2019), 60–63.

Ahmadi, Fereshteh, Culture, religion, and spirituality in coping: The example of cancer patients in Sweden, Uppsala 2006.

Allert, Gebhard (Hg.), Ziele der Medizin. Zur ethischen Diskussion neuer Perspektiven medizinischer Ausbildung und Praxis, Stuttgart/New York 2002.

Ammerman, Nancy T., Spiritual But Not Religious? Beyond Binary Choices in the Study of Religion, in: Journal for the Scientific Study of Religion 52:2 (2013), 258–278.

Amundsen, Darrel W. Gary B. Ferngren, The Perception of Disease and Disease Causality in the New Testament, in: ANRW 37:3 (1996), 2934–2956.

Angehrn, Emil, Sinn und Nicht-Sinn. Das Verstehen des Menschen, Tübingen 2010.

Assmann, Jan, Das kulturelle Gedächtnis. Schrift, Erinnerung und politische Identität in frühen Hochkulturen, München 1999.

Back, Anthony L., Susan M. Bauer-Wu, Cynthia H. Rushton, Joan Halifax, Compassionate silence in the patient-clinician encounter: A contemplative approach, in: Journal of Palliative Medicine 12 (2009), 1113–1117.

Balboni, Michael J., Tracy A. Balboni, Hostility to Hospitality. Spirituality and Professional Socialization within Medicine, Oxford 2019.

Balducci, Lodovico, H. Lee Modditt, Cure and healing, in: M. Cobb, Ch. Puchalski, B. Rumbold (Hg.), Oxford Textbook of Spirituality in Healthcare, Oxford 2012, 151–155.

Baumgartner, Isidor, Heilende Seelsorge in Lebenskrisen, Düsseldorf 1992.

Beauchamp, Tom L., James F. Childress, Principles of Biomedical Ethics, Oxford [6]2008.

Bélanger, Bruno, Line Beauregard, Mario Bélanger, Chantal Bergeron, The Quebec model of recording Spiritual Care. Concepts and Guidelines, in: S. Peng-Keller, D. Neuhold (Hg.), Charting Spiritual Care. The Emerging Role of Chaplaincy Records in Healthcare, New York 2020, 53–75.

Bender, Courtney, Omar McRoberts, Mapping a Field: Why and How to Study Spirituality, Social Science Research Council, New York 2012, https://tif.ssrc.org/wp-content/uploads/2010/05/Why-and-How-to-Study-Spirtuality.pdf (04.04.2020).

Bersagel Braley, Matthew, The Christian Medical Commission and the World Health Organization, in: E. L. Idler (Hg.), Religion as a Social Determinant of Public Health, Oxford 2014, 298–320.

Bobbert, Monika (Hg.), Zwischen Parteilichkeit und Gerechtigkeit. Schnittstellen von Klinikseelsorge und Medizinethik, Berlin 2015.

Boisen, Anton, Theological Education via the Clinic, in: Religions Education 25 (1930), 235–239.

Borup, Jørn, Pizza, Curry, Skyr and Whirlpool Effects. Religious Circulations East and West, in: J. Borup, M. Qvortrup Fibiger (Hg.), Eastspirit: Transnational Spirituality and Religious Circulation in East and West, Leiden 2017, 13–35.

Bradshaw, Ann, The spiritual Dimension of Hospice. The Secularization of an Ideal, in: Social Science & Medicine 43 (1996), 409–419.

Brock, Brian, Health in a Fallen World. Meditations on the Healthiest Guy I Know, in: Martin Wendte (Hg.), Jesus der Heiler und die Gesundheitsgesellschaft. Interdisziplinäre und internationale Perspektiven, Leipzig 2018, 117–144.

Brown, Candy Gunther (Hg.), Global Pentecostal and Charismatic Healing, Oxford/New York 2011.

Brown, Candy Gunther, The Healing Gods. Complementary and Alternative Medicine in Christian America, Oxford 2013.

Brown, Peter J., Religion and Global Health, in: E. L. Idler (Hg.), Religion as a Social Determinant of Public Health, Oxford 2014, https://oxford.universitypressscholarship.com/view/10.1093/acprof:oso/9780199362202.001.0001/acprof-9780199362202-chapter-20 (01.09.2020).

Byrne, Michael, Daniel Nuzum, Pastoral Closeness in Physical Distancing. The Use of Technology in Pastoral Ministry during COVID-19, in: Health and Social Care Chaplaincy 8:2 (2020), https://journals.equinoxpub.com/HSCC/article/view/41625 (08.08.2020).

Cabot, Richard C., Russell L. Dicks, The Art of Ministering to the Sick, New York 1936.

Cadge, Wendy, Emily Sigalow, Negotiating Religious Differences: The Strategies of Interfaith Chaplains in Healthcare, in: Journal for the Scientific Study of Religion 52 (2013), 146–158.

Cadge, Wendy, Michael Skaggs, Chaplaincy? Spiritual Care? Innovation? A Case Statement, 2018, http://chaplaincyinnovation.org/wp-content/uploads/2018/09/Chaplaincy-Innovation-Lab-case-statement.pdf (27.03.2019).

Callahan, Daniel, Ziele der Medizin: Welche neuen Prioritäten müssen gesetzt werden?, in: G. Allert (Hg.), Ziele der Medizin. Zur ethischen Diskussion neuer Perspektiven medizinischer Ausbildung und Praxis, Stuttgart/New York 2002, 14–21.

Capps, Donald, Reframing. A New Method in Pastoral Care, Minneapolis 1990.

Cherblanc, Jacques, Guy Jobin, L'intervention spirituelle dans les institutions sanitaires au Québec: vers une psychologisation du religieux?, in: Archives de Sciences sociales des religions 163 (2013), 39–62.

Collins, Nina L., Jesus, the Sabbath and the Jewish debate. Healing on the Sabbath in the 1st and 2nd centuries CE, London 2014.

Conrad, Ruth, »Heil« und »Heilung« im Gottesdienst. Praktisch-theologische Überlegungen zu konfessionskulturellen Differenzen, in: Martin Wendte (Hg.), Jesus der Heiler und die Gesundheitsgesellschaft. Interdisziplinäre und internationale Perspektiven, Leipzig 2018, 173–194.

Drechsel, Wolfgang, Sterbenarrative aus der Sicht der Krankenhausseelsorge, in: S. Peng-Keller, A. Mauz (Hg.), Sterbenarrative. Hermenutische Erkundungen des Erzählens am und vom Lebensende, Berlin 2018, 239–258.

Dreyer, Yolanda, Material poverty and the poverty of excess, in: L. Charbonnier, J. Cilliers, M. Mader, C. Wepener, B. Weyel (Hg.), Pluralisation and social change. Dynamics of lived religion in South Africa and in Germany, Berlin 2018, 75–88.

Dubach, Alfred, Roland J. Campiche (Hg.), Jeder ein Sonderfall? Religion in der Schweiz, Zürich 1993.

Dubach, Alfred, Brigitte Fuchs, Ein neues Modell von Religion. Zweite Sonderfallstudie – Herausforderung für die Kirchen, Zürich 2005.

Eglin, Anemone, Handauflegen mit Herz und Verstand. Hintergrund, Praxis, Reflexionen, Zürich 2019.

Engel, George, The Need for a New Medical Model: A Challenge for Biomedicine, in: Science 196 (1977), 129–136.

Fitchett, George, Steve Nolan (Hg.), Case Studies in Spiritual Care. Healthcare Chaplaincy Assessments, Interventions & Outcomes, London 2018.

Fleßa, Steffen, Why do Christians care? Values and objectives of church-related health services in developing countries, in: Journal of Public Health 13 (2005), 236–247.

Franke, Alexa, Modelle von Gesundheit und Krankheit, Bern [3]2012.

Frankl, Viktor E., Ärztliche Seelsorge. Grundlagen der Logotherapie und Existenzanalyse, Frankfurt a. M. [4]1987.

Frankl, Viktor E., Der unbewusste Gott. Psychotherapie und Religion, München [7]1988.

Frankl, Viktor E., Dem Leben Antwort geben. Autobiografie, Weinheim 2017.

Franziskus, Papst, Der Name Gottes ist Barmherzigkeit. Ein Gespräch mit Andrea Tornielli, München 2016.

Fraser, Derek, Charting the Journey towards Healthcare Professionalisation in the UK, in: E. Kelly, J. Swinton (Hg.), Chaplaincy and the Soul of Health and Social Care. Fostering Spiritual Wellbeing in Emerging Paradigms of Care, London/Philadelphia 2020, 116–131.

Freud, Sigmund, Briefe 1873–1939. Ausgewählt und herausgegeben von Ernst und Lucie Freud, Frankfurt a. M. [3]1980.

Frick, Eckhard, Wie arbeitet Spiritual Care? Zwölf Thesen für den aktuellen interdisziplinären Diskurs, in: Spiritual Care 1 (2012), 68–73.

Gärtner, Stefan, Krankenhausseelsorge vor der Herausforderung Spiritual Care. Die praktisch-theologische Debatte und ihre professionstheoretischen Konsequenzen, in: Praktische Theologie 51 (2016), 50–58.

Gestrich, Reinhold, Am Krankenbett. Seelsorge in der Klinik, Stuttgart [2]1988.

Gielen, Joris, Sushma Bhatnagar, Santosh K. Chaturvedi, Prevalence and Nature of Spiritual Distress Among Palliative Care Patients, in: Journal of Religion and Health 56 (2017), 530–544.

Graf, Claudia, Dokumentation und Professionalität in der Spitalseelsorge, in: S. Peng-Keller, D. Neuhold, R. Kunz, H. Schmitt (Hg.), Dokumentation als seelsorgliche Aufgabe. Elektronische Patientendossiers im Kontext von Spiritual Care, Zürich 2020, 289–304.

Gratz, Margit, Traugott Roser, Spiritual Care in Qualifizierungskursen für nichtseelsorgliche Berufe. Grundsätze der Deutschen Gesellschaft für Palliativmedizin, Stuttgart 2019.

Griera, Mar, Julia Martínez-Ariño, Gloria García-Romeral, Beyond the separation of church and state: Explaining the new governance of religious diversity in Spain, Göttingen 2014.

Guile, Alan, Jim McManus (Hg.), Healing wounds in the field hospital of The Church, Herefordshire 2018.

Gutzwiller, Felix, Fred Paccaud, Das Schweizerische Gesundheitswesen: Struktur und Aufbau, in: F. Gutzwiller, O. Jeanneret (Hg.), Sozial- und Präventivmedizin, Bern 1996, 233–240.

Haart, Dorothee, Seelsorge im Wirtschaftsunternehmen Krankenhaus, Würzburg 2007.

Habermas, Jürgen, Glaube und Wissen. Dankesrede, in: Börsenverein des deutschen Buchhandels (Hg.), Frankfurt a. M. 2001, 9–15.

Hagen, Thomas, Josef Raischl, Allgemeine und spezielle Kompetenzen in Spiritual Care, in: E. Frick, T. Roser (Hg.), Spiritualität und Medizin. Gemeinsame Sorge für den kranken Menschen, Stuttgart 2009, 280–288.

Hall, Eric J., George H. Handzo, Kevin Massey, Time to move forward. A new model of spiritual care to enhance the delivery of outcomes and value in health care settings, New York 2016.

Halík, Tomáš, Christentum in Zeiten der Krankheit. Übersetzt von Markéta Barth, veröffentlicht am 02.04.2020, http://www.venio-osb.org/fileadmin/content/halik-theologie-pandemie.pdf (06.06.2020).

Handzo, George F., Steve Nolan, Outcomes in Health and Social Care Chaplaincy: Core Business or Problematic Necessity?, in: E. Kelly, J. Swinton (Hg.), Chaplaincy and the Soul of Health and Social Care, London/Philadelphia 2020, 103–114.

Hart, Curtis W., Present at the Creation: The Clinical Pastoral Movement and the Origins of the Dialogue between Religion and Psychiatry, in: Journal of Religion and Health 49 (2010), 536–546.

Hauschildt, Eberhard, »Spiritual Care« – Eine Herausforderung für die Seelsorge?, in: Materialdienst der Evangelischen Zentralstelle für Weltanschauungsfragen 3 (2013), 83–90.

Heelas, Paul, Spiritualities of Life. New Age Romanticism and Consumptive Capitalism, Malden MA/Oxford 2008.

Henriksen, Jan-Olav, Karl Olav Sandnes, Jesus as Healer. A Gospel for the Body, Grand Rapids 2016.

Jakob, Beate, Peter Bartmann, Gesundheit und Gesundheitsförderung. Ansätze zur Integration der spirituellen Dimension in Konzepte und die Arbeit der WHO, in: J. Armbruster, P. Petersen, K. Ratzke (Hg.), Spiritualität und seelische Gesundheit, Köln 2013, 48–62.

Jakob, Beate, Birgit Weyel (Hg.), Spirituality, Mental Health, and Social Support. A community Approach, Berlin 2020.

Janowski, Bernd, Konstellative Anthropologie. Zum Begriff der Person im Alten Testament, in: ders. (Hg.), Der ganze Mensch. Zur Anthropologie der Antike und ihrer europäischen Nachgeschichte, Berlin 2014, 109–127.

Jinks, Patrick, ›She's already done so much‹. Sarah, diagnosed prenatally with trisomy 18, and her family, in: G. Fitchett, St. Nolan (Hg.), Case Studies in Spiritual Care. Healthcare Chaplaincy Assessments, Interventions & Outcomes, London 2018, 52–70.

Jobin, Guy, Spirituality in the biomedical world. Moving between order and ›subversion‹, Berlin 2020.

Josuttis, Manfred, Religion als Handwerk. Zur Handlungslogik spiritueller Methoden, Gütersloh 2002.

Karle, Isolde, Chancen und Risiken differenter Systemlogiken im Krankenhaus: Perspektiven einer Kooperation von Seelsorge und Spiritual Care, in: Spiritual Care 7 (2018), 57–67.

Kellehear, Allan, Compassionate Cities. Public health and end-of-life care, Oxfordshire/New York 2005.

Kim, Daniel, Farr Curlin, Kelly Wolenberg, Daniel Sulmasy, Back to the future: The AMA and religion, 1961–1974, in: Academic Medicine 89 (2014), 1603–1609.

Klassen, Pamela E., Spirits of Protestantism. Medicine, Healing, and liberal Christianity, Berkeley/Los Angeles/London 2011.

Klein, Christian, Matías Martínez (Hg.), Wirklichkeitserzählungen. Felder, Formen und Funktionen nicht-literarischen Erzählens, Stuttgart 2009.

Klein, Constantin, Ralph W. Hood, Christopher F. Silver, Barbara Keller, Heinz Streib, Is »Spirituality« nothing but »Religion«? An Indirect Measurement Approach, in: H. Streib, R. W. Hood (Hg.), Semantics and Psychology of

Spirituality. A Cross-Cultural Analysis Comparing Germany and America, Cham 2016, 71–85.

Klessmann, Michael, Von der Krankenseelsorge zur Krankenhausseelsorge – historische Streiflichter, in: T. Roser (Hg.), Handbuch der Krankenhausseelsorge, Göttingen [6]2019, 34–41.

Kollmann, Bernd, Jesus und die Christen als Wundertäter. Studien zu Magie, Medizin und Schamanismus in Antike und Christentum, Göttingen 1996.

Körtner, Ulrich H. J., Seelsorge und Ethik. Zur ethischen Dimension seelsorglichen Handelns, in: Ch. Schneider-Harpprecht (Hg.), Zukunftsperspektiven für Seelsorge und Beratung, Neukirchen-Vluyn 2000, 87–104.

Kostka, Ulrike, Der Mensch in Krankheit, Heilung und Gesundheit im Spiegel der modernen Medizin. Eine biblische und theologisch-ethische Reflexion, Münster 2000.

Kruizinga, Renske, Jacques Körver, Niels den Toom, Martin Walton, Martijn Stoutjesdijk (Hg.), Learning from Case Studies in Chaplaincy: Towards Practice Based Evidence & Professionalism, Utrecht 2020.

Kuczewski, Mark G., Talking about Spirituality in the Clinical Setting: Can Being Professional Require Being Personal?, in: The American Journal of Bioethics 7:7 (2007), 4–11.

Kunz, Ralph, Krankenhausseelsorge als Dienst der Kirche in der pluralen Gesellschaft, in: T. Roser (Hg.), Handbuch der Krankenhausseelsorge, Göttingen [5]2019, 540–552.

Kupsch, Alexander, Arzt unter Ärzten. Christus medicus und die pfingstlich-charismatische Heilungstheologie im Kontext moderner Medizin, in: Martin Wendte (Hg.), Jesus der Heiler und die Gesundheitsgesellschaft. Interdisziplinäre und internationale Perspektiven, Leipzig 2018, 79–98.

Kwan, Simon Shui-Man, Negotiating the meaning of spirituality in holistic health care from a Chinese perspective, in: Practical Theology 11/1 (2018), 17–28.

Lammer, Kerstin, Segnen, in: K. Eulenberger, F. Lutz, U. Wagner-Rau (Hg.), Gott ins Spiel bringen. Handbuch zum neuen Evangelischen Pastorale, Gütersloh 2007, 229–236.

Lammer, Kerstin, Ein Ritual zeigt mehr als 1000 Worte. Über die Grenzen von Gesprächen und den Wert von Ritualen, in: Leidfaden Heft 1/2013, 4–9.

Lammer, Kerstin, Wie Seelsorge wirkt, Stuttgart 2020.

La Roche, Käthi, Sehen und Hören. Gedanken zum ikonographischen Programm der Kirchenfenster von Sigmar Polke, in: Sigmar Polke: Fenster – Windows, Grossmünster Zürich, Zürich 2010, 76–81.

Leget, Carlo, Spiritual Care als Zukunft der Seelsorge! Ein Plädoyer aus niederländischer Perspektive, in: Diakonia 46 (2015), 225–231.

Lessing, Doris, Nobelvorlesung: Den Nobelpreis nicht gewinnen, Stockholm 2007, https://www.nobelprize.org/prizes/literature/2007/lessing/25427-doris-lessing-nobelvorlesung (04.08.2020).

Lösch, Klaus, Multikulturalität, Transkulturalität, Transdifferenz, in: M. Nollert, A. Sheikhzadegan (Hg.), Gesellschaften zwischen Multi- und Transkulturalität. Zürich 2016, 82–108.

Lucas, Arthur M., Introduction zu: L. VandeCreek, A. Lucas (Hg.), The discipline for pastoral care giving. Foundations for outcome oriented chaplaincy, New York/Abingdon 2012 [2001], 1–33.

Lüddeckens, Dorothea, Raphael Waltert (Hg.), Fluide Religion. Neue religiöse Bewegungen im Wandel. Theoretische und empirische Systematisierungen, Bielefeld 2010.

Mader, Jutta, Professionelle Krankenhausseelsorge. Chance und Aufgabe für Kirchen und konfessionelle Träger, Stuttgart 2017.

Maio, Giovanni, Medizin ohne Maß? Vom Diktat des Machbaren zu einer Ethik der Besonnenheit, Stuttgart 2014.

Makoka, Mwai, Health Promotion Churches. Reflections on Health and Healing for Churches on Commemorative World Health Days, Genf 2020.

Mandry, Christof, Christian Sperneac-Wolfer, Gwendolin Wanderer, Klinikseelsorgerinnen und Klinikseelsorger als medizinethische Akteure. Profil und Kompetenzen, Ergebnisse einer partizipativen Interview-Studie, Frankfurt a. M. 2019.

Mattingly, Cheryl, The Paradox of Hope. Journeys through a Clinical Borderland, Berkeley/Los Angeles/London 2010.

Mezger, Mirjam, Religion, Spiritualität, Medizin, Bielefeld 2018.

Michelson-Carr, Meldinda, Begleitung auf spirituellen Reisen. Interreligiöse Seelsorge in britischen Krankenhäusern aus jüdischer Sicht, in: H. Weiß, K. Federschmidt, K. Temme (Hg.), Handbuch Interreligiöse Seelsorge, Neukirchen-Vluyn 2010, 366–379.

Miller, James E., Susan C. Cutshall, The art of being a healing presence. A guide for those in caring relationships, Fort Wayne 2001.

Mohrmann, Margaret E., Ethical Grounding for a Profession of Hospital Chaplaincy, in: The Hastings Center Report 38:6 (2008), 18–23.

Möllmann, Ulrich, Die althochdeutschen Adjektive auf *-sam,* Göttingen 1994.

Monod, Stefanie M., Etienne Rochat, Christophe J. Büla, Guy Jobin, Estelle Martin, Brenda Spencer, The spiritual distress assessment tool. An Instrument to assess spiritual distress in hospitalised elderly persons, in: BMC Geriatrics 10 (2010), 1–9, http://www.biomedcentral.com/1471–2318/10/88 (01.09.2020).

Moos, Thorsten, Ethik als Herausforderung der Klinikseelsorge. Ergebnisse einer neuen empirischen Studie, in: Wege zum Menschen 67 (2015), 605–616.

Moos, Thorsten, Krankheitserfahrung und Religion, Tübingen 2018.

Moos, Thorsten, Simone Ehm, Fabian Kliesch, Julia Thiesbonenkamp-Maag, Ethik in der Klinikseelsorge. Empirie, Theologie, Ausbildung, Göttingen 2016.

Morgenthaler, Christoph, Seelsorge. Lehrbuch Praktische Theologie, Bd. 3, Gütersloh 2009.

Morgenthaler, Christoph, Palliative Care – Chance und Herausforderung für die Seelsorge, in: M. Holder-Franz, »… das du bis zuletzt leben kannst.« Spiritualität und Spiritual Care bei Cicely Saunders, Zürich 2012, 12–14.

Morgenthaler, Christoph, Systemische Seelsorge. Impulse der Familien- und Systemtherapie für die kirchliche Praxis, Stuttgart [6]2019.

Morgenthaler, Christoph, Wie hat Psychotherapie die Seelsorgelehre und -praxis verändert, in: M. Utsch (Hg.), Religiöse Psychotherapie? Seelsorge und Psychotherapie im Gespräch. EZW-Texte Nr. 267, Berlin 2020, 29–41.

Morgenthaler, Christoph, David Plüss, Matthias Zeindler, Assistierter Suizid und kirchliches Handeln. Fallbeispiele – Kommentare – Reflexionen, Zürich 2017.

Müller, Sigrid, Michael Rosenberger, Walter Schaupp, Werner Wolbert, Ethikkodex professioneller Seelsorger, in: Stimmen der Zeit 134 (2009) 447–458.

Mummenhoff, Ulrike, Interreligiöse Seelsorge im Arbeitsfeld Krankenhaus, in: H. Weiß, K. Federschmidt, K. Temme (Hg.), Handbuch Interreligiöse Seelsorge, Neukirchen-Vluyn 2010, 245–254.

Myers-Shirk, Susan E., Helping the Good Shepherd. Pastoral Counselors in a Psychotherapeutic Culture 1925–1975, Baltimore 2009.

Nassehi, Armin, Irmhild Saake, Katharina Mayr, Mit Sterbenden sprechen. Die Rolle des Seelsorgers und die Potenz religiöser Rede auf der multidisziplinären Palliativstation, in: T. Roser (Hg.), Handbuch der Krankenhausseelsorge, Göttingen [6]2019, 78–91.

Nauer, Doris, Spiritual Care statt Seelsorge?, Stuttgart 2015.

Nielsen, Helge K., Heilung und Verkündigung, Das Verständnis der Heilung und ihres Verhältnisses zur Verkündigung bei Jesus und in der ältesten Kirche, Leiden/New York/Kopenhagen/Köln 1987.

Niethammer, Dietrich, Gut versorgt im Kinderkrankenhausbetrieb? Interdisziplinäres Arbeiten im Kinderkrankenaus, in: Wege zum Menschen 66 (2014), 19–30.

Nolan, Steve, Chaplain as ›Hopeful Presence‹: Working with Dying People, in: Practical Theology 4:2 (2011), 165–179.

Nolan, Steve, Spiritual Care at the End of Life. The Chaplain as a ›Hopeful Presence‹, Philadelphia 2012.

Nolte, Karen, Todkrank. Sterbebegleitung im 19. Jahrhundert: Medizin, Krankenpflege und Religion, Göttingen 2016.

Noth, Isabelle (Hg. in Verbindung mit Ch. Morgenthaler), Sigmund Freud – Oskar Pfister. Briefwechsel 1909–1939, Zürich 2014.

Noth, Isabelle, »Teleseelsorge« – Fernseelsorge ganz nah. Virtuelle Lösungen für Spezial- und Gemeindeseelsorge zu Coronazeiten, in: Wege zum Menschen 72 (2020), 271–275.

Noth, Isabelle, Georg Wenz, Emmanuel Schweizer (Hg.), Seelsorge und Spiritual Care in interkultureller Perspektive, Göttingen 2017.

Odier, Cosette, Die französischsprachige Welt: Der Begriff der Spiritualität in Medizin und Pflege, in: E. Frick, T. Roser (Hg.), Spiritualität und Medizin. Gemeinsame Sorge für den kranken Menschen, Stuttgart [2]2011, 188–198.

Odier, Cosette, L'accompagnement spirituel en mouvement. Aumônerie hospitalière (1974–2016), Montpellier 2019.

Orchard, Helen C., Hospital chaplains: Modern, dependable?, Sheffield 2000.

Pattison, Stephan, Situating Chaplaincy in the United Kindom: The Acceptable Face of ›Religion‹?, in: Ch. Swift, M. Cobb, A. Todd (Hg.), A Handbook of Chaplaincy Studies. Understanding Spiritual Care in Public Places, Oxon/New York 2016, 13–30.

Peetz, Christina, Helen Flanders Dunbar – Die Mutter der Psychosomatik, Göttingen 2013.

Peng-Keller, Simon, Alte Passionen im neuen Leben. Postbaptismale Konkupiszenz als ökumenisches Problem und theologische Aufgabe, Freiburg i. Br. 2011.

Peng-Keller, Simon, Kommunikation des Vertrauens in der Seelsorge, in: I. U. Dalferth, S. Peng-Keller (Hg.), Kommunikation des Vertrauens, Leipzig 2012, 101–132.

Peng-Keller, Simon, Zur Herkunft des Spiritualitätsbegriffs. Begriffs- und spiritualitätsgeschichtliche Erkundungen im Hinblick auf das Selbstverständnis von Spiritual Care, in: Spiritual Care 3 (2014), 36–47.

Peng-Keller, Simon, Spiritual Pain. Annäherung an einen Schlüsselbegriff interprofessioneller Spiritual Care, in: Spiritual Care 6 (2017), 295–302.

Peng-Keller, Simon, Sinnereignisse in Todesnähe. Traum- und Wachvisionen Sterbender und Nahtoderfahrungen im Horizont von Spiritual Care, Berlin 2017.

Peng-Keller, Simon, Symbolsprachen Sterbender. Formen und Sinn bildhafter Kommunikation am Lebensende, in: S. Peng-Keller (Hg.), Bilder als Vertrauensbrücken. Die Symbolsprache Sterbender verstehen, Berlin 2017, 1–16.

Peng-Keller, Simon, Symbolische Kommunikation in Todesnähe. Beobachtungen klinischer Seelsorgerinnen und Seelsorger, in: S. Peng-Keller (Hg.), Bilder als Vertrauensbrücken. Die Symbolsprache Sterbender verstehen, Berlin 2017, 119–140.

Peng-Keller, Simon, »Spiritual Care« im Werden. Zur Konzeption eines neuen interdisziplinären Forschungs- und Praxisgebiets, in: Spiritual Care 6 (2017), 187–193.

Peng-Keller, Simon, Professionelle Klinikseelsorge im Horizont interprofessioneller Spiritual Care, in: Pastoraltheologie 106 (2017), 411–421.

Peng-Keller, Simon, Spiritual Care und klinische Seelsorge im Horizont globaler Gesundheitspolitik. Chancen und Herausforderungen, in: Th. Hagen, N. Groß, W. Jacobs, Ch. Seidl (Hg.), Seelsorge im Krankenhaus und Gesundheitswesen. Auftrag – Vernetzung – Perspektiven, Freiburg i. Br. 2017, 47–55.

Peng-Keller, Simon, Leiden, Schmerz und Compassion im Horizont von Spiritual Care. Bioethica forum 11:1 (2018), 11–13.

Peng-Keller, Simon, Spiritual Care im Gesundheitswesen des 20. Jahrhunderts. Von der sozialen Medizin zur WHO-Diskussion um die ›spirituelle Dimension‹, in: S. Peng-Keller, D. Neuhold (Hg.), Spiritual Care im globalisierten Gesundheitswesen. Historische Hintergründe und aktuelle Entwicklungen. Darmstadt 2019, 13–71, https://www.wbg-darmstadt.de/Files/Article/ARTK_ZLK_1022047_0001.pdf (01.09.2020).

Peng-Keller, Simon, Genealogies of ›spirituality‹. An historical analysis of a travelling term, in: Journal for the Study of Spirituality 9:2 (2019), 86–98.

Peng-Keller, Simon, Spiritual Care: Grundgestalten, Leitmodelle und Entwicklungsperspektiven, in: Spiritual Care 9 (2020), 127–135.

Peng-Keller, Simon, Digitale Dokumentation klinischer Seelsorge. Hintergründe, Modelle, Diskussionen, in: Wege zum Menschen 72 (2020), 257–270.

Peng-Keller, Simon, Horst Rettke, Spiritual Care und Pflegewissenschaft. Ein Beitrag zum aktuellen Diskussionsstand im deutschsprachigen Raum, in: Spiritual Care 6 (2017), 405–410.

Peng-Keller, Simon, David Neuhold (Hg.), Charting Spiritual Care. The Emerging Role of Chaplaincy Records in Healthcare, New York 2020.

Peng-Keller, Simon, David Neuhold, Dokumentation klinischer Seelsorge. Hintergründe und aktuelle Entwicklungen, in: S. Peng-Keller, D. Neuhold, R. Kunz, H. Schmitt (Hg.), Dokumentation als seelsorgliche Aufgabe. Elektronische Patientendossiers im Kontext von Spiritual Care, Zürich 2020, 11–32.

Peng-Keller, Simon, David Neuhold, Fabian Winiger (Hg.), Spiritual-Care-Modelle, in: Spiritual Care 9 (2020), 103–152.

Peng-Keller, Simon, Susanna Meyer Kunz, Seelsorge auf der Covid-19-Intensivstation des Universitätsspitals Zürich, in: Spiritual Care 9 (2020), 217–219.

Peng-Keller, Simon, Traugott Roser, Spiritual Care im Zeichen von COVID-19, in: Spiritual Care 9 (2020), 211–293.

Peng-Keller, Simon, Fabian Winiger, Raphael Rauch, The ›spiritual dimension‹ of health and the World Health Organisation. Historical Investigations with regard to Spiritual Care (in Vorbereitung).

Pilch, John J., Healing in the New Testament. Insights from Medical and Mediterranean Anthropology, Minneapolis 2000.

Popkes, Enno Edzard, Der Krankenheilungsauftrag Jesu. Studien zu seiner ursprünglichen Gestalt und seiner frühchristlichen Interpretation, Neukirchen-Vluyn 2014.

Powell, Robert C., Helen Flanders Dunbar (1902–1959) and a holistic approach to psychosomatic problems. II. The role of Dunbar's nonmedical background, in: Psychiatric Quarterly 50 (1978), 144–157.

Powell, Robert C., Elwood Worcester and the Emmanuel Movement. Physician of the whole man, of the soul as well as of the body, North Charleston 2018.

Reimer-Kirkham, Sheryl, Marie Cochrane, Resistant, reluctant or responsible? The negotiation of religious and cultural plurality in Canadian healthcare, in: Dawn Llewellyn/Sonya Sharma (Hg.), Religion, Equalities, and Inequalities, London/New York, 2016, 65–76.

Reuter, Wolfgang, Heilsame Seelsorge. Ein psychoanalytisch orientierter Ansatz von Seelsorge mit psychisch Kranken, Münster 2004.

Rogers, Carl R., A Way of Being, Boston 1980.

Rogers, Carl. R., Der neue Mensch. Übers. v. B. Stein, Stuttgart 1981.

Rogers, Carl R., New World – New Person, 22.02.1982, https://www.youtube.com/watch?v=B0Xv6Tb2k0E (23.05.2020).

Roser, Traugott, Spiritual Care. Der Beitrag von Seelsorge zum Gesundheitswesen. Stuttgart 22017.

Roser, Traugott, Einleitung – Seelsorge im Krankenhaus, in: T. Roser (Hg.), Handbuch der Krankenhausseelsorge, Göttingen [6]2019, 13–33.

Roser, Traugott, Grenzüberschreitung. Spiritual Care als Bewährungsprobe einer spirituellen Seelsorge, in: E. Frick, L. Maidl (Hg.), Spirituelle Erfahrung in philosophischer Perspektive, Berlin 2019, 293–300.

Roser, Traugott, Ein Durchbruch für das Recht auf spirituelle Begleitung. Anmerkungen zum Urteil des Sozialgerichts Karlsruhe vom 28.2.2019, in: Spiritual Care 9 (2020), 53–55.

Rumbold, Bruce, Models of spiritual care, in: Cobb, M./Puchalski, C. M./Rumbold, B. (Hg.), Oxford Textbook of Spirituality in Healthcare. Oxford 2012, 177–183.

Saunders, Cicely, Spiritual Pain, in: Dies., Selected writings 1958–2004, hg. v. D. Clark, Oxford 2006, 317–321.

Schmid, Hansjörg, Postsäkularität als Leitperspektive theologischer Sozialethik. Empirische Befunde, hermeneutische Zugänge, interreligiöse Perspektiven, in: D. Bogner, M. Zimmermann (Hg.), Fundamente theologischer Ethik in postkonfessioneller Zeit. Beiträge zu einer Grundlagendiskussion, Würzburg 2019, 313–341.

Schneider-Harpprecht, Christoph, Interkulturelle Seelsorge, Göttingen 2001.

Schrage, Wolfgang, Ethik des Neuen Testaments, Göttingen 1982.

Schweizerisches Zentrum für Islam und Gesellschaft, Muslimische Seelsorge im Kanton Zürich, Freiburg/Schweiz 2020, https://www3.unifr.ch/szig/de/assets/public/SZIG %20PAPER/A5_CSIS_Papers8_D_WEB.pdf (22.07.2020).

Schützeichel, Rainer, Seelsorge im Wohlfahrtsstaat. Soziologische Beobachtungen, in: Zeitschrift für Religion, Gesellschaft und Politik 3 (2019), 265–281.

Sedgwick, Peter, Chaplaincy and Ethics: What Does it Mean to Be a Good Chaplain?, in: Ch. Swift, M. Cobb, A. Todd (Hg.), A Handbook of Chaplaincy Studies. Understanding Spiritual Care in Public Places, Oxon/New York 2016, 97–108.

Shelly, Judith A., Sharon Fish, Spiritual Care. The Nurse's Role, Downers Grove 1978.

Sinclair, Shane, Harvey M. Chochinov, The role of chaplains within oncology interdisciplinary teams, in: Current Opinion in Supportive and Palliative Care 6 (2012), 259–268.

Snowden, Austyn, Iain Telfer, The Story of the Scottish Patient Reported Outcome Measure, in: E. Kelly, J. Swinton (Hg.), Chaplaincy and the Soul of Health and Social Care. Fostering Spiritual Wellbeing in Emerging Paradigms of Care, London/Philadelphia 2020, 187–201.

Spoerri, Theophil, Spitalseelsorge als Anachronismus. Ein Bericht, Basel 2004.

Stoellger, Philipp, Passivität aus Passion. Zur Problemgeschichte einer ›categoria non grata‹, Tübingen 2010.

Stollberg, Dietrich, Therapeutische Seelsorge. Die amerikanische Seelsorgebewegung. Darstellung und Kritik, München 1969.

Stollberg, Dietrich, Mein Auftrag – deine Freiheit. Seelsorge ist Psychotherapie im kirchlichen Kontext, München 1972.

Stolz, Jörg, Judith Könemann, Mallory Schneuwly Purdie, Thomas Englberger, Michael Krüggeler, Religion und Spiritualität in der Ich-Gesellschaft. Vier Gestalten des (Un-)Glaubens, Zürich 2014.

Streib, Heinz, Barbara Keller, Was bedeutet Spiritualität? Befunde, Analysen und Fallstudien aus Deutschland, Göttingen 2015.

Sullivan, Winnifred Fallers, A Ministry of Presence. Chaplaincy, Spiritual Care, and the Law, Chicago 2014.

Sulmasy, Daniel, The Rebirth of the Clinic. An Introduction to Spirituality in Health Care, Washington 2006.

Swift, Christopher, Hospital Chaplaincy in the Twenty-first Century. The Crisis of Spiritual Care on the NHS, Farnham/Burlington [2]2014.

Swift, Christopher, Health Care Chaplaincy, in: Ch. Swift, M. Cobb, A. Todd (Hg.), A Handbook of Chaplaincy Studies. Understanding Spiritual Care in Public Places, Oxon/New York 2016, 163–174.

Swift, Christopher, Mark Cobb, Andrew Todd (Hg.), A Handbook of Chaplaincy Studies. Understanding Spiritual Care in Public Places, Oxon/New York 2016.

Swinton, John, Afterword, in: G. Fitchett, S. Nolan (Hg.), Spiritual Care in Practice. Case Studies in Healthcare Chaplaincy, London/Philadelphia 2015, 299–305.

Swinton, John, Ewan Kelly, Contextual Issues: Health and Healing, in: Ch. Swift, M. Cobb, A. Todd (Hg.), A Handbook of Chaplaincy Studies. Understanding Spiritual Care in Public Places, Oxon/New York 2016, 175–185.

Taves, Ann, Courtney Bender, Introduction: Things of Value, in: Bender, Courtney, Ann Taves (Hg.), What matters? Ethnographies of value in a not so secular age, New York 2012, 1–33.

Theißen, Gerd, Symbolisches Heilen in der Nachfolge Jesu. Neutestamentliche Überlegungen zum diakonischen Heilungsauftrag, in: J. Eurich, Ch. Oelschlägel (Hg.), Diakonie und Bildung, Stuttgart 2008, 43–67.

Theißen, Gerd, Wunder Jesu und urchristliche Wundergeschichten. Historische, psychologische und theologische Aspekte, in: B. Kollmann, R. Zimmermann (Hg.), Hermeneutik der frühchristlichen Wundererzählungen, Tübingen 2014, 67–86.

Tigari, Batool, Sedigheh Iranmanesh, Mohammad Ali Cheraghi, Ali Arefi, Meaning of Spiritual Care. Iranian Nurses' Experiences, in: Holistic Nursing Practice 27:4 (2013), 199–206.

Tillich, Paul, Systematische Theologie, Bd. 3: Das Leben und der Geist. Die Geschichte und das Reich Gottes, Frankfurt a. M. [4]1984.

Timmins, Fiona, Sílvia Caldeira, Maryanne Murphy, Nicolas Pujol, Greg Sheaf, Elizabeth Weathers, Jacqueline Whelan, Bernadette Flanagan, The Role of the Healthcare Chaplain: A Literature Review, in: Journal of Health Care Chaplaincy 24:3 (2018), 87–106.

Trachsel, Manuel, Jens Gaab, Nikola Biller-Andorno, Psychotherapie-Ethik, Göttingen 2018.

Tremmel, Michael, Gesundheit und Gesundheitsförderung aus sozialpastoraler Perspektive. Theologische Reflexionen zur Ottawa-Charta für Gesundheitsförderung als Beitrag zum interdisziplinären Dialog mit der Gesundheitswissenschaft und der Wissenschaft Soziale Arbeit, Berlin 2010.

VandeCreek, Larry, How satisfied are patients with the ministry of chaplains?, in: The Journal of Pastoral Care & Counseling 58:4 (2004), 335–342.

VandeCreek, Larry, Arthur M. Lucas (Hg.), The Discipline for Pastoral Care Giving. Foundations for Outcome Oriented Chaplaincy, New York/Abingdon 2012 [2001].

Vandenhoeck, Anne, Chaplains as specialists in spiritual care for patients in Europe, in: Polskie archiwum medycyny wewnętrznej 123 (2013), 552–556.

Vandenhoeck, Anne, The spiritual care giver as a bearer of stories. An exploration of the best possible spiritual care from the perspective of charting, in: S. Peng-Keller, D. Neuhold (Hg.), Charting Spiritual Care. The Emerging Role of Chaplaincy Records in Healthcare, New York 2020, 129–141.

Van Rooyen, A New Health Impetus for WCC: The Ecumenical Global Health Strategy, in: Contact 5 (2018), 44–46.

Vitillo, Robert J., Role of Faith in the Global Response to HIV and AIDS, in: M. Kurian (Hg.), Panel Report: Spirituality, Religion & Social Health, Genf 2005, 23–25.

Vlasblom, Jan Piet, Martin N. Walton, Jenny T. van der Steen, Jaap J. Doolaard, Henk Jochemsen, Developments in Healthcare Chaplaincy in the Netherlands and Scotland. A Content Analysis of Professional Journals, in: Health and Social Care Chaplaincy 2 (2014), 235–254.

Volf, Miroslav, Christliche Identität und Differenz. Zur Eigenart der christlichen Präsenz in den modernen Gesellschaften, in: Zeitschrift für Theologie und Kirche 92 (1995), 357–375.

Volf, Miroslav, Öffentlich Glauben in einer pluralistischen Gesellschaft, Marburg 2015.

Volf, Miroslav, Zusammen wachsen. Globalisierung braucht Religion, Gütersloh 2017.

Waldenfels, Bernhard, Responsive Therapie im Zeichen der Sorge, in: ders., Erfahrung, die zur Sprache drängt. Studien zur Psychoanalyse und Psychotherapie aus phänomenologischer Sicht, Berlin 2019, 290–310.

Walter, Toni, The ideology and organization of spiritual care. Three approaches, in: Palliative Medicine 11 (1997), 21–30.

Weiher, Erhard, Das Geheimnis des Lebens berühren. Spiritualität bei Krankheit, Sterben, Tod. Eine Grammatik für Helfende, Stuttgart [2]2009.

Weiher, Erhard, Spirituelle Begleitung in der Palliativmedizin, in: E. Aulbert, F. Nauck, L. Radbruch (Hg.), Lehrbuch der Palliativmedizin, Stuttgart [3]2012, 1149–1171.

Weiher, Erhard, Seelsorge – das machen doch alle!? Kompetenzen und Grenzen in Spiritual Care, in: Diakonia 46 (2015), 241–248.

Weiß, Helmut, Karl Federschmidt, Klaus Temme (Hg.), Handbuch Interreligiöse Seelsorge, Neukirchen-Vluyn 2010.

Weiß, Uwe, Der Beitrag der Seelsorge im palliativen Versorgungsteam. Über das Verhältnis von Seelsorge und ›Spiritual Care‹ und die existentiellen Grenzen des ethischen Postulats der Selbstbestimmung, in: Wege zum Menschen 66 (2014), 80–90.

Weissenrieder, Annette, Gregor Etzelmülle, Christentum und Medizin. Welche Koppelungen sind lebensförderlich?, in: G. Etzelmüller, A. Weissenrieder (Hg.), Religion und Krankheit, Darmstadt 2010, 11–34.

Winter-Pfändler, Urs, Christoph Morgenthaler, Wie zufrieden sind Patientinnen und Patienten mit der Krankenhausseelsorge? Entwicklung eines Fragebogens und erste Resultate einer Untersuchung in der Deutschschweiz, in: Wege zum Menschen 62 (2010), 570–584.

Worcester, Elwood, Samuel McComb, Isador H. Coriat, Religion and medicine. The moral control of nervous disorders, New York 1908.

Yousafzai, Malala, Christina Lamb, Ich bin Malala. Das Mädchen, das die Taliban erschießen wollten, weil es für das Recht auf Bildung kämpft. Übers. v. E. Liebl, S. Längsfeld u. M. Längsfeld, München 2013.

Zimmermann-Acklin, Markus, Bioethik und Spitalseelsorge. Anknüpfungspunkte für ein Gespräch, in: R. Albisser, A. Loretan (Hg.), Spitalseelsorge im Wandel, Münster 2007, 39–54.

Zimmermann, Ruben, Frühchristliche Wundererzählungen: eine Hinführung, in: ders. (Hg.), Kompendium der frühchristlichen Wundererzählungen. Bd. 1. Die Wunder Jesu, Gütersloh 2013, 5–67.